그림으로 보는 Heidegger 하이데거

그림으로 보는 하이데거

초판 1쇄 발행 2021년 12월 6일
초판 2쇄 발행 2023년 2월 10일

–

지은이 한상연
펴낸이 이방원
책임편집 정조연 **책임디자인** 양혜진
마케팅 최성수 · 김 준 **경영지원** 조성규 · 이석원

–

펴낸곳 세창출판사
신고번호 제1990-000013호 **주소** 03736 서울시 서대문구 경기대로 58 경기빌딩 602호
전화 02-723-8660 **팩스** 02-720-4579 **이메일** edit@sechangpub.co.kr **홈페이지** http://www.sechangpub.co.kr
블로그 blog.naver.com/scpc1992 **페이스북** fb.me/Sechangofficial **인스타그램** @sechang_official

–

ISBN 979-11-6684-062-3 03160

이 저서는 2021년도 가천대학교 교내연구비 지원에 의한 결과임. (GCU-202102610001)

그림으로 보는 Heidegger 하이데거

| 한상연 지음 |

세창출판사

생생한 체험적 현실의 진실만을 추구하라!

『그림으로 보는 하이데거』는 위대한 그림들에 대한 철학적 해설을 읽어 나가는 가운데 자연스럽게 하이데거의 철학을 이해하도록 할 목적으로 기획된 책이다. 위대한 철학이 대개 그렇듯이, 하이데거의 철학은 결코 지적인 추론만으로 이해될 수 없다. 중요한 것은 그 바탕에 놓여 있는 체험적 현실을 가슴으로 생생하게 느껴 보는 것이다. 위대한 철학을 위대한 예술 작품에 대한 이해를 바탕으로 해석해 보는 것은 매우 탁월하고 유용한 방식이다. 철학도 예술도 실은 체험적 현실을 표현하는 상이한 방식들일 뿐이기 때문이다. 이 책을 주의 깊게 읽는 독자는 머리로 헤아리려 할 때는 어렵기만 했던 하이데거의 철학을 가슴으로 생생하게 이해하게 될 것이다.

하이데거의 철학을 공부하는 사람들은 종종 매우 복잡한 미로 속에서 헤매는 듯한 느낌에 사로잡힌다. 아무리 오래 걸어도 미로가 대강 어떤 구조를 지니고 있는지조차 짐작되지 않는다. 설상가상으로 다른 철학책에서는 볼 수 없는 이상한 말들이 잘못 놓인 이정표처럼 수없이 반복해서 나타난다. 이정표를 따라가 보았자 다람쥐 쳇바퀴 돌듯 헤매고 또 헤맬 뿐이다. 출구는 보이지 않는다. 최고도로 명민한 지성의 소유자조차도 결국 포기해 버리고, 하이데거의 철학은 쓸데없이 어렵기만 하다느니, 너무 불투명한 철학이라 논리적으로 해석하기가 원래 불가능하다느니 투덜거리기 일쑤이다.

왜 이런 일이 벌어질까? 그 가장 커다란 이유는 하이데거의 철학이 실제로 난해하다는 점이다. 필자가 알고 있는 철학도들 가운데는 하이데거의 주저인 『존재와 시간』만큼 어려운 책은 읽어 본 적이 없다고 호소하는 이들이 적지 않다. 별로 중요하지 않은 철학이면 그냥 무시해도 좋을 텐데, 예술과 문화에 진지한 관심이 있는 사람이라면 그럴 수도 없다. 좋은 뜻으로든, 나쁜 뜻으로든, 하이데거는 20세기 최대의 사상가이다. 하이데거의 철학은 예술, 미학, 정치학, 역사학, 신학, 사회학 등등 매우 다양한 분야에 걸쳐 크나큰 영향력을 행사해 왔다. 그래서 인문학을 좀 깊이 있게 공부하기를 원하는 사람은 하이데거의 철학과 반복해서 씨름하게 된다.

그러나 하이데거의 철학을 읽으며 사람들이 겪는 혼란은 단순히 하이데거의 철학이 난해하다는 것에만 그 원인이 있다고 보기 어렵다. 가장 중요한 원인은 하이데거의 철학이 매우 새롭다는 점에 있다. 연대기적으로만 보면 하이데거의 철학보다 새로운 철학은 많다. 『존재와 시간』이 출판된 지 거의 백 년이 지났으니, 하이데거의 철학은 이미 구시대적이라고 여겨질 법도 하다. 그러나 단언컨대, 하이데거의 철학은 아직 그 누구에 의해서도 온전히 이해되지 못했다.

하이데거의 존재론이 전통적인 철학과 매우 다르다는 점을 발견하고 경탄스러워한 이들은 많다. 하이데거의 철학에 대한 체계적이고 깊이 있는 연구서 또한 적지 않게 출판되었다. 그러나 하이데거의 철학이 완결된 철학으로서 위대한 것이 아니라 끝없는 사상적 혁신의 가능성을 제시한 철학으로서 위대하다는 것을 깨달은 이는 매우 적다. 주자를 숭배하는 주자학자처럼 하이데거의 철학을 공부하는 자는 하이데거의 적대자들보다도 더 심하게 하이데거의 철학을 훼손하는 자이다. 하이데거의 철학을 옳게 이해하려면, 하이데거의 저술에서 철학적 문제들에 대한 정답 풀이 같은 것을 기대해서는 안 된다. 중요한 것은 삶과 존재의 근원적 현상과 만나는 일이다. 하이데거의 철학을 넘어 삶과 존재의 근원적 현상을 향해 나아가기를 두려워하는 자는 하이데거 철학의 새로움을 이해할 수 없다.

하이데거의 철학은 비논리적이지도 않고 모호하지도 않다. 그렇다고 느끼는 사람은 대개 메마른 지성만 사용해서 하이데거의 철학을 이해하려 할 뿐, 그 바탕에 놓여 있는 체험적 현실을 가슴으로 느껴보려 하지 않는 사람이다. 그런 점에서 『그림으로 보는 하이데거』는 최적의 하이데거 입문서라고 볼 수 있다. 하이데거가 철학적으로 표현하려 한 체험적 현실을 위대한 화가의 삶과 작품에 관한 생생한 이야기를 통해 가슴으로 느낄 수 있게 하기 때문이다.

그러나 『그림으로 보는 하이데거』는 결코 단순한 하이데거 입문서가 아니다. 이 책을 읽어 나가는 가운데 독자들은 하이데거 철학의 한계도 파악하게 될 것이고, 그 한계를 넘어설 가능성 역시 짐작하게 될 것이다.

하이데거의 철학을 연구하며 필자가 매우 이상하게 여긴 것이 하나 있다. 그것은 하이데거의 존재론에서 감각이 지니는 의미에 대한 연구가 거의 부재하다는 사실이다. 하이데거는 『존재와 시간』 서문에서 고대 그리스 철학에서 로고스보다 근원적인 진리의 자리는 바로 아이스테시스라고 밝히면서, 아이스테시스를 '그 무엇을 순연하게 감각적으로 인지하고 받아들임'이라고 규정한다. 후기 하이데거의 저술에서도 실은 이러한 의미의 감각 개념이 매우 핵심적이다. 그럼에도 하이데거가 아이스테시스라는 고대 그리스어를 사용해서 언급한 감각의 의미에 대해 상세하게 논하는 책은 거의 없다.

아마 하이데거 연구자들이 하이데거의 감각 개념에 주목하지 않은 원인 중 하나는 하이데거 자신이 감각의 존재론적 의미를 올바르게 이해하지 못했다는 점에 있을 것이다. 하이데거는 아이스테시스를 시각적으로 그 무엇을 바라봄의 관점에서 이해한다. 시각적으로 그 무엇을 바라볼 때 우리는 자신과 바라봄의 대상이 공간적 거리를 두고 떨어져 있다는 것을 함께 인지하게 된다. 그러나 감각이란 본래 감각하는 자의 존재에서 일어나는 변화로서만 가능한 법이다.

시원한 바람을 맞을 때, 경쾌한 음악을 들을 때, 맛있는 음식을 먹거나 향기를 맡을 때, 우리는 감각이란 내 밖에서 일어나는 것이 아니라 내 살 위에서 일어나는 것이라는 당연한 진실을 자각하게 된다. 그 점에서는 시각 역시 마찬가지이다. 푸른 하늘을 볼 때, 붉디붉은 장미꽃을 볼 때, 아름답고 매력적인 이성과 만날 때, 우리는 감각 및 감각이 불러일으키는 감동이 자신의 존재에서 일어나는 변화라는 것을 깨닫게 된다. 엄밀하게 보면, 그러한 순간 나는 내 밖에 있는 그 무엇을 자신과 공간적 거리를 두고 떨어져 있는 것으로서 인지하지 않는다. 감각되는 대상은 감각하는 나와 언제나 이미 하나이다. 푸른 하늘을 보는 나는 푸른 하늘의 청명함을 닮고 싶은 나이고, 붉디붉은 장미꽃을 보는 나는 정열에 사로잡힌 나이며, 아름답고 매력적인 이성을 보는 나는 저어할 수 없는 사랑의 충동을 느끼는 나이다. 그러나 인식을 추구하는 순간 나는 대상과 나 사이의 거리를 상정하지 않을 수 없고, 대상을 한사코 객관화하지 않을 수 없다. 나와 거리를 두고 떨어져 있는 것만이, 나와 무관한 것으로서 객관화된 것만이, 인식의 대상일 수 있기 때문이다.

하이데거의 철학은 인식론을 중심으로 삼지 않는다. 하이데거는 신칸트주의 등 인식론에 치우친 동시대의 철학에 매우 비판적이었으며, 데카르트 이후의 근현대 철학이나 심지어 그 이전의 형이상학적 사유의 바탕에도 존재자를 눈앞에 있는 대상과도 같은 것으로 여기는 시각 중심주의가 깔려 있음을 간파했다. 그러나 유감스럽게도 하이데거 철학 역시 시각 중심주의로부터 온전히 자유롭지 못하다. 예컨대, 하이데거가 알레테이아(탈은폐)라고 부르는 존재론적 의미의 진리 역시 암묵적으로 그 무엇을 시각적으로 발견하고 인지함을 그 근거로 삼고 있다.

앞에서 언급했듯이, 하이데거의 철학을 올바르게 이해하려면 하이데거의 철학을 넘어 삶과 존재의 근원적 현상을 향해 나아가는 법을 배워야 한다. 그런 점에서 그림으로 하이데거를 보는 것은 하이데거의 철학을 공부하는 매우 탁월한 방식이라 할 수 있다.

한편 그림은 근원적인 진리의 자리인 아이스테시스를 시각적으로 발견하고 인지함의 관점에서 이해하는 것이 철학적으로 정당할 수 있음을 암시한다. 결국 그림은 눈으로 보는 것이다. 그림을 잘 감상하려면 그림과 적당히 거리를 두어야만 하고, 그럼으로써 자신의 주체 존재로 환원될 수 없는 그 무엇이 하나의 진리 현상으로서 발견되도록 해야 한다. 그러나 그림을 통해 우리가 보는 것은 무엇인가? 그림을 통해 드러나는 것은 단순한 대상의 이미지가 아니라 대상과의 만남이 화가의 삶에 불러일으킨 어떤 체험적 현실이다. 또한 그림을 잘 감상하려고 그림과 거리를 두는 사람이 추구하는 것 역시 객관적 인식일 수 없다. 그림을 감상하는 자는 그림과의 만남이 자신의 삶에 불러일으킨 체험적 현실을 음미하는 자이며, 그 체험적 현실 속에서 화가가 대상과의 만남을 통해 겪은 어떤 체험적 변화를 함께 발견하는 자이다. 물론 그 변화는 화가의 밖에서 일어난 것일 수 없다. 변화한 것은 화가 자신이다. 그림을 감상하면서 우리는 감각이란 감각하는 자의 존재에서 일어나는 변화로서만 가능하다는 단순하고도 자명한 존재론적 진실과 만나게 되는 것이다.

이 책은 미학과 무관하다. 모든 종류의 미학적 이론은 본질적으로 반反-예술적이다. 새가 하늘을 나는 데에 조류학에 대한 지식이 필요한 것은 아니다. 마찬가지로 예술가가 예술 작품을 만드는 데에 미학에 대한 지식이 필요한 것도 아니다.

불행하게도 미학적으로 심오하게 해석될 수 없으면 훌륭한 예술이기 어렵다는 식으로 생각하는 자가당착적인 인간들이 너무도 많다. 이러한 자는 매우 탁월하게 나는 새를 보면서도 조류학적으로 설명하기 어려운 점이 있으면 잘 날지 못하는 새로 보아야 한다고 우기는 자와 같다.

'모든 이론은 회색이요, 영원한 것은 저 생명의 나무뿐'이라는 괴테의 유명한 경구가 암시하는 바와 같이, 예술을 이론의 관점에서 이해하고 해석하려는 자는 예술의 퇴락만을 경험할 뿐이다. 예술은 그 자체가 하나의 체험적 현실이다. 예술에 대한 이해는 이론적 인식의 한계 안에 머물 수 없는 체험적 현실 그 자체를 가리킬 때 비로소 온전할 수 있다.

이 책의 출판에 도움을 준 모든 분께 감사의 마음을 드린다. 특히 『그림으로 보는 하이데거』뿐 아니라 필자가 이전에 세창출판사를 통해 출판한 다른 책들의 원고 역시 매우 꼼꼼하게 교정하고 편집해 준 정조연 선생님에게 감사의 뜻을 전하고 싶다.

세창출판사에서 필자의 책이 이미 여럿 출판되었다. 그중 제법 팔릴 만한 것은 이 책 이전에 출판한 『그림으로 보는 니체』뿐이다. 필자의 다른 저술들인 『공감의 존재론』, 『문학과 살/몸 존재론』 등은 해당 분야를 전공한 철학자들에게도 낯설게 느껴질 이야기들이 잔뜩 수록된 어려운 학술서이다. 그럼에도 세창출판사는 선뜻 출판을 결정했다. 매우 고마운 일이다. 적어도 필자의 경험에 비추어 보면, 세창출판사는 이익만을 추구하는 출판사가 아니라 학문의 발전을 위해 진지하게 노력하는 흔치 않은 출판사이다. 아무쪼록 이 책의 출판이 세창출판사의 발전에 조금이나마 보탬이 되기를 바란다.

차례

und Zeit

일러두기

이 책에서는 각 장의 화가들에 대한 이해를 돕기 위해 네이버 지식백과에서 제공하는 스티브 파딩 외 6인, 박미훈 옮김, 『501 위대한 화가』(마로니에북스, 2009)의 링크로 연결되는 QR코드를 삽입하였다. 해당 링크에서는 이 책에 실린 작품들 외의 다른 작품도 감상할 수 있다.

하이데거와 앙리 루소

앙리 루소의 초현실주의 회화와
하이데거의 진리 개념

앙리 루소, 〈꿈〉, 1910, 뉴욕 현대미술관(MoMA)

20세기 최대의 철학자 하이데거의 주저는 『존재와 시간』이다. 난해하기로 유명한 이 책의 중심 개념 중 하나는 탈은폐와 은폐이다. 하이데거에 따르면, 존재론적으로 진리는 존재 자체의 드러남이고, 존재 자체의 드러남인 진리는 동시에 존재 자체를 감춘다. 한마디로, 진리는 존재 자체의 탈은폐이기도 하고 은폐이기도 하다. 대체 무슨 말일까?

이 수수께끼 같은 말의 의미를 이해하려면 우리가 살면서 만나는 모든 것은 사물 자체가 아니라는 점을 먼저 분명히 해야 한다. 마당 한구석에 붉은 꽃이 피어 있다고 생각해 보자. 사람들은 대개 내가 보는 것과 똑같은 붉은 꽃이 실제로 존재한다는 식으로 생각한다. 아마 그 이유는 자신뿐 아니라 남들도 붉은 꽃을 본다고 믿기 때문일 것이다. 만약 내 마음 밖에 붉은 꽃이 실제로 존재하는 것이 아니라면 어떻게 남들 역시 내가 보는 것과 똑같은 붉은 꽃을 볼 수 있을까? 하지만 곰곰이 생각해 보면, 붉은 꽃이 내 마음 밖에 실제로 존재한다는 것은 어불성설이다. 붉은 것은 감각적인 것이다. 그런데 감각적인 것은 감각기관이 있는 동물에게서나 나타날 수 있다. 그러니 붉은 꽃은 붉음을 감각할 수 있는 나의 존재를 떠나서는 존재할 수 없다는 결론이 나온다. 그렇다면 붉은 꽃이란 실제로 존재하는 것이 아니라 다만 마음속의 이미지 같은 것에 불과한 것일까? 하지만 이 경우 나뿐 아니라 다른 사람들도 나와 똑같은 붉은 꽃을 보는 일이, 나와 남들이 붉은 꽃에 관해 이야기를 나누는 일이 어떻게 가능할 수 있을까?

그런데 조금 더 깊이 있게 생각해 보면 우리는 더욱더 난감한 문제와 만나게 된다. 우리가 세상에 실제로 존재한다고 생각하는 모든 것들은 다 감각기관을 통해서 알려지는 것들이다. 심지어 우리 자신의 몸과 세계까지도. 그렇다면 존재하는 모든 것은 일종의 주관적인 심상에 불과한 것일까? 철학의 역사는 바로 이러한 물음을 둘러싼 이런저런 해석의 역사라고 해도 과언이 아니다. 진리는 존재 자체의 탈은폐이기도 하고 은폐이기도 하다는 하이데거의 말 역시 예외가 아니다.

존재하는 모든 것이 일종의 주관적인 심상이나 관념에 불과하다고 주장하는 입장을 보통 주관적 관념론이라고 부른다. 주관적 관념론의 극단에는 자신의 의식만이 존재한다고 보는 유아론Solipsism, 唯我論이 있다. 반대로 주관적인 심상 및 관념은 어떤 객관적 존재의 반영에 불과하다고 보는 입장도 있다. 이러한 객관주의적 경향은 소위 객관적 존재를 관념적인 것으로 보느냐 아니면 물질적인 것으로 보느냐 등에 따라 객관적 관념론, 유물론 등으로 불린다.

하이데거의 존재론은 둘 다 아니다. 즉 그것은 주관주의적이지도 않고 객관주의적이지도 않다. 하이데거의 관점에서 보면, 주관주의와 객관주의는 동전의 양면처럼 서로 연결되어 있는 오류 추론의 상반된 표현일 뿐이다. 만약 객관적인 것이 우리 자신의 존재와 무관하게 그 자체로 존재하는 어떤 것을 지칭하는 말이라면, 우리는 이러한 것에 대해 아무 말도 할 수 없다. 결국 우리는 우리 자신의 존재에 근거를 둔 현상적인 것만을 만날 수 있기 때문이다. 그러나 현상성은 결코 단순한 주관성과 혼동되어서는 안 된다. 붉은 꽃의 붉음은 한 주체로서의 나에 의해 창조되는 것이 아니다. 나는 내가 붉은 꽃이라고 부르는 어떤 존재자와 만났을 뿐이며, 붉은 꽃은 이 만남의 사건이 나 자신의 주체적 의지나 선택 따위와는 아무 상관도 없이 생성해 낸 어떤 것일 뿐이다.

나와의 만남을 통해 한 존재자의 존재가 나에게 드러나는 것을 하이데거는 탈은폐로서의 진리라고 부른다. 탈은폐란 가리어 있던 것이 드러나게 되었다는 것을 뜻한다. 예컨대, 어떤 존재자의 존재가 나와의 만남을 통해서 자신을 붉은 꽃으로서 드러냄이 하나의 진리사건이다. 물론 존재자 자체는 붉은 꽃의 현상으로 환원될 수 없다. 그런 점에서 현상은 드러남(탈은폐)으로서의 진리이면서 동시에 존재 자체의 감춤(은폐)이다.

아마 명민한 지성의 소유자라면 바로 이 지점에서 이렇게 물을 것이다. "그렇다면 하이데거 역시 우리의 의식과 무관하게 존재자가 객관적으로 존재한다고 보는 것 아닌가? 그렇지 않다면 나와의 만남을 통해 한 존재자의 존재가 나에게 드러나게 되었다는 식의 주장은 난센스에 불과하지 않을까?" 하지만 하이데거에 따르면 존재라는 말 자체가 실은 우리 인간의 존재에 근거해 있다. 그 까닭은, 우리 인간이야말로 존재의 의미를 묻고 또 헤아릴 수 있는 유일무이한 존재자이기 때문이다.

아마 프랑스의 화가 앙리 루소는 역사에 이름을 남긴 예술가들 가운데 가장 이상하고 뒤죽박죽인 인물일 것이다. 1844년에 프랑스의 북서부 도시 라발에서 태어난 루소는 고등학교를 졸업할 때까지만 학교를 다녔다. 학창 시절 그는 음악과 미술에서 상을 탄 적도 있지만 대체로 그다지 우수하지 못한 평균적인 학생에 불과했다. 그의 아버지는 양철공이었고, 비교적 일찍 죽었다. 아버지의 때 이른 죽음으로 가장이 된 루소는 1868년 24세의 나이로 가족과 함께 파리로 이주했다. 이후 그는 파리 세관 사무소에서 일하게 되었다. 이 때문에 죽을 때까지 세관원이라는 별명으로 불렸다. 하지만 그는 세관원이 아니었다. 그는 통행료를 징수하는 말단 공무원일 뿐이었다.

루소는 한 번도 정규 미술학교를 다녀본 적이 없다. 하지만 그는 틈틈이 그림을 그렸고, 마흔이 되었을 때는 본격적으로 화가의 길을 걷기 시작했다. 정교하고 섬세한 테크닉의 측면에서 보면, 루소는 별로 대단한 재능을 가지고 있지 않았다. 그의 그림은 대체로 미숙하고 어설퍼 보였다. 아니, 겉보기만이 아니라 실제로도 그랬다. 그는 자주 놀림거리가 되었다. 하지만 그는 아랑곳하지 않고 자신이 원하는 대로만 그림을 그렸다.

루소가 유명해진 것은 주로 1904년에서 1910년 사이에 그가 그린 일련의 정글 그림들 덕분이었다. 전통적인 예술에 만족하지 않고 전위적이고 혁신적인 예술을 창조해 내려 애쓰던 당시의 예술가들과 평론가들이 루소의 특이한 예술세계를 긍정적으로 평가하기 시작했다. 그들에게 루소는 전통과 문명의 때가 묻지 않은 시원적 정신의 예술가로 통했다. 피카소, 레제, 아폴리네르 등 전위적 예술과 문학의 주요 선구자들이 루소의 예술에 열광적인 반응을 보였다. 루소의 회화는 그들에게 반사실주의적이거나 초현실적이었고, 바로 그런 점에서 전통적인 예술을 혁신하려던 그들의 관점과 잘 어울렸다. 실제로 오늘날 루소는 초현실주의 예술의 선구자로 통한다.

하지만 정작 루소 본인은 자신을 사실주의자로 여겼다. 그는 늘 사실주의풍의 아카데믹한 회화를 그리고 싶어 했다. 하지만 누구라도 그의 작품을 보면 그것이 사실주의적이지도 않고 아카데믹하지도 않다는 것을 즉각 알아차리게 된다. 그 가장 커다란 이유는 루소에게 사실주의풍의 아카데믹한 그림을 그릴 만한 테크닉이 없었다는 점이다. 그는 원근법이나 입체법도 잘 구사하지 못했고, 형태들 간의 비례관계를 적절하게 설정할 줄도 몰랐으며, 사실적인 느낌을 풍기게끔 다양한 색채를 섬세하게 사용하는 법도 몰랐다. 그런데도 정작 루소 본인은 자신이 위대한 사실주의 화가라고 굳게 믿고 있었다.

요컨대, 루소가 추구했던 것은 늘 사실성이었다. 또한 그는 자신이 그린 그림이 매우 사실적인 그림이라고 여겼다. 누가 보더라도 사실성의 재현과는 거리가 먼 그림을 그리면서도 루소는 자신의 그림이 사물과 풍경을 사실적으로 잘 재현하고 있다고 믿고 있었던 것이다.

어쩌면 바로 이 점 때문에 루소는 단순한 초현실주의의 선구자 중 하나가 아니라 초현실주의의 시원적 완성자로 인정되어야 할지도 모른다. 초현실주의라는 말은 1917년 시인 기욤 아폴리네르에 의해 처음 만들어졌다. 초현실주의가 명확한 콘셉트를 가지기 시작한 것은 앙드레 브르통이 「초현실주의 선언」을 발표한 1924년부터였다. 이러한 점들을 고려하면 루소의 예술은 본격적인 초현실주의 예술이라고 보기 어려울 것이다.

그러나 브르통의 「초현실주의 선언」에 의하면 초현실은 현실과 다른 또 다른 현실이 아니라 유일무이하고 절대적인 현실이다. 즉 초현실주의 예술가들이 추구하는 초현실이란 현실을 초월하는 어떤 비현실적인 세계를 뜻하지 않는다. 초현실주의 예술가들은 대다수 사람들이 말하는 현실에서 타성과 인습에 젖은 정신에 의해 왜곡된 비현실을 본다. 초현실주의는 있는 그대로의 현실을 초월하고자 하는 예술적 의지의 표현이 아니라 대다수 사람들이 망각해 버린 있는 그대로의 현실을 되살리고자 하는 의지의 표현이다.

그렇기에 자신의 회화가 사실주의적이라고 굳게 믿는 가운데 부지불식간에 초현실적 이미지의 세계를 창조한 루소야말로 가장 시원적이고도 철저한 초현실주의 예술가일 수 있다. 대다수 사람들이 루소의 회화에서 발견하는 초현실적 이미지야말로 루소 본인에게는 현실 세계를 가장 진실하고 사실적으로 재현하는 이미지였던 것이다.

하이데거의 어법을 차용하자면, 루소의 회화가 내보여 주는 초현실성은 우리가 사실적이라고 믿고 있는 현상적 세계 이면에 감추고 있던 존재론적 진실의 드러남이다. 대다수 사람들은 현상적 세계의 이면에 자신이 알고 있는 것과 전혀 다른 이미지로 표상될 존재의 진실이 감추어져 있다는 식의 생각은 잘 하지 못한다. 현상적 세계와 다른 이미지는 모두 비현실과 초현실이라는 두 개의 범주에 속한 것으로 간주될 뿐이다. 그러나 현상이 존재 자체의 탈은폐이자 은폐라는 하이데거의 관점에서 보면 현상적 세계의 이미지는 결코 절대적이지 않다.

모든 현상적 세계의 이미지는 현상으로 환원될 수 없는 존재의 근원적 진실을 감추는 것이고, 그러한 점에서 존재를 보다 진실하게 드러내는 이미지에 의해 무화되어야 할 것으로서 주어질 뿐이다. 루소가 자신의 그림이 사실주의적이라고 굳게 믿었던 것도 아마 그 때문일 것이다. 사람들이 사실적이라고 믿고 있는 이미지가 타성과 인습에 젖은 정신에 의해 왜곡된 비현실적 세계 이미지라는 것을 드러내면서 순수하고도 절대적인 사실적 이미지를 회화적으로 재현하고자 하는 의지가 루소 회화의 원동력이었다는 뜻이다.

물론 하이데거가 루소였다면, 자신이 추구하는 예술이 사실주의적이라는 식의 생각은 하지 않았을 것이다. 우리 자신과 무관한 객체적 사물들의 세계를 객관적으로 나타냄이라는 통념적 의미로부터 자유롭지 못한 한에서, 사실이라는 말은 하이데거의 철학과 어울릴 수 없기 때문이다.

그렇다고 하이데거의 철학에 사실 내지 사실성에 대한 관념이 아예 없다는 식으로 생각해서는 안 된다. 하이데거는 사실이라는 말 대신 현사실 및 현사실성이라는 말을 사용한다. 현사실은 소위 객관적 사실성의 이념이 철학적 망념에 불과하다는 문제의식 때문에 고안된 말이다. 하이데거의 관점에서 보면, 객관적 사실 같은 것은 없다. 그것은 객관이라는 말 자체가 객관화하는 주체적 정신의 존재를 전제로 하는 것이라는 점에서도 자명하게 드러난다. 객관화하고 대상화하는 정신의 존재를 전제로 한다는 점에서, 소위 객관적 사실이란 언제나 이미 객관화하고 대상화하는 정신에 의해 특별한 방식으로 정신화된 어떤 것을 지시하는 말일 뿐이다.

『존재와 시간』 서문에서 하이데거는 고대 그리스 철학에서 진리의 근원적 자리는 —보통 이성이라고 번역되는— 로고스가 아니라 아이스테시스였다고 밝힌다. 아이스테시스는 '그 무엇을 순연히 감각적으로 인지하고 받아들임'을 뜻하는 말이다. 아이스테시스가 로고스보다 근원적인 진리의 자리라는 하이데거의 주장은 철학이 본질적으로 현상학적 성격을 띠고 출발했다는 주장과 같다.

참고로 하이데거 연구자들 가운데는 현상학이 하이데거의 존재론과 맞지 않는다는 식으로 생각하는 이들이 적지 않다. 이러한 생각은 완전히 잘못된 생각이다. 많은 연구자들이 이러한 잘못된 생각에 사로잡히게 된 근본 이유는 하이데거가 말하는 현상학을 에드문트 후설의 현상학에 국한된 의미로 잘못 이해했기 때문이다. 하이데거의 관점에서 보면, 철학은 오직 현상학적인 것으로서만 가능하다. 이 말은 곧 고대 그리스에서 시작된 철학이 처음부터 현상학적인 성격을 지니고 있었다는 뜻이기도 하다. 하이데거에게 현상학은 후설의 현상학으로 환원될 수 없는 보다 광범위한 의미를 지닌다.

아이스테시스가 로고스보다 근원적인 진리의 자리라는 것은 대체 무엇을 뜻하는 말일까? 마당 한구석에 핀 붉은 꽃 이야기로 돌아가 보자. 진리란 무엇인가? 이 물음은 철학적 입장에 따라 매우 상이하게 대답된다. 많은 종류의 진리론이 있다는 뜻이다. 그러나 전통 철학적으로 가장 대표적이고 표준적인 진리론은 바로 대응설이다.

대응설에 의하면 진리란 하나의 논리 명제가 그에 대응하는 실제 사태를 가지고 있으면 참이고 그렇지 않으면 거짓이다. 언뜻 이러한 설명은 별 문제가 없어 보인다. "이 꽃은 붉다"라는 나의 말이 참이려면, 실제로 내가 가리키고 있는 것이 붉은 꽃이어야 한다. 만약 내가 가리키고 있는 것이 붉은 꽃이 아니라면, 혹은 붉기는 하지만 꽃이 아니라면, "이 꽃은 붉다"라는 나의 말은 결코 참일 수 없다.

그런데 한 가지 문제가 있다. 붉음은 붉음을 감각하는 내가 없으면 생기지 않는다. 세계를 흑백으로 보는 말하는 소가 곁에 있다고 생각해 보자. 그 소에게 "이 꽃은 붉다"라는 나의 말은 참도 아니고 거짓도 아니다. 그것은 그저 난센스일 뿐이다. 왜 그럴까? 우리는 오직 우리 자신에게 고유한 지각 및 이해의 역량에 상응하는 방식으로 생성된 어떤 현상적인 것만을 만날 수 있기 때문이다.

붉음을 지각할 수 있는 나는 붉은 꽃을 만나고, 그런 나에게 붉은 꽃은 가짜 꽃이 아니라 진짜 꽃이다. 하지만 세계를 흑백으로만 보는 소는 회색 꽃을 만난다. 소와 내가 똑같은 꽃을 보고 있어도 그렇다. 물론 소에게도 회색 꽃은 가짜가 아니라 진짜이다. 그렇다면 누구 말이 맞는가? "이 꽃은 붉다"는 나의 말이 맞는가 아니면 "이 꽃은 회색이다"라는 소의 말이 맞는가? 조금 싱겁게 들릴지도 모르지만, 나에게는 나의 말이 맞고, 소에게는 소의 말이 맞는다. 나는 틀림없이 붉은 꽃을 보았고, 내가 본 붉은 꽃은 진짜이다. 그런데 소 또한 틀림없이 회색 꽃을 보았고, 소가 본 회색 꽃 역시 소에게는 진짜이다. 그러니 결국 가능한 대답은 하나밖에 없다. 나에게는 나의 말이 맞고, 소에게는 소의 말이 맞는다.

하이데거의 말, 즉 로고스보다 아이스테시스가 더욱 근원적인 진리의 자리라는 말도 바로 여기에서 출발한다. "이 꽃은 붉다"라는 말이 참인지 거짓인지 따지는 근거가 소위 객관세계에 있다면, 즉 실제로 붉은 꽃이 객체적 사물로서 존재해야 나의 말이 참일 수 있다면, 나는 결코 나의 말이 참인지 거짓인지 판가름할 수 없다. 붉은 꽃이란 지각되고 체험된 현상 외에 다른 아무것도 아니기 때문이다. 그러나 판단의 근거가 내가 '순연하게 감각적으로 인지하고 받아들인' 체험, 즉 아이스테시스의 체험에 있다면, 나는 내가 붉은 꽃과 만났다는 것을 조금도 의심할 수 없다. 결국 내가 본 붉은 꽃을 순연하게 감각적으로 인지하고 받아들이면서 '이 꽃은 붉다'라는 판단을 내렸다면, 그리고 나의 판단이 아이스테시스의 체험을 향해 있다면, 나의 말은 절대적으로 자명하게 참이다. 나는 분명 붉은 꽃을 보았고, 내가 본 붉은 꽃은, 비록 현상적인 것이기는 하지만, 가짜가 아니라 진짜라는 뜻이다.

아마 누군가는 하이데거의 이러한 생각이 상대주의적이라고 여길지도 모르겠다. 하이데거의 말이 맞는다면, 똑같은 대상이 인간에게는 붉고 소에게는 회색이지만 누가 맞는지는 따질 수 없다는 결론을 피하기 어렵다. 하지만 인간도 소도 결코 자신이 체험적으로 만나는 현상을 자의적으로 만들지 못한다. 그 까닭은, 현상이란 우리에게 개별자인 우리 자신의 존재로 환원될 수 없는 존재 자체의 진실을 뜻하기 때문이다.

붉은 꽃은, 또 회색 꽃은, 우리 자신의 존재로 환원될 수 없는 존재 자체가 나의 지각 역량에, 또는 소의 지각 역량에, 상응하는 방식으로 자신을 열어 보여 줌으로써 생성된 현상이다. 우리는 오직 이러한 의미로 현상적인 것 외에 다른 어떤 것도 만날 수 없다. 한마디로, 현상이란, 현상학적으로나 존재론적으로나, 우리 경험의 절대적 한계를 뜻하는 말이다.

그러나 하이데거는 드러난 현상만이 존재의 전부라고 주장하지는 않는다. 현상은 존재 자체의 드러남(탈은폐)이자 감춤(은폐)이다. 나에게 붉은 꽃의 현상으로 자신을 드러낸 존재자 자체의 진실은 붉은 꽃의 현상 너머에 숨어 버리고 만다. 존재자 자체의 드러남이라는 점에서 내가 본 붉은 꽃은 가짜가 아니라 진짜이다. 그러나 그것은 존재의 유일무이하고 절대적인 진실은 아니다. 현상으로 자신을 드러내면서, 존재는 동시에 현상으로 환원될 수 없는 존재 자체의 진실을 우리에게 암시하는 것이다.

루소의 대표작 중 하나인 〈꿈〉은 1910년 앙데팡당전(독립 미술가전)에 출품된 작품이다. 1910년은 루소가 사망한 해이기도 했다. 죽기 직전의 루소가 세상에 선보인 〈꿈〉은 평론가들로부터 찬사를 받았다. 자신의 죽음을 예감하던 루소에게 〈꿈〉에 대한 평론가들의 찬사는 어떤 의미였을까? 아마 그는 화가로서의 자신의 여정이 헛되지 않았다고 느꼈을 것이다.

40대 초반의 나이가 되어서야 비로소 진지하게 화가의 길을 걷기 시작한 그는 거의 매년 앙데팡당전에 그림을 출품했다. 그의 그림은 곧잘 조롱거리가 되었다. 비록 생애의 마지막 몇 년 동안 피카소 등 몇몇 젊은 예술가들로부터 찬사를 받기는 했지만, 공식적으로 훌륭한 예술가라는 평가는 거의 죽기 직전까지 받지 못했다. 자신에 대한 무수한 비난과 조롱에도 불구하고 루소가 위대한 사실주의 화가로 인정받기를 원했다는 점을 고려해 보면, 루소는 분명 〈꿈〉에 쏟아진 평론가들의 찬사를 감개무량하게 받아들였을 것이다.

그런데, 얼마나 뒤죽박죽인가? 그는 사실주의 화가로 인정받기를 원했지만, 조롱거리가 될 때나 찬사를 받을 때나 사실주의 화가로 평가받은 적은 거의 없었다. 실제로 〈꿈〉을 비롯해 그가 1904년 이래 그린 일련의 정글 그림들은 루소의 작업 방식이 사실주의와는 정말 거리가 멀다는 것을 드러낼 뿐이다. 그는 프랑스 밖으로 한 번도 나가본 적이 없었다. 그러니 그가 그린 정글의 이미지는 순전히 상상력의 소산일 뿐이었다. 그의 정글 그림에 등장하는 이국적인 식물과 동물의 이미지가 조금이라도 사실적인 느낌을 풍긴다면, 그것은 그가 파리의 동물원이나 식물원 같은 곳에서 본 것들을 적당히 정글 분위기에 맞게 변용했기 때문이다.

요컨대, 루소의 정글 그림에서 사실성이란 루소가 제멋대로 펼쳐낸 환상의 세계에 가미된 부수적 요소에 지나지 않는다. 〈꿈〉은 그 표본 같은 작품이다. 루소가 죽기 직전 발표한 이 작품 역시 사실성의 정교하고 섬세한 재현과는 한참 거리가 멀다. 루소의 다른 그림들이 다 그렇듯이 표현 양식은 소박하고, 시점도 통일되어 있지 않으며, 따라서 그럴듯한 원근감도 거의 느껴지지 않는다. 튜브에서 짜낸 물감을 그대로 사용해서 바른 듯한 색깔들은 사실적이거나 정교하기는커녕 싸구려 이발소 그림같이 어색하다.

게다가 정글 속에 웬 소파인가! 소파 위에는 루소가 야드비가라고 명명한 여자가 벌거벗은 채 누워 있다. 그녀가 바라보는 정글 속에는 구슬처럼 동그란 눈을 번뜩이는 두 마리의 사자와 뮈제트를 불며 서 있는 흑인 여자가 있다. 사자 중 한 마리는 그녀를 빤히 응시하고 있다. 그녀를 바라보는 짐승은 한 마리 더 있다. 그녀의 시선이 어긋난

곳에 코끼리 한 마리가, 식물들 뒤로 몸을 숨긴 채, 한쪽 눈으로 여자 쪽을 바라보고 있다. 시선의 각도로 미루어 보건대 두 짐승 모두 여자의 알몸을 잘 보지는 못할 것 같다. 소파가 그녀의 몸을 가리고 있기 때문이다.

대체 이러한 그림이 어떻게 사실적일 수 있을까? 루소가 말하는 사실성이란 대체 무슨 의미인가? 이러한 의문을 해결할 단초는 〈꿈〉의 제목이 야드비가라는 여인의 꿈을 뜻한다는 점에서 찾을 수 있다. 루소는 〈꿈〉을 위해 「꿈을 위한 명문銘文」이라는 제목의 시를 썼다. 그림을 본 사람들이 그림을 이해하지 못할까 염려해서 쓴 시였다.

아름다운 꿈속의 야드비가.
안온하게 잠들며
뱀 부리는 자가 선량한 뜻으로 연주하는
뮈제트 소리를 듣네.
강들(혹은 꽃들), 푸르른 나무들 위로
달이 비치는 동안
야생의 뱀들 악기의 즐거운 선율에
귀 기울이네.

시의 내용으로 보건대 〈꿈〉은 소파에서 잠이 들기 시작한 야드비가의 꿈의 세계를 표현하는 그림이다. 흑인 여자는 뱀을 호리는 마법사이다. 그녀가 부는 뮈제트 소리를 들으며 야드비가는 정글의 원시림

구석구석에 숨은 뱀들이 자신처럼 뮈제트 소리를 듣고 있다고 생각한다. 한 가지 재미있는 사실은 그림 속에 뮈제트 연주에 귀를 기울이는 뱀의 모습은 보이지 않는다는 점이다. 그림의 오른쪽 하단에 뱀 같은 형상이 있기는 하지만 음악에 귀를 기울이는지 어떤지는, 심지어 그것이 뱀인지조차, 불분명하다. 눈도 입도 그려져 있지 않기 때문이다.

흑인 여자의 뮈제트 연주에 귀를 기울이고 있는 것은 뱀들이 아니라 야드비가 혼자뿐인지도 모른다. 나무에 원숭이들이 여럿 매달려 있고, 새들도 있기는 하지만, 딱히 음악에 귀를 기울이는 것 같지는 않다. 그 점에서는 사자나 코끼리 역시 마찬가지이다. 그들은 음악 소리보다 야드비가에게 더 호기심을 느끼는 것처럼 보인다. 그렇다면 야생의 뱀이란 대도시에서 살면서도 마음 깊은 곳에 야생의 세계에의 동경을 품고 있는 야드비가 자신의 마음을 상징하는 것인지도 모른다. 프로이트의 정신분석학에 영향을 받은 초현실주의 예술가들이 무의식이라는 말로 표현하는 어떤 근원적인 마음이 깨어 있는 의식 아래 감추어져 있다가 그녀가 잠들 때 꿈속 이미지로 자신을 이렇게 저렇게 형상화하고 있는지도.

아마 루소의 시에서 가장 의미심장하고 경묘한 부분이 있다면 '강들(혹은 꽃들)'이라는 구절일 것이다. '강들'은 프랑스어로 강의 복수형인 'Fleuves'를 번역한 말이고, '꽃들'은 꽃의 복수형인 'Fleurs'를 번역한 말이다. 왜 이렇게 적었을까? 〈꿈〉은 분명 달이 비치는 세계를 표현하는 그림이다. 그림의 오른쪽 상단에 달이 빛나고 있다. 하지만 그림 어디에도 강은 없다. 그렇다면 루소는 'Fleuves'와 'Fleurs'가 유사하게 보이고 들린다는 점에 착안해서 그림 속의 꽃들이 무언가 강물과도 같은 특성을 가지고 있는 존재임을 암시하려 했을 것이다.

어쩌면 루소는 꽃과 강물의 결합을 통해 아름다움의 근본 특성을 드러내고 싶었는지도 모른다. 아름다움을 느낄 때 우리의 마음은 대개 아름다운 것으로 지각된 한 사물에 고정된다. 그러나 아름다움이란 감각적인 것이고, 그런 한에서 늘 나 자신에게서 일어나는 변화의 형태로 나타나는 것이다. 감각이란 자신에게서 일어나는 변화 외에 다른 아무것도 아니기 때문이다. 길고 구불구불하게 시간 속에서 지속하며, 아름다움을 느끼기 전에는 서로 분리되어 있던 나와 세상이 서로 하나가 되게끔 이어지는 것— 바로 이것이 아름다움의 근본 체험 속에서 일어나는 위대한 존재사건이다.

아름다움을 느낄 때 우리 마음은 자신에게 아름다움을 느끼게 해준 한 존재자를 향한 동경을 품게 된다. 아름다움은 다른 감각들과 달리 스스로 아름다운 존재가 되기를 바라는 동경과 소망을 불러일으키는 특성을 갖고 있기 때문이다. 그런데 아름다움이 불러일으키는 동경과 소망은 꽤나 불가사의하다. 감각이 자신에게서 일어나는 변화라면, 아름다움 역시 분명 일종의 감각이라는 점에서, 아름다움을 느끼는 순간의 나는 이미 변화한 존재이다. 그렇다면 아름다움을 느끼는 나는 이미 아름다운 존재로 변화한 것이 아닐까?

하나의 감각인 아름다움이 내 마음 밖에 있는 물리적 사물의 속성 같은 것일 리는 만무하다. 비록 철학적으로 사고하는 훈련이 되어 있지 않은 사람들은 대개 그렇다고 착각하지만 말이다. 그렇다면 왜 나는 아름다움을 느낄 때 그 아름다움의 근원이 자기 자신이 아니라 어떤 대상에게 있는 것이라고 생각하게 될까? 왜 나는 자기 자신이 아름답다고 여기지 않고 마당에 핀 붉은 꽃 한 송이가 아름답다고 판단할까? 감각이 나 자신에게서 일어나는 변화라면, 내가 꽃이라고 부르는 사물 자체는 본래 아름다움과 무관하다고 해야 하지 않을까? 아름다운 모든 것은 나의 정신의 산물에 불과한 것이 아닐까?

이러한 물음에 그렇다고 대답하면 바로 주관주의적 관념론의 오류에 빠지게 된다. 존재론적 관점에서 보면, 꽃을 대상화하고 자신을 주체로 정립하는 '자기'는 자신의 존재의 근원적 전체성을 망각함으로써 파편화된 자기에 불과하다. 내가 꽃이라고 부르는 존재자는 내 마음 밖에 있는 물리적 사물이 아니라 개별자로서의 나의 존재로 환원될 수 없는 한 존재자와 나 사이의 만남의 사건에 의해 생성된 어떤 현상적인 것이다. 하나의 현상적인 것으로서 꽃이란 나와 언제나 이미 분리 불가능한 하나의 전체를 이루고 있는 것이다.

아마 누군가는 이렇게 물을지도 모르겠다. '개별자로서의 나의 존재로 환원될 수 없는 한 존재자와 나 사이의 만남의 사건'이라는 말은 이미 나와 어떤 존재자가 만남의 사건 이전에 제각각 개별적으로 존재해 왔음을 전제한다고 말이다. 그러나 나는 내게 감각적 변화를 불러일으키는 그 무엇과의 관계를 떠나서는 도무지 존재할 수 없다. 깨어 있든 아니면 꿈을 꾸고 있든, 아무튼 나는 나 자신이 아닌 그 어떤 것의 곁에 있는 자로서만 자신을 발견할 수 있다.

우리가 나라고 부르는 존재자는 그 무엇을 의식하는 활동 속에서 존재하는 것인데, 바로 이러한 점에서 나의 자기는 의식할 거리로서 그 무엇이 주어져 있는 경우에만 존속할 수 있는 것이다. 현상학적으로 보면 자신의 곁에 있는 모든 것은 현상적인 것이며, 그런 한에서 자신의 존재와 분리 불가능한 것이다. 즉 나의 자기는 내가 살면서 만나고 또 발견하는 이런저런 것들과 언제나 이미 하나를 이루고 있는 그러한 것으로서 그때마다 생성되는 존재자를 뜻할 뿐이다.

그렇다면 왜 우리는 자신의 자기를 실체화할까? 왜 우리는 살면서 만나는 모든 것을 마음 밖에 제각각 존재하는 것으로서 오인하게 될까? 불교식으로 표현하자면 우리가 자아망집에 사로잡혔기 때문이다.

존재론적으로, 우리는 늘 존재라는 말을 언제나 이미 이해하며 살아가는 존재자이다. 『존재와 시간』에 따르면 존재란 늘 한 존재자의 존재이다. '존재'가 딱딱한 한자어여서 꽤나 어렵게 들리지만 사실 그 의미는 매우 단순하고 분명하다. 존재는 있음을 뜻하는 말이다. 그런데 대체 무엇이 있는가? 한 송이의 꽃이 있고, 하나의 탁자가 있으며, 하나의 화병이 있고, 하나의 인간이 있다. 있음이란 바로 이러한 의미로 늘 개별자인 그 어떤 것의 있음을 뜻할 수밖에 없다. 그런데 꽃이 하나의 개별자로 존재한다고 말하려면, 꽃이 꽃을 바라보는 나와 별개인 존재자로서 거기 있다고 여겨야 한다. 물론 이러한 생각은 필연적으로 나 자신이 꽃과 다른 별개의 존재자라는 생각을 함축한다. 바로 이러한 이유로 우리는 살면서 만나는 모든 것과 명확하게 구별되는 한 개별자로서 자신을 이해하는 성향을 지니게 되는 것이다.

루소의 '강들Fleuves(혹은 꽃들Fleurs)'이라는 시구는 이러한 통념적 자기이해에 대한 강력한 도전이다. 내가 꽃이라고 부르며 대상화하는 그것은 자기 자신의 존재에게서 일어나는 변화로서의 감각 외에 다른 아무것도 아니다. 이 말은, 꽃은 허구적 존재일 뿐 아무 실체가 없는 것이지만 아무튼 나는 존재하는 것이니 틀림없이 실체적으로 존재하는 것이라는 것을 뜻하지 않는다.

변해 가는 모든 것은 영원한 것이 아니라 무상한 것이고, 바로 그 때문에 나 자신의 존재에게서 일어나는 변화로서의 감각은 내가 무상한 존재자로서 여기 있음을 일깨운다. 결국 감각이란 나 자신의 존재에게서 일어나는 변화인 것이다. 물론 무상한 존재자로서의 나에게는 아무 실체적 자아도 없다. 내가 시간의 흐름 속에서 늘 똑같은 것으로 존재한다고 여기는 자아는 감각의 순간마다 일깨워지는 무상한 마음을 인식의 대상으로 삼음으로써 형성된 관념에 불과할 뿐이다.

마당에 핀 꽃에 대해 생각해 보라. 며칠 전만 해도 꽃은 피지 않았고, 며칠만 지나면 결국 지게 된다. 즉 꽃은 시간의 흐름 속에서 끝없이 변해 가는 무상한 것으로서 있을 뿐, 결코 언제나 하나의 동일한 대상으로 남는 것으로서 실체화할 수 있는 것이 아니다. 그럼에도 우리는 이제 막 피어나기 시작한 꽃이나 이울어 가는 꽃이나, 마침내 다 시들어 바닥에 떨어져 버린 꽃이나, 다 하나의 동일한 꽃이라는 식으로 생각한다.

왜 그럴까? 꽃을 꽃으로서 인식하려면 끝없는 변화의 흐름 속에서 늘 동일하게 남는 그 어떤 것을 상정해야 하기 때문이다. 변화의 계기에만 주목하면 우리는 결코 아무것도 인식할 수 없고, 심지어 아무것도 발견할 수 없다. 그 무엇을 발견하려면, 그 무엇을 인식하려면, 우리는, 실제로는 끝없이 변해 가는 무상한 것임에도 불구하고, 무상한 변화의 흐름 속에서 늘 동일하게 남는 어떤 것의 존재를 상정해야 한다. 오직 이러한 경우에만 우리는 그 무엇을 한 존재자로서, 한 송이의 꽃으로서, 발견하고 인식할 수 있는 것이다.

그런데 그것은 나 자신에 대해서도 마찬가지이다. 꽃과 마찬가지로 나는 어떤 순간 갑자기 존재하게 되었으며, 부단히 성장해 가거나 노쇠해지다, 결국 도래할 미래의 어느 한때 죽음을 맞이하게 된다. 즉 나 역시 실은 부단한 변화의 흐름에 내맡겨져 있는 무상한 존재일 뿐이다. 그러나 나의 존재에게서 일어나는 변화의 계기에만 주목하면 나는 결코 자기 자신이라 할 만한 것을 발견할 수 없다. 바로 그 때문에 나는 부지불식간에 자기 자신을 영원히 동일한 것으로 남는 어떤 실체적 존재자로 상정하게 되는 것이다.

루소의 '강들(혹은 꽃들)'이라는 시구는 내가 나 자신이 아닌 것으로서 대상화하는 모든 것이 실은 나 자신의 존재와 하나의 나뉠 수 없는 전체를 이루고 있음을 드러낸다. 루소의 야드비가가 발견한 꽃의 아름다움은 나 자신과 내가 한 대상으로서 바라보는 꽃이 모두 하나의 감각의 장에서 불현듯 일깨워진 존재자로서 생성된 것임을 암시한다. 바로 그 때문에 뱀을 부리는 자인 흑인 여자의 뮈제트 소리에 귀를 기울이는 것은 야드비가 자신이기도 하고 아니기도 하다. 뱀은 자신의 자기와 자기 아닌 것 사이의 단절을 넘어 존재의 근원적 전체성을 회복하도록 해 주는 길고 구불구불한 존재의 운동의 상징이다.

뮈제트 선율에 귀 기울이는 뱀들은 야드비가에 의해 한갓 동물로서 발견된 것이 아니다. 또한 그들은 야드비가의 마음이 수행한 일종의 감정이입에 의해 인간화됨으로써 음악의 아름다움에 감동할 줄 아는 동물처럼 설정되지도 않았다. 뱀들은 아예 보이지 않는다. 그 까닭은, 뱀이란 길고 구불구불하게 자신 밖으로 나가 정글의 세계에서 새롭게 자신의 존재를 발견한 야드비가 자신 외에 다른 아무것도 아니기 때문이다. 그렇다고 야드비가의 뱀들이 실재하지 않는 것이라는 식으로 단정해서는 안 된다. 온 자연이 다, 소파 위에 벌거벗은 채 비스듬히 누운 야드비가 자신까지 포함해서, 야드비가의 뱀들이다.

존재론적으로 보면 루소의 〈꿈〉이 드러내는 초현실의 세계는 유일무이하게 현실적인, 절대적이고 참된, 세계이다. 초현실과 대비된 소위 현실의 세계란 감각에 의해 일깨워진 나의 존재와 이런저런 존재자들의 존재가 제각각 실체적 존재의 영역을 형성하고 있는 것처럼 오인됨으로써 형성된, 본질적으로 무에 지나지 않는 세계이기 때문이다. 나 자신이면서 동시에 자기 밖으로 길고 구불구불하게 나가 기어이 온 자연과 하나가 되는 뱀들의 세계만이 유일무이하고도 절대적으로 현실적인 세계이다. '강들' 및 '꽃들'과 마찬가지로 '뱀들'이라는 복수의 표현 역시 존재론적으로 필연적이다. 감각의 매 순간 길고 구불구불하게, 초현실이라는 이름의 참된 현실세계를 이루기 위해, 뱀이 빠져나가야 할 자기가 새롭게 생성되기 때문이다.

아마 명민한 정신의 소유자라면 이렇게 물으리라. 자기가 감각의 매 순간 새롭게 생성되는 것이고, 바로 그 때문에 뱀 역시 복수로 존재해야 하는 것이라면, 초현실의 세계 역시 감각의 매 순간 새롭게 형성되는 복수의 세계로서 생성되는 것 아니냐고. 이러한 물음은 물론 초현실의 세계가 유일무이하고도 절대적으로 현실적인 세계일 수 없다는 것을 암시한다. 그러나 모든 생성의 순간은 오직 유일무이하고 절대적인 세계만을 생성해 낼 수 있을 뿐이다. 매 순간 나는 오직 그 순간에만 허락되는 유일무이하고 절대적인 세계 안에 머물고 있다. 오직 추후로 일어나는 반성적 사유를 통해서만 매 순간의 유일무이하고 절대적인 세계는 일반화되고, 개념화되며, 그럼으로써 마치 한낱 사물에 지나지 않는 것처럼 수량화되는 것이다.

정글 속에 웬 소파인가! 루소가 자신을 사실주의 화가로 여겼다는 점을 알고 나면, 〈꿈〉을 볼 때 우리 마음속에서는 대번 이러한 의문이 생겨날 것이다. 소파란 문명세계에서나 발견할 수 있는 일종의 도구이다. 소파는 이런저런 도구를 사용할 줄 아는 기술자에 의해 제작된 사물이다. 사람들이 도구를 써서 만들어 내는 모든 것은 넓은 의미로 다 도구이다. 물론 소파는 그 무엇을 만드는 데 쓰는 제작 도구는 아니다. 그러나 우리는 소파 위에 앉기도 하고 비스듬히 누워 잠을 자기도 한다. 즉 소파는 우리의 쉼을 위해 마련된 도구이다.

하이데거에 따르면, 우리는 세계에서 만나는 것들을 우선 도구적 존재자로서 이해하게 된다. 이상하게 들릴지 모르지만, 가만히 생각해 보면, 정말 그렇다. 의심나면 방 안을 둘러보라. 방 안에는 TV가 있고, 탁자가 있으며, 에어컨, 화병, 양탄자 등이 있다. 모두 우리가 우리 자신의 삶을 위해 도구로 쓰는 것들이다. 그런데 우리는 순수하게 물리적인 속성만을 지닌 객체적 사물을 우선 발견한 뒤 이런저런 추론을 진행한 연후에 비로소 '이것은 TV이다', '이것은 탁자이다' 하는 식으로 판단하지 않는다. 그냥 보자마자 우리는 이것이 TV라는 것을, 혹은 탁자라는 것을, 안다.

그렇다면 나무와 꽃, 하늘, 구름, 강 같은 것은 어떨까? 인간의 손을 거치지 않은 것으로서 순수하게 자연에 속하는 모든 것들 또한 우리에게 도구로서 발견된다고 할 수 있을까? 존재론적으로 보면, 틀림없이 그렇다. 자연에 속하는 것들 또한 우리는 순수하게 물리적인 현상으로서 발견하지 않는다.

나무와 꽃은 우리에게 삶의 싱그러움을 일깨워 주는 것이고, 그런 한에서 우리가 밝고 긍정적으로 삶을 꾸려 가는 데 도움을 준다. 푸른 하늘은 무한한 상승의 가능성을 암시하고, 조각구름은 아무것에도 얽매이지 않은 존재의 자유를 일깨우며, 찌푸린 하늘은 슬픔이나 절망을, 강은 복잡하고 심란해진 마음에 평화를 불러일으킨다. 요컨대 자연적 사물마저도 우리에게는 우리의 삶을 꾸려 가는 데 도움을 주거나 반대로 위협이 되거나 하는 것으로서 발견된다.

그렇다면 우리가 소위 사실적이라고 여기는 세계는 대개 그 도구적 의미 연관 속에서 해석된 세계인 셈이다. 화가가 사실적으로 정교하게 표현하는 것이 생활세계이든 자연의 풍경이든, 아무튼 우리는 사실적인 느낌을 주는 그림에서 도구적으로 해석된 세계와 만나게 되는 것이다. 때로 사실주의적인 그림들은 매우 혁명적인 기운을 느끼게 한다. 이러한 그림들은 우리가 그 안에서 머물고 있는 하나의 세계가 우리의 삶에 해로운 것들로 가득 차 있음을, 그리고 바로 그렇기에 반드시 크게 변해야 하는 것임을 암시한다.

혹은 사실주의적이면서도 매우 평온하고 보수적인 분위기를 풍기는 그림도 있을 수 있다. 이러한 그림은 우리의 세계가 우리의 삶에 이로운 것들로 가득 차 있음을, 그 때문에 세계 및 세계 안의 모든 것이 우리가 소중히 여기고 지켜야 하는 것임을, 암시한다. 어떤 경우든 우리는 세계를 우리의 삶을 위해 혁신되거나 지켜져야 하는 것으로서 발견하는 셈이다.

〈꿈〉에 등장하는 야드비가의 소파 역시 하나의 도구이다. 그 위에서 야드비가가 알몸으로 비스듬히 누워 있는 것을 보면 그것은 야드비가의 쉼을 위해 마련된 도구이다. 그러나 그것은 동시에 야드비가의 정신을 도구적 의미 연관 속에서 열린 세계로부터 끄집어내어 그 이면에 감추어진 야성의 세계로 이끌어 가는 통로이기도 하다. 즉, 그것은 도구적 의미 연관이 지배하는 소위 사실적인 세계에서 야드비가의 쉼을 위한 도구로 존재하면서 동시에 그 세계의 사실성을 허구적인 것으로서 해체시켜 버릴 존재론적 자리로서 존재한다.

그 소파 위에서 잠들기 전에는 모든 것이 오직 도구적인 것으로서 사실적이다. 그러나 잠들고 나면 철두철미 야성적인 존재자들의 세계가 눈앞에 펼쳐진다. 우리에게 이 세계가 조금도 사실적이라는 느낌을 주지 못하는 까닭은 우리의 정신이 아직 도구적 의미 연관 속에서 열린 세계만을 유일하게 가능한 세계라고 착각하고 있기 때문이다.

하지만 도구적 의미 연관 속에서 열린 세계는, 도구란 오직 사물을 자신을 위해 유용한 것으로 이해할 줄 아는 인간의 존재를 근거로 삼아 생성되는 현상적 존재자를 뜻한다는 점에서, 결코 사실적이지 않다. 그것은 한갓 해석된 세계이며, 그것도 우리 자신의 삶을 잘 보존하고, 되도록 안온하고 행복하게 살고 싶은, 우리 정신의 비겁과 소심함에 의해 왜곡되는 방식으로 해석된 세계이다. 야드비가의 소파가 그녀의 정신을 이끌고 간 야성의 세계는 바로 이러한 점에서 더욱 참되고 현실적이다. 그것은 도구로 환원될 수 없는 존재의 진실을 우리 앞에 열어 보이는 것이다.

야드비가는 대체 누구인가? 누구도 알 수 없다. 일찍 세상을 떠난 루소의 아내라는 말도 있고, 젊은 시절의 루소와 헤어진 폴란드 출신 연인이라는 말도 있다. 누군가는 그녀가 루소의 죽은 딸일 것이라고 추측하기도 한다. 아무튼 한 가지 분명한 것은 야드비가가 여자라는 사실이다. 그렇다면 물음을 이렇게 바꾸어 보자. 루소에게, 혹은 세상의 모든 남자에게, 여자는 어떤 존재인가?

남자에게 여자는 연인이거나, 딸이거나, 아내이거나, 아니면 그냥 별 상관없는 사람이거나이다. 혹은 여자들과 자연스럽게 제법 친밀한 관계를 유지할 줄 아는 남자에게는 여자가 친구일 수도 있다. 어떤 경우이든 여자는 남자에게 하나의 도구로서 존재한다. 연인으로서의 여자도, 딸로서의 여자도, 아내로서의 여자도, 별 상관없는 사람으로서의 여자도, 심지어 친구로서의 여자도 다 도구적 존재자로서 해석된 여자라는 뜻이다.

이런 말은 매우 이상하게 들리기 쉽다. 사람의 삶은 자체 목적으로서 이해되어야 하기에 사람을 도구로 여겨서는 안 된다는 식의 도덕관념이 우리를 지배하고 있기 때문이다. 하지만 이러한 도덕관념은 사람을 영혼 없는 물건처럼 취급하지 말라는 것을 뜻할 뿐이다. 없어도 되는 여자라면, 그녀가 어떻게 나의 연인일 수 있을까? 나는 나의 연인을 절실히 필요로 하고, 오직 이러한 한에서만 그녀의 진실한 연인일 수 있다.

즉 나는 연인을 나를 위한, 그리고 바로 그러한 의미에서 도구적인 존재자로서 필요로 하는 것이다. 만약 남자가 아내에게, 딸에게, 친구인 여자에게, "너는 나에게 별 필요도 없는 존재야"라고 말한다면, 여자들은 어떤 반응을 보일까? 당연히 크게 화를 내거나 실망하거나 할 것이다. 나는 너를, 그리고 너는 나를 필요로 하지 않으면, 우린 서로에게 아무것도 아니다. 그러니 나는 너를, 너는 나를, 자신의 삶을 위한 도구로 이해하며 살아가는 셈이다.

앙리 루소, 〈잠자는 집시〉, 1897, 뉴욕 현대미술관(MoMA)

〈잠자는 집시〉는 아마 루소의 작품들 가운데 가장 잘 알려진 작품일 것이다. 또한 〈잠자는 집시〉는 루소가 남긴 작품들 가운데 유치하거나 어색한 느낌이 가장 덜한 작품이기도 하다. 〈꿈〉처럼 〈잠자는 집시〉 역시 달이 비추고 있는 밤의 세계를 묘사하고 있다. 또한 이 그림에서도 흑인 여자가 등장한다. 뮈제트를 불며 뱀을 호리고 있는 〈꿈〉의 여자와 달리 〈잠자는 집시〉의 여자는 잠들어 있다. 사자가 그녀 바로 곁에 우두커니 서서 잠든 그녀의 얼굴을 내려다보고 있다. 정글 속에 있던 〈꿈〉의 여자와 달리 그녀는 사막 위에 있다. 아마 사자가 마음만 먹으면 그녀는 곧 사자 밥이 되고 말 것이다. 숨을 데도 없고, 사자가 바로 곁에서 그녀를 바라보고 있으니, 그녀가 살 것인지 죽을 것인지는 순전히 사자에게 달렸다.

루소는 〈잠자는 집시〉에 대해 다음과 같은 말을 남겼다.

> "방랑자인, 그리고 만돌린 연주자인, 한 흑인 여자가 항아리를 곁에 두고 누워 있다. 항아리는 마실 물이 든 병이다. 피곤에 지쳐 그녀는 깊은 잠에 빠져 있다. 사자 한 마리가 우연히 그곳을 지나쳐 가다 그녀의 냄새를 맡았지만 아직 그녀를 잡아먹지는 않는다. 달빛이 비추는 분위기가 매우 시적이다."

루소의 말을 듣고 나면 사람들은 어떤 생각을 하게 될까? 어쩌면 피비린내 나는 비극의 순간을 예감하고는 전율하는 사람도 있을지 모른다. 루소의 말에 따르면 사자는 '아직' 그녀를 잡아먹지 않았다. 그렇다면 사자는 '곧' 그녀를 잡아먹게 되지 않을까?

이 경우 낭만적인 분위기와 달리 그림은 매우 비극적이고 공포스러운 순간을 포착하고 있는 셈이다. 바로 이 지점에서도 루소의 그림은 사람들이 흔히 사실적이라는 말로 표현하는 분위기를 자아내는 데 철저하게 실패하고 있다. 정녕 사실적으로 그리고 싶었다면 이 그림은 낭만적이고 시적인 분위기가 아니라 무시무시하고 참혹한 분위기를 띠고 있어야 한다. 달빛은 마치 죽은 지 얼마 되지 않은 시체의 안광인 양 푸르고 창백한 느낌이어야 하고, 여자를 바라보는 사자의 동그란 눈에서는 야수다운 잔인성과 흉폭함이 물씬 풍겨야 한다.

대체 루소는, 늘 사실주의자를 자처하면서도, 어쩌자고 이러한 그림을 그렸을까? 루소가 1904년 이래로 그린 일련의 정글 그림들은 대개 〈잠자는 집시〉에 비하면 다소간 유치하고 어색해 보인다. 심지어 어린애가 함부로 그린 것 같은 느낌을 풍기는 작품도 적지 않다. 그럼에도 어떤 점에서는 〈잠자는 집시〉보다 더욱 사실적인 작품들이라고 볼 수도 있다. 루소의 정글 그림들에서는 맹수가 사냥감을 사나운 표정으로 꽉 물고 있는 장면들이 곧잘 나온다. 적어도 낭만주의적 감상에 젖어 실제 현실과 아주 동떨어진 것 같은 〈잠자는 집시〉와 비교해 보면 훨씬 더 사실적인 느낌이 든다.

그러나 어쩌면 루소가 말하는 '아직'은 영원한 유예의 시간을 뜻할지도 모른다. 대체 무슨 말이냐고? 〈잠자는 집시〉의 흑인 여자 역시 악기를 연주하는 자이고, 뱀처럼 길고도 구불구불하게 이어지는 아름다움으로 정신을 호리는 마법사이며, 그럼으로써 도구적 의미 연관이 지배하는 세계의 현실성을 야성적이고도 마술적인 세계의 현실성을 통해 부단히 무화하는 존재자이기 때문이다.

어쩌면 흑인 여자를 동그란 눈으로 쳐다보고 있는 사자는 '아직' 깨어 있는 야드비가의 정신에 대한 상징일지도 모른다. 〈꿈〉에서 흑인 여자를 응시하고 있는 것은 오직 야드비가뿐이다. 〈잠자는 집시〉에서 흑인 여자를 응시하고 있는 것은 오직 사자뿐이다. 이것이 과연 우연일까? 사자는 잠들기 전의 야드비가처럼, 일상세계에서 삶을 살아가는 우리 모두처럼, '아직' 도구적 의미 연관이 지배하는 세계의 사실성이라는 망념으로부터 벗어나지 못했다. 그 때문에 사자에게 흑인 여자는 '아직' 삶을 보존하는 데 필요한 도구, '곧' 잡아먹어야 할 먹거리일 뿐이다.

그러나 〈꿈〉이 그리고 있는 세계가 달빛으로 비추어진 세계이듯이, 〈잠자는 집시〉가 그리고 있는 세계 역시 달빛으로 비추어진 세계이다. 달은 세계를 바라보는 눈이고, 나의 존재를 비추는 거울이며, 자아망집으로부터 벗어난 자, 자기와 자기 아닌 것 사이의 실체적 구분이라는 망상으로부터 벗어난 자에게는 바로 자신의 눈이자 동시에 온 자연의 눈이다.

왜 사자는 '아직' 흑인 여자를 잡아먹지 않았을까? 어쩌면 잠든 흑인 여자의 얼굴에서 자기의식의 소멸의 사건을, 끝없이 되풀이되는 상징적 죽음의 사건을, 도구적 의미 연관에 의해 잠식당한 자기의 정신의 근원적 무의미성을, 그러한 정신에 기대어 생성되는 소위 사실적 세계의 이면에 숨은 초현실적 진실의 세계를, 예감했기 때문인지도 모른다.

그렇다면 '아직'이 암시하는 '곧'의 의미는 단일하지 않다. 흑인 여자는 잠들어 있을 뿐이고, 악기 소리는 '아직' 사자의 귀에 들리지 않으며, 그 때문에 사자의 정신은 소위 사실적 세계의 사실성이 무에 불과하다는 것을, 사실성의 망념으로부터 벗어나면 초현실적 진실의 세계가 자신을 기다리고 있다는 것을 발견하지 못하게 될지도 모른다. 그러면 사자는 다시 배고픔을 느낄 것이고, 눈앞의 흑인 여자를 사는 데 필요한 식량으로 발견하게 될 것이며, '곧' 잡아먹게 될 것이다.

그러나 사자의 눈 역시 사막을 비추는 달처럼 동그랗지 않은가! 대개의 사람들이 유일무이하게 현실적인 세계라고 여기는 세계가 무의미의 사막에 불과하다는 것을 밝히 드러내며, 그러나 그 사막조차 초현실적 진실의 세계를 감추고 있는 것으로서 충분히 아름답다는 것 또한 숨기지 않으면서, 달은 밤의 어둠을 물리치고 있다. 달처럼 동그란 사자의 눈은 우리에게 존재론적 진실을 고지하는 온 자연의 눈인 달이 곧 사자 자신의 눈이기도 하다는 것을 암시한다. 그렇다면 "아직 흑인 여자를 잡아먹지 않는다"라고 할 때의 '아직'은 영원한 유예의 시간 외에 다른 아무것도 뜻할 수 없다.

동그란 눈을 지닌 사자의 정신은 선택의 기로에 선 정신이다. 그는 '곧' 깨어나 흑인 여자를 잡아먹거나, 아니면 '곧'을 영원히 유예할 시간으로 받아들이며 자신에게 주어진 그 '아직'이라는 시간을, 그 시간이 암시하는 도래할 미래를, 스스로 기어이 넘어서야 한다. 그러면 사자의 정신은 니체가 말한 어린아이의 정신, 모든 것을 그 존재 자체에서부터 순연하게 긍정하는 기쁨의 정신, 도구적 의미 연관이 지배하는 세계의 현상 뒤에 숨은 초현실적 진실의 세계를 유일무이하고도 절대적인 현실적 세계로서 긍정하는 그러한 정신이 되어 갈 것이다. 마치 소파 위에 알몸으로 누운 채 뮈제트를 부는 흑인 여자를 응시하는 야드비가처럼 말이다.

아니 어쩌면 사자는 이미 만돌린을 연주하는 흑인 여자를 응시하며 악기 소리에 매혹된 정신으로 우두커니 서 있는 것인지도 모른다. '아직'이라는 시간이 암시하는 미래를 결국 도래할 것으로서 받아들이지 않고 기어이 넘어서고자 하는 정신은 이미 상반된 방식으로 도래할 또 다른 미래를 스스로 열어 나가는 정신이기 때문이다. 이러한 정신은 스스로 온 자연의 정신이고자 하며, 세계를 비추는 달이고자 하고, 그 때문에 이미 자기와 자기 아닌 것 사이의 분별을 경묘하게 넘어서고 있다.

하이데거와
구스타프 클림트

구스타프 클림트의 상징주의/아르누보 회화와
하이데거의 '죽음의 선구성' 개념

—

구스타프 클림트, 〈죽음과 삶〉, 1908-1915, 레오폴드 미술관

20세기의 철학자들 가운데 하이데거만큼 호불호가 갈리는 철학자도 별로 없을 것이다. 누군가에게 하이데거는 합리적 이성 중심의 근현대 문화에 대한 강력한 비판자로서 위대하다. 그러나 다른 누군가는 하이데거를 똑같은 이유로 비난한다. 아무튼 한 가지는 분명하다. 20세기의 철학자들 가운데 하이데거만큼 사상사에 큰 흔적을 남긴 철학자는 없다. 좋은 의미로든 나쁜 의미로든, 하이데거는 20세기의 가장 위대한 철학자인 것이다.

하이데거는 서양의 전통 철학이 형이상학적 사유로부터 자유롭지 못하다고 여긴다. 형이상학이란 무엇인가? 형이상학에 대해서는 여러 가지 설명이 가능하지만 그중 가장 기본적인 것은 '형이상학이란 감각적 경험의 한계를 넘어서는 실체적 존재자에 관한 학문'이라는 설명이다.

우리가 살면서 만나는 모든 것들은 다 감각적 경험을 통해서 알려진다. 그러니 우리가 알고 있는 구체적 사물들 가운데 소위 '감각적 경험의 한계를 넘어서는 실체적 존재자'라고 할 만한 것은 아무것도 없다. 하지만 우리는 사물들을 감각적으로만 경험하지 않고 동시에 인식한다. 인식을 가능하게 하는 것은 무엇인가? 감각적인 것은 무상한 것이고, 그 때문에 인식은 감각적인 것만을 토대로 해서는 가능할 수 없다.

우리는 이런저런 식물 가운데 풀과 나무를 구분해서 인식할 수 있다. 왜 그러한가? 풀을 풀이게 하는 어떤 본질, 나무를 나무이게 하는 어떤 본질을 —다소간 모호하거나 분명하게— 발견하기 때문이다. 명민하지 못한 사람은 모호하게만 발견할 것이고, 명민한 사람은 분명하게 발견할 것이다. 그러나 아무튼 풀, 나무라 불리는 수많은 개체들에서 어떤 공통된 본질이라 할 만한 것을 발견하지 못하면, 우리는 결코 "이것은 풀이다", "저것은 나무다"라는 식으로 말할 수 없다.

감각적 경험을 통해 알려진 수많은 식물들을 다 똑같은 나무로 인식하게 하는 어떤 것— 형이상학적 관점에서 보면 그것은 모든 나무들에게 공통된 어떤 나무됨, 나무스러움이다. 감각적 경험이 구체적이고 개별적인 사물의 인상만을 전달해 준다는 점에서, 이러한 공통된 본질에 대한 발견과 인식은 감각이 아니라 지성의 작용에 의해 가능해지는 것이다.

형이상학은 바로 이러한 관점에서 출발한다. 지식의 형성을 가능하게 하는 것은 감각이 아니라 지성적 사유 능력이라는 생각, 우리의 지성적 사유 능력은 감각적 경험을 통해서 알려진 개별적 사물들에게 공통된 어떤 본질적 동일성과 차이를 발견하게 한다는 것, 그리고 이러한 동일성과 차이는 시간의 흐름 속에서 끝없이 변해 가는 구체적 사물들과 달리 영원불변하는 것이라는 것 등등이 형이상학적 사유의 기본 관점들이다. 한마디로, 이 나무 저 나무는 다 없다가 생겨난 것이고, 부단히 자라고, 노쇠해 가다, 결국 죽을 것들이다. 하지만 나무를 나무이게 하는 그 본질은 결코 변하지 않는다. 그렇지 않으면 예전에 생겨난 나무와 지금 생겨난 나무가 다 똑같은 나무라는 식의 인식은 가능하지 않을 것이다.

영원불변하는 인식의 체계를 지향하는 모든 사람은 본질적으로 다 형이상학적이다. 자연과학도 마찬가지이다. 철학과 신학은 전통적으로 형이상학적이었지만, 자연과학은 본질적으로 반-형이상학적이라는 식으로 생각하는 이들이 많다. 철학과 신학은 초감각적 이데아나 신에 관해 형이상학적으로 논해 왔지만, 자연과학은 자연세계에 대한 구체적 관찰과 실험에 토대를 두고 있기 때문에 본래 반-형이상학적이라는 식이다.

하지만 실은 조금도 그렇지 않다. 자연과학자들이 추구하는 것은 단순한 감각적 데이터가 아니라 자연과학적 지식 및 인식의 체계이다. 자연과학적 지식 및 인식의 체계를 획득하려면 감각적 경험을 통해 알려지는 개별적 사물들의 이면에 어떤 초시간적인 본질 연관이 감추어져 있다는 식의 전제를 하지 않으면 안 된다. 그런데 이러한 전제는 이미 그 자체로 형이상학적이다. 한마디로, 지식 및 인식의 체계를 구하는 자는 모두 삶과 존재에 대한 형이상학적 태도를 지니고 있을 수밖에 없다.

잘 알려져 있듯이, 하이데거의 철학은 기본적으로 존재의 의미를 묻는 존재론이다. 자연과학까지 포함해서 서양의 전통적인 학문들은 다 형이상학적이다. 그도 그럴 것이, 학문이란, 자연과학적 학문과 인문학적 학문을 막론하고, 지식 및 인식의 체계를 구하는 것이기 때문이다. 하이데거의 존재론은 형이상학의 해체를 추구한다. 달리 말해 하이데거의 존재론은 지식 및 인식의 체계를 구하지 않는다. 그런데, 이러한 일이 어떻게 가능할까? 존재의 의미를 묻는 존재론 역시 결국 형이상학적일 수밖에 없지 않을까?

감각적 경험을 통해 알려지는 것들은 다 이런저런 개별적 사물들이다. 하지만 존재란 모든 개별적 사물에게 공통되게 서술될 수 있는 말이다. 존재는 그 무엇의 있음을 뜻하는 말인바, 결국 꽃도 존재하는 것이고, 나무도 존재하는 것이며, 사람도, 사랑과 평화도, 신도, 마귀도, 아무튼 다 실제로 존재하는 것이거나 허구로 존재하는 것이다. 그렇다면 실은 존재라는 말이야말로 실제적인 것과 허구적인 것을 총망라해 인간이 상상할 수 있거나 사유할 수 있는 모든 것에게 공통된 어떤 본질이라고 해야 하지 않을까?

바로 이 지점에서도 하이데거의 철학이 현상학적 성격을 띨 수밖에 없다는 것이 잘 드러난다. 하이데거의 현상학적 관점에서 보면, 존재란 단순히 실재적인 어떤 것을 지칭하는 말이 아니다. 하이데거가 현존재라는 말로 부르는 우리 인간이 존재하지 않는다면, 우리가 존재한다는 말로 지칭하는 그 어떤 것도 존재하지 않을 것이다. 왜냐하면 우리가 존재하는 것으로서 만나는 것은 모두 실재적인 것이 아니라 현상적인 것이고, 현상적인 것은 인간 현존재의 존재에 그 가능 근거를 두고 있는 것이기 때문이다.

하이데거 존재론의 근본 명제 가운데 하나는 '존재는 늘 한 존재자의 존재이다'라는 것이다. 이 말은 인간 현존재와 무관하게 이런저런 개별적 존재자들이 존재하는 것이 자명하다는 것을 뜻하지 않는다. 도리어 그 반대이다. 하이데거의 어렵고 복잡한 논의를 거칠게 단순화시켜서 말하자면, 개별적 존재자는 언제나 시간과 공간 안의 것으로서만 발견될 수 있다는 점에서 이미 실재적으로 존재하는 것이 아니다.

라이프니츠와 칸트가 밝혔듯이, 아니 고대와 중세의 근원적인 사상가들이 이미 분명하게 알고 있었듯이, 시간과 공간 자체가 실재적인 것이 아니라 현상적인 것이기 때문이다. 그러니 '존재는 늘 한 존재자의 존재이다'라는 존재론의 근본 명제는 존재란 인간 현존재의 존재에 근거해서만 가능한 것이라는 뜻을 함축할 수밖에 없다. 현상적인 모든 것은, 그 존재라는 의미까지 포함해서, 인간 현존재의 존재에 근거해서만 가능하기 때문이다.

하이데거의 존재론적 용어들은 대개 철학 전공자들에게도 매우 낯설다. 하이데거가 전통 철학적 용어들은 형이상학으로부터 자유롭지 못하다고 보고 새로 만든 말들이기 때문이다. 하지만 하이데거처럼 새로운 말들을 만들어서 철학하는 것이 꼭 좋기만 한 것은 아니다. 한편으로는, 적어도 하이데거처럼 형이상학에 대해 비판적인 관점을 지닌 철학자의 관점에서 보면, 최대한 형이상학적이지 않은 방식으로 철학할 수 있게 한다는 점에서 좋다. 하지만 다른 한편으로는, 하이데거와 다른 관점을 지닌 철학자들이 하이데거의 철학에 접근하기가 매우 어렵게 된다. 그리고 실은 그 때문에 하이데거의 철학은 많은 오해를 받아 왔다.

'존재는 늘 한 존재자의 존재이다'라는 말이 '우리가 살면서 감각적으로 발견하게 되는 모든 것은 우리 자신의 존재에 근거를 두고 생성된 현상적인 것이다'라는 뜻을 함축한다는 것은 철학적으로 별로 새로운 아이디어가 아니다. 철학이란 본래 사람들이 당연히 존재하는 것이라고 생각하는 이런저런 존재자들의 실재성을 의문시하면서 출발한 것이기도 하다. 그리고 실은 바로 그 때문에 하이데거는 철학이란 본래 현상학적인 것으로서만 가능하다고 생각하는 것이다.

하이데거의 철학에서 진정으로 새로운 점은 우리 자신의 존재를 삶과 죽음의 역동성 가운데서 이해할 가능성을 제시했다는 점에 있다. 아마 누군가는 이렇게 물으리라. "인간의 삶이 죽음과 떼려야 뗄 수 없는 관계를 맺고 있다는 것은 누구나 다 알고 있는 사실 아닌가? 인간의 존재를 삶과 죽음의 역동성 가운데서 이해할 가능성을 제시하는 것이 어떻게 철학적으로 새로울 수 있다는 말인가?"

그러나 삶이 죽음과 더불어 끝날 수 있다는 것에 대해 생각하면서 전통 철학자들이 도달하게 된 생각은 대체로 두 가지로 나뉜다. 하나는 '삶은 허무하고 무상한 것이며, 죽음과 더불어 인간의 존재는 완전히 끝장난다'라는 식의 생각이다. 또 다른 하나는 '현세적 삶은 허무하고 무상하지만, 우리의 영혼은 결코 죽지 않는다'라는 식의 생각이다. 전통적인 철학자들과 신학자들에 따르면 전자는 허무주의적 인생관이다. 그렇다면 후자는 허무주의적이지 않은 인생관이라는 결론이 따라 나오는 셈이다.

즉 전통적으로 허무주의는 오직 무상한 삶만이 존재한다는 생각을, 반-허무주의는 영원한 삶이 —인간의 삶이든 신의 삶이든 상관없이— 아무튼 존재한다는 생각을 대변해 왔다. 하이데거의 관점에서 보면, 허무주의이든 반-허무주의이든 상관없이, 인간의 삶과 죽음의 관계에 관한 전통 철학적인 논의들은 대개 인간의 삶과 존재에 대한 그릇된 관념에서 출발한다. 인간의 삶을 고립된 개체로서의 삶처럼 상정하는 것이 그것이다.

마치 삶을 눈앞에 놓인 하나의 사물과 같은 것으로 간주하면서, '모든 사물이 다 결국 소멸해 버릴 것으로서 허무하듯이 현세의 육체적인 삶 역시 결국 소멸해 버릴 것으로서 허무하다'라고 미리부터 전제하는 식이다. 이러한 생각에 대한 반발로 영생을 논한다고 해도 삶을 개별적인 눈앞의 사물처럼 고찰한다는 점이 달라지는 것은 아니다. 영생하는 삶은 대개 영혼이라는 말로 표상된다. 그런데 영혼이란, 영원히 한결같이 남는 것이라는 점에서 보면, 다른 존재와의 상호 작용과 본질적으로 무관한 철저하게 고립된 실체적 사물과도 같다.

하지만 삶은 눈앞에 놓인 사물과 같은 것이 아니다. 조금 어려운 말을 사용하자면, 모든 삶의 현상들은 나와 타자로 나뉠 수 없는 존재의 근원적 전체성의 표현이다. 바로 그렇기에 삶이란 사물처럼 사라질 수 있는 것도 아니면서, 동시에 죽음을 넘어 영속할 수 있는 것도 아니다.

구스타프 클림트의 〈죽음과 삶〉은 1915년 작품이다. 클림트가 1862년에 태어나 1918년에 죽었으니, 〈죽음과 삶〉은 자신이 늙어 가고 있다는 것, 그리고 자신이 멀거나 가까운 시기에 결국 죽게 되리라는 것을 예감한 화가의 마음을 담고 있다고 볼 수 있을 것이다. 그러나 클림트가 자신의 죽음을 얼마나 절실하게 예감했는지는 불확실하다. 1915년은 클림트가 53세가 되던 해이다. 53세라면 자신의 죽음에 대해 절박하게 생각하기에는 아직 젊다. 게다가 클림트가 〈죽음과 삶〉을 그리기 시작한 것은 약 7년 전인 1908년부터이다.

〈죽음과 삶〉이 클림트 자신의 노령화와 죽음에 대한 고민과 아주 무관한 그림이라고 말하기는 어려울 것이다. 중년이 되면 누구나 가끔씩 자신이 이제 더 이상 젊지 않다는 것, 서서히 늙어 가고 있다는 것, 언젠가 결국 죽게 되리라는 것 등을 생각하기 마련이다. 그러나 〈죽음과 삶〉이 클림트 개인의 삶과 죽음만을 표현한다고 보기도 어려울 것 같다.

그림 왼편에서 해골의 얼굴로 삶의 세계를 노려보고 있는 죽음의 상징은 검은색과 보라색, 파란색 등의 색으로 표현되어 있다. 군데군데 녹색 계열의 색도 보이는데, 특히 아랫부분에서 많이 보인다. 삶의 세계는 갖가지 사랑이 펼쳐지는 세계로 묘사되어 있다. 사랑은 물론 차갑지 않고 따스하다. 적어도 인간끼리 나누는 사랑은 언제나 삶을 더욱 희망찬 것으로 만들어 주는 온기와 같은 것인 법이다. 그 때문인지 삶의 세계는 주황색 계열과 분홍색 계열 등 대체로 따뜻하고 어여쁜 느낌을 주는 색으로 뒤덮여 있다. 하지만 죽음의 세계와 마찬가지로 군데군데 녹색 계열의 색도 보인다.

〈죽음과 삶〉에서 삶의 세계는 죽음이 망각된 세계로 묘사되고 있는 듯하다. 죽음이 흔히 떠올리게 하는 절망과 불안, 두려움 같은 기운은 별로 느껴지지 않는다. 오히려 사랑의 희열과 행복, 강인한 열정의 기운으로 가득 차 있다. 그러고 보니 〈죽음과 삶〉은 같은 오스트리아 출신의 화가로 클림트 영향을 많이 받은 에곤 실레의 그림과는 매우 다른 죽음의 느낌을 풍기고 있다.

에곤 실레의 그림에서는, 심지어 격정적으로 사랑하고 또 포옹하는 남녀의 그림에서조차, 검고 음울한 죽음의 그림자가 구석구석 빈틈없이 퍼져 있는 듯한 느낌이 강하다. 그러나 클림트의 〈죽음과 삶〉에서 삶의 세계는 마치 죽음의 권세를 결정적으로 이겨 내기라도 한 것처럼 밝고 화사하게 그려져 있다. 물론 산 자는 언젠가 반드시 죽는다. 그러니 삶의 세계가 죽음의 권세를 결정적으로 이겨 내는 일은, 적어도 삶의 세계가 죽음의 세계와 명확히 나뉘어 있는 것으로 상정되

구스타프 클림트, 〈사랑〉, 1895, 빈 미술사 박물관

는 한에서는, 있을 수 없다. 우리는 영원의 시간에 비하면 그저 찰나에 불과한 시간 동안 세상에 머물다 때가 되면 하릴없이 스러져 갈 뿐이다.

스타일은 많이 다르지만, 〈죽음과 삶〉은 〈사랑〉을 연상시킨다. 〈사랑〉은 클림트의 작품들 중 걸작이라 할 만한 첫 번째 작품으로 꼽힌다. 클림트는 〈사랑〉을 1895년 삼십 대 초반의 나이에 그렸다. 삼십 대 초반은 아직 죽음을 심각하게 생각할 나이가 아니다. 물론 예외가 있다. 누군가 자신에게 소중한 사람이 죽으면, 우리는 아무리 젊어도 죽음에 관해 고민하게 된다.

삼십 대에 접어든 클림트가 그런 경우였다. 그의 아버지는 1892년에 죽었다. 몇 달도 채 지나지 않아 같은 해 12월에 그의 동생 에른스트도 죽었다. 클림트의 동생은 독감 후유증으로 심낭염을 앓다 죽었다고 알려져 있다. 잔인했던 1892년 이후 클림트는 한동안 크나큰 슬픔에 시달려야 했다. 제대로 작품을 만들 수조차 없었다.

〈사랑〉은 아버지와 동생의 죽음이 안겨 준 상심을 극복하려는 클림트의 소망과 의지의 표현이라고 보아야 할 것이다. 이 그림의 주인공은 서로 포옹한 채 입을 맞추기 직전인 두 남녀이다. 사랑의 황홀경에 빠져 서로를 그윽한 눈빛으로 바라보는 그들의 얼굴 주위는 온통 검은 색조로 가득 차 있다. 〈죽음과 삶〉에서 삶의 세계는 음울한 죽음의 상징을 곁에 두고서도, 죽음을 암시하는 검은 빛에 둘러싸여 있으면서도, 따스하고 밝고 화사하게 묘사되어 있다. 마찬가지로 〈사랑〉의 연인들의 얼굴 역시 따스하고 밝고 화사한 느낌이다. 그들 주위를 감돌고 있는 죽음의 그림자는 사랑의 신비를 더할 뿐이다. 물론 아무리 서로 사랑하는 연인들이라 하더라도 세월이 지나면 노쇠해지다 결국 죽음을 맞이하기 마련이다. 그럼에도 그들의 얼굴은 마치 죽음의 권세를 완전히 이겨 내기라도 한 듯 조금도 불안해 보이지 않는다.

클림트의 그림 속에서 삶과 죽음의 세계가 자아내는 강렬한 대조는 하이데거의 『존재와 시간』이 제시하는 죽음의 존재론에 대한 일종의 예술적 보론이라 할 만하다. 하이데거에 따르면 인간 현존재는 죽음을 향해 가는 존재이다. 여기서 '죽음을 향해 감'이란 그저 생물학적으로 모든 생명체가 탄생의 순간부터 죽음과 점차 가까워지는 방식으로 존재함 같은 것을 뜻하지 않는다.

인간 현존재는 장차 도래할 자신의 죽음을 미리 앞질러 달려가 보는 방식으로 죽음을 향해 간다. 우리는 자신이 죽을 자라는 것을, 죽음의 가능성이란 이루어질 수도 있고 이루어지지 않을 수도 있는 여타 가능성과 달리 언젠가 반드시 실현되고야 말 특별한 종류의 가능성이라는 것을, 이해하며 살아간다. 어디 그뿐인가? 죽음의 정해진 때는 없다. 그렇기에 자신의 죽음을 미리 앞질러 달려가 봄은 죽음이 언제나 이미 우리 곁에 임박해 있는 것으로서 예감되는 것임을 뜻한다.

하이데거의 철학에서 죽음의 선구성은 결코 부정적인 의미만을 지니지 않는다. 실은 그 반대이다. 하이데거에 따르면, 우리는 언제나 이미 일종의 비본래적 자기로서 살고 있다. 이 말이 무슨 말인지 잘 이해가 가지 않으면 자신에게 다음과 같은 물음을 던져 보라.

'나는 대체 누구인가?'

우리는 제법 많은 대답들을 할 수 있다. '나는 여자이다', '나는 남자이다', '나는 회사원이다', '나는 사업가이다', '나는 예술가이다', '나는 은행가이다', 혹은 '나는 내성적인 사람이다', '나는 외향적인 사람이다' 등등. 그런데 이러한 대답들 중 그 어느 것도 나 자신의 고유함을 드러내지 못한다. 자기에 관한 나의 모든 의식은 기껏해야 이 일상세계에서 내가 어떤 기능과 역할을 담당하고 있는지 알려 줄 뿐이다.

이처럼 자신의 삶과 존재의 의미를 일상세계에서 자신이 맡고 있는 기능과 역할을 중심으로 삼아 이해하는 비본래적 자기를 하이데거는 세인(세상 사람)이라고 부른다. 죽음의 선구성이 존재론적으로 긍정적인 의미를 지니는 까닭은 자신이 죽을 자로서 여기 있다는 우리의 자각이 우리 자신의 존재가 이 세계와 근원적으로 아무 연관도 없는 것임을 자각하게 한다는 점에 있다. 죽을 자로서 나는 결국 이 세계와 철두철미 무연관적이게 될 가능성과 더불어 살아가는 존재이다. 그렇기에 내가 나 자신을 세계에 속한 자로서 이해하며 형성해 내는 모든 자기의식은 나 자신의 존재를 그 전체에서 온전히 드러낼 수 없다.

하지만 하이데거는 죽음의 선구성이 가져다주는 본래적 자기에 대한 자각이 구체적으로 어떤 의미를 지니는지 『존재와 시간』에서 설명하지 않는다. 얼핏 생각해 보면 비본래적 자기는 본래적 자기에 비해 나쁜 것이니 극복되어야 하는 어떤 것이라는 느낌이 든다. 그러나 하이데거가 말하는 비본래적 자기는 극복될 수 있는 성격의 것이 아니다. 이유는 간단하다. 우리는 삶을 위해 어떤 식으로든 애쓸 수밖에 없다. 우리에게 주어진 삶이 고통과 죽음에 취약하기 때문이다.

그 때문에 우리는 살면서 만나는 모든 것을 삶을 위해 유용하거나 해로운 것으로 해석하는 경향으로부터 자유로울 수 없다. 즉, 존재자의 존재의미를 우리의 삶을 위한 도구성과 유용성의 관점에서 이해하고 해석하는 것은 인간 현존재의 필연적인 존재방식이다. 게다가 하이데거는 『존재와 시간』에서 죽음의 선구성이 일깨우는 불안 때문에 인간 현존재는 일상적 자기의 비본래성에 대한 자각을 떨쳐 버리고 더욱 강렬하게 일상세계 안으로 빠져들려고 하게 된다고 밝힌다.

그렇다면 죽음의 선구성이 인간 현존재에게 일상적 자기의 근원적 비본래성을 일깨우는 것이 대체 무슨 소용일까? 하이데거의 설명이 맞는다면, 그러한 자각으로 인해 우리는 더욱더 철저하게 일상적인 존재자가 되어 갈 뿐이다. 그렇다면 우리는 본래성을 회복할 결의 따위는 아예 포기해야 하지 않을까? 살면서 만나게 되는 모든 것을, 심지어 자신마저도, 일상세계 안에서의 기능과 역할의 관점에서 이해하고 해석하며 살아가는 경향으로부터 인간 현존재는 결코 벗어날 수 없는 것 아닐까?

이러한 물음에 대한 명쾌한 해명은 『존재와 시간』에 나오지 않는다. 하이데거가 1929-1930년경에 사상의 '전회'를 꾀하게 된 근본적

이유 역시 바로 여기에 있다. 하이데거는 『존재와 시간』에서 해명하지 못했던 바로 이러한 문제를 존재론적으로 해명할 가능성을 모색하기 시작했다. 죽음의 선구성이 일깨우는 진실, 나의 존재가 일상세계와 근원적으로 아무 연관도 없는 것이라는 바로 그러한 진실에 대한 자각에 상응하는 삶의 방식을 가능하게 하는 것은 무엇인가?

바로 클림트의 그림들 속에 한 가지 해명이 주어져 있다. 특히 〈죽음과 삶〉이나 〈사랑〉처럼 죽음의 이미지와 사랑하는 삶의 이미지를 강렬하게 대조시킨 그림들에서 매우 분명하게 그 해명이 예술적으로 잘 표현되어 있다.

사랑의 삶을 예술적으로 표현하고자 하는 클림트의 강렬한 의지는 소중했던 인간들의 죽음에 그 근원을 두고 있을 것이다. 사랑하는 자의 죽음을 겪어 보지 못한 자는 삶과 죽음의 관계에 관해 절실하게 고민하기 어렵다. 살면서 누구도 사랑해 본 적이 없고, 그 누구로부터 사랑받아 본 적도 없으며, 바로 그 때문에 자살 충동에 시달리게 된 사람이 있다고 생각해 보자. 이러한 사람에게 죽음이란 삶에 대한 의욕이 약해짐으로써 떠오르게 되는 일종의 도피처이다. 극단적으로 고독한 삶을 견디어 내느니 차라리 죽는 것이 나으리라는 생각에 시달리게 된 것이다.

그러나 사랑하는 자의 죽음은 삶에 대한 의욕을 약하게 만들지 않는다. 온 마음과 정성을 다해 사랑하던 연인의 죽음을 견디기 힘들어하는 사람은 결코 삶에 대한 의욕이 약해서 자살 충동을 느끼는 것이 아니다. 그에게는 여전히 연인과 함께 아름답고 행복한 삶을 만들어

나가고자 하는 강렬한 의지가 있다. 그의 불행은 의지의 부재가 아니라 의지를 실현할 가능성의 결여에 있다. 아름답고 행복하게 살고자 하는 의지는 여전히 강렬하지만, 불행하게도 연인의 죽음으로 인해 그 의지를 실현할 가능성은 아예 사라져 버렸다. 이러한 사람이 자살 충동을 느끼게 된다면, 그것은 의지와 현실 사이의 괴리 때문이지 의지의 부재 때문이 아니다.

죽음의 선구성이 초래하는 일상적 자기의 비본래성에 대한 자각이 반드시 사랑을 통해서만 본래적 자기를 회복할 가능성으로 이어지게 된다는 식으로 생각할 필요는 없다. 그러나 사랑이 그 한 가지 방식일 수 있다는 점은 부정하기 어렵다. 사랑이란 오직 서로를 그 고유함 가운데서 발견하고 기꺼워하는 사람들 사이에서만 생겨나는 감정이기 때문이다.

자식을 사랑하는 부모에게 자식은 자식으로서 고유하고, 부모를 사랑하는 자식에게 부모는 부모로서 고유하다. 자신의 부모가, 자신의 자식이, 잘난 인간인지 어떤지는 부모의 부모로서의 고유함 및 자식의 자식으로서의 고유함을 발견하고 긍정하는 데 아무 상관도 없다. 연인으로서 서로를 진실하게 사랑하게 된 두 남녀 역시 마찬가지이다. 연인들이 서로 사랑하는 까닭은 잘나거나 못남을 따져서가 아니라 세상 그 누구에게서도 찾을 수 없는 어떤 고유함을 서로에게서 발견했기 때문이다.

사랑을 통해 고유해지면, 우리는 자신과 연인의 존재의미를 더 이상 일상세계에서의 기능과 역할의 관점에서만 해석하지 않게 된다.

그럼으로써 우리는 도구적 의미 연관이 지배하는 일상세계 안으로 빠져드는 삶의 경향을 본래성을 향한 방향으로 되돌리게 된다. 사랑하는 자로서 우리는 삶과 존재란 결코 도구적 의미 연관으로 환원될 수 없는 것이라는 존재론적 진실을 매 순간 새롭게 발견하고 긍정하게 된다. 비록 살기 위해 다시 일상세계로 복귀해야 하지만, 살면서 마주치는 것들을 도구적인 것으로서 해석하기를 아주 멈출 수는 없지만, 고유함이라는 존재의 근원적 의미가 사랑을 통해 끝없이 우리에게 전해지게 된다.

연인의 죽음이 가져다준 상실감과 슬픔— 그것은 그 자체로 사랑하는 자와 아름답고 행복한 삶을 이루고자 하는 더없이 강렬한 소망과 동경, 의지의 표현이다. 물론 죽은 연인은 다시는 이 지상으로 돌아오지 않는다. 적어도 살아 있는 동안에는 나는 그 상실의 아픔을 오롯이 견뎌 내야 한다. 그러니 연인의 죽음을 겪은 자로서 여전히 아름답고 행복한 삶을 이루고자 하는 소망과 동경, 의지를 버리지 못하는 자는, 사랑의 크나큰 아름다움에 견딜 수 없으리만치 고통스럽게 시달리게 된 자는, 자기 삶의 예술가가 되는 것 외에 다른 어떤 대안도 가질 수 없다. 예술의 세계야말로 현실세계에서는 불가능한 소망이 실현될 수 있는 유일무이한 자리이기 때문이다.

하이데거가 일상적 자기의 비본래성에 대한 자각이 어떻게 본래성의 회복으로 이어지게 되는지 설명할 수 없었던 이유는 무엇일까? 그것은 하이데거의 존재론이 —자신이 비판한 형이상학과 마찬가지로— 시각적 봄의 관점에서 성찰되었기 때문이다.

우리는 앞 장에서 하이데거에게 아이스테시스가 어떠한 의미를 지니는지 살펴보았다. 하이데거의 주장에 따르면 아이스테시스는 그 무엇을 순연히 감각적으로 인지함이다. 그리고 고대 그리스 철학에서는 바로 이러한 의미의 아이스테시스가 로고스보다 더욱 근원적인 진리의 자리였다. 이 말이 무엇을 뜻하는지는 별로 어렵지 않게 알아차릴 수 있다. 사람들은 흔히 "이 꽃은 붉다"라는 말이 참이려면 실제로 붉은 꽃이 있어야 한다고 생각한다.

즉 내가 가리키는 '이 꽃'이 실제로 붉음을 자신의 객관적 속성으로 지니는 경우에만 "이 꽃은 붉다"라는 말이 참일 수 있다는 것이다. 그런데 이런 생각은 순전히 난센스에 지나지 않는다. 붉음은 감각적인 것이고, 감각적인 것은 감각하는 자의 존재를 근거로 해서만 생겨나는 것이기에, 결코 객관적이거나 —인간의 사상과 감정, 감각적 느낌 등과 아예 무관하다는 의미로— 순수하게 사실적일 수 없다.

로고스적 언명은 오직 나의 시각적 봄 자체를 겨냥하는 한에서만, 즉 그것이 내가 본 현상으로서의 붉은 꽃에 관한 언명인 한에서만, 참이거나 거짓일 수 있다. 내가 본 꽃의 붉음을 그것 자체로서 순연히 감각적으로 인지하고 받아들이는 한에서만 로고스적 언명은 진리로서의 성격을 지닐 수 있는 것이다.

형이상학은 인간 현존재와의 관계 속에서만 존재의 드러남(탈은폐)

으로서 생성될 수 있는 어떤 현상적 존재자를 나와 무관한 사물적 존재자로 오인함으로써 시작된다. 왜 나는 현상적 존재자를 사물적 존재자로 오인하게 되는가? 우리가 존재자를 시각적 경험을 중심으로 인지하기 때문이다. 시각적으로 그 무엇을 잘 보려면 그것과 나 사이의 거리가 필수적이다. 바로 그 때문에 시각적 봄을 중심으로 사물을 인지하는 경우, 나는 나와 사물이 서로 공간적 거리를 두고 떨어져 있는 별개의 존재자라는 생각에 사로잡히게 된다.

한마디로, 형이상학이란 나와 현상적 존재자 사이의 근원적 통일성에 대한 망각의 표현이다. 붉은 꽃을 눈앞의 사물로 상정하고 관찰하는 순간, 나는 붉은 꽃이 나와 공간적 거리를 두고 떨어져 있는 개별적 사물로서 실재하는 것이라고 착각하게 되고, 그 때문에 나의 의식은 붉은 꽃과 내가 나뉠 수 없는 하나의 전체를 이루고 있다는 근원적 진실로부터 멀어지게 된다. 바로 이것이 존재자를 고립된 실체성 가운데서 발견하려고 하는 형이상학적 경향의 시발점이다.

그런데 형이상학을 비판하면서도, 하이데거 역시 시각적 봄을 중심으로 사유하려는 경향으로부터 온전히 자유롭지 못하다. 하이데거는 그가 로고스보다 더욱 근원적인 진리의 자리라고 인정한 아이스테시스를 주로 시각적 봄의 관점에서 해석한다. 그러나 시각적 봄은 내가 보는 사물과 나 사이의 거리에 대한 인식을 수반하는 법이다. 아이스테시스 개념 자체가, 시각적 봄 위주로 해석되는 한에서는, 이런저런 존재자를 나와 무관한 고립된 실체와 같은 것으로 상정하는 형이상학적 오류의 근거가 되어 버리고 마는 것이다.

우리는 앙리 루소의 회화를 존재론적으로 해석하면서 감각이란 우리 자신에게서 일어나는 변화로서 일어나는 것이라는 점을 분명히 해둔 바 있다. 얼음을 만지면 우리는 대번 얼음의 차가움에 놀라게 된다. 그런데 차갑다는 것은 대체 무엇을 뜻하는 말일까? 차가운 것은 얼음 자체인가, 아니면 우리 자신인가?

차가움을 자연과학적으로 정량화해서, 열에너지의 양이 많으면 뜨겁지만, 적으면 차갑다는 식으로 설명해 본들 문제가 해결되지는 않는다. 차가움은 결국 일종의 감각이다. 감각은 감각하는 존재자에게서 일어나는 것이지 감각기관이 없는 물리적 사물의 객관적 속성 같은 것일 수 없다. 차가움은 다른 모든 감각과 마찬가지로 나의 존재에서 일어나는 변화를 표현하는 말이다. 차가움은 그 직접적인 의미에서는 내 몸에서 온기가 사라져 버렸음을 뜻할 뿐이다.

왜 하이데거는 아이스테시스를 현존재의 존재에서 일어나는 변화로서 규정하지 못하고 시각적 봄의 관점에서만 고찰했을까? 왜 하이데거는 시각적 봄 중심의 사유 경향에서 형이상학적 사유의 근거를 발견하면서도 아이스테시스로서의 감각을 시각적 봄을 중심으로 설명했을까?

하이데거의 『존재와 시간』에서 가장 중요한 개념들 중 하나는 실존이다. 하이데거는 인간 현존재의 존재를 세계-안에-있음(세계-내-존재)이라고 규정한다. 언뜻 생각해 보면, 하나 마나 한 말이다. 우리 인간이 다 세계 안에 있지, 어디 다른 곳에 있을 턱이 없지 않은가? 하지만 형이상학이 지배해 온 서구 사상사의 관점에서 보면, 매우 의미심장한 말이다. 영원불변하는 형이상학적 실체는 본래 세계와 무관한 존재자이다. 설령 형이상학적 실체가 장소적으로는 세계 안에 있는 것으로 규정되어도 그러하다. 변할 수 없는 것은 본래 세계의 영향으로부터 자유로운 것이기 때문이다. 형이상학적 실체는 세계 안에 있거나 말거나 아무튼 불변하는 것으로서 영원히 자기동일적으로 남을 뿐이다.

인간 현존재의 존재가 세계-안에-있음이라는 하이데거의 주장은 인간 현존재가 세계와의 실존적 관계 속에서만 규정될 수 있다는 뜻이다. 왜 그러한가? 인간 현존재가 무상한 존재자이기 때문이다. 하이데거가 인간 현존재의 존재를 죽음을 향한 존재로 규정하는 까닭이 바로 이것이다. 전통적인 형이상학자들과 달리 하이데거는 인간에게 영혼이나 이성 같은 초시간적 본질이 있다고 전제하지 않는다. 존재론적으로 인간 현존재는 철저하게 시간적이고 역사적인 존재자이다. 인간 현존재는 끝없이 지금의 자신과 다른 그 무엇이 되어 가는 과정 속의 존재자일 뿐, 영원히 자기동일적으로 남는 실체적 존재자가 아니다.

하이데거의 존재론 형성에 가장 결정적인 역할을 한 철학자는 헤겔과 동시대를 살았던 프리드리히 슐라이어마허이다. 슐라이어마허는 현대 해석학의 창시자로 통하는 위대한 철학자이기도 하고, 현대 신학의 아버지로 불리는 위대한 신학자이기도 하다. 1915년 하이데거는 둔스 스코투스에 관한 교수자격논문을 발표한 뒤, 프라이부르크로 가서 현상학의 창시자 에드문트 후설과 사적 관계를 맺기 시작한다. 프라이부르크 시절 하이데거 연구의 중심을 차지한 것은 기독교 신학 사상이었다. 특히 슐라이어마허와 그의 종교 철학을 비판적으로 계승한 루돌프 오토가 중요했다.

슐라이어마허의 『종교론』 초판과 『기독교 신앙』 제2판에 대해 하이데거가 남긴 연구 노트들을 살펴보면 두 가지 사실을 알 수 있다. 하나는 하이데거가 슐라이어마허의 철학을 일종의 현상학적 존재론으로 이해했다는 사실이다. 또 다른 하나는 하이데거가 인간 현존재의 존재를 세계-안에-있음으로 규정할 존재론의 근본 아이디어를 슐라이어마허의 저술에서 발견했다는 사실이다. 하이데거는 『기독교 신앙』 제2판의 한 단락에 대해 연구 노트를 남겼다. 그리 길지 않은 이 단락에서 슐라이어마허는 자신의 종교 개념을 "우리의 세계 안에 있음의 느낌"이라고 규정한다.

슐라이어마허는 자신의 첫 출판 저술인 『종교론』에서 종교를 "우주에 대한 직관과 감정"이라고 규정한다. 이 말은 무엇보다도 우선 우리의 삶과 존재란 어떤 이론이나 도덕규범의 체계로 환원될 수 없는 것이라는 것을 뜻한다. 우주는 존재의 전체성의 표현이기에 존재하는 모든 것은 우주 안의 존재일 수밖에 없다. 우리 자신을 포함하는 모든 존재자의 존재를 슐라이어마허는 "무한한 우주의 개별화된 서술과 표현"이라고 규정한다.

무한한 우주의 개별화된 서술과 표현으로서 모든 개별자는 다른 개별자와 외적 대립의 관계를 형성하는 고립된 실체 같은 것일 수 없다. 모든 개별자는 부단한 상호 작용의 과정 속에서 언제나 이미 하나를 이루고 있다. 우주에 대한 직관과 감정으로서의 종교란 자신을 향한 우주의 부단한 작용을 자기 존재의 근원적 근거로서 발견하고 경건하게 수용하는 마음을 가리킨다.

슐라이어마허에 따르면, 우주에 대한 직관과 감정으로서의 종교는 형이상학과 도덕에 대립적이다. 여기서 형이상학이란 이론적 체계를, 도덕이란 인간 행위 일반에 대한 규범적 학문을 뜻한다. 종교가 형이상학과 도덕에 대립적이라는 슐라이어마허의 주장은 무한한 우주의 개별화된 서술과 표현인 모든 존재자의 존재는 본래 학문적 체계로 환원될 수 있는 것이 아니라는 뜻을 함축한다. 한 가지 흥미로운 것은 슐라이어마허가 감각을 우리 자신의 존재에서 일어나는 변화에 대한 자각으로 이해한다는 점이다. 존재론적으로 이는 매우 중대한 의미를 지닌다.

하이데거처럼 감각을 시각적 봄을 중심으로 고찰하는 경우, 형이상학적 사유로부터 벗어나기 어렵게 된다. 시각적 봄이야말로 존재자를 나와 거리를 두고 떨어져 있는 눈앞의 사물로서 발견하도록 하는 근본 원인이기 때문이다. 하지만 슐라이어마허처럼 감각을 자신의 존재에게서 일어나는 변화에 대한 자각으로 이해하는 경우, 우리는, 시각적 봄이 암시하는 것과 달리, 내가 발견하는 모든 존재자가 나와 단일한 감각의 평원 위에서 언제나 이미 하나를 이루고 있는 존재자라는 것을 발견하게 된다. 한 송이의 꽃이 지닌 화사한 색과 향기는 나와 무관한 한 사물적 존재자의 객관적 속성일 수 없다. 색채와 향기는 모두 감각적인 것으로서 나 자신의 존재에게서 일어난 변화 이상도 이하도 아니기 때문이다.

하이데거가 감각에 대한 슐라이어마허의 철학적 분석의 의미를 보다 명확하게 이해할 수 있었다면, 아마 『존재와 시간』의 많은 부분이 달라졌을 것이다. 어쩌면 하이데거는 일상적 자기의 비본래성에 대한 자각이 어떻게 본래성의 회복으로 이어지게 되는지에 대해 구체적으로 설명할 수도 있었을 것이다.

감각을, 혹은 하이데거가 말하는 아이스테시스를, 감각하는 자의 존재에서 일어나는 변화에 대한 자각으로 이해하는 경우, 우리는 존재자의 존재를 눈앞에-있음으로 이해하려는 경향으로부터 벗어나게 될 단초를 바로 우리 자신의 존재에서 발견하게 된다. 우리가 존재하는 것으로 발견하는 모든 것은 감각적으로 생성된 현상적 존재자이고, 감각이 우리 자신의 존재에게서 일어나는 변화에 대한 자각 외에 다른 아무것도 아니라는 바로 그러한 점에서, 모든 존재자는 나 자신의 존재에서 일어난 변화의 표현 외에 다른 아무것도 아닌 것이다.

클림트의 작품들 중 가장 유명한 것은 〈키스(연인)〉이다. 얼마나 아름다운 그림인가! 서로 포옹하며 키스하는 연인들의 몸은 온통 황

구스타프 클림트, 〈키스(연인)〉, 1907-1908, 벨베데레 오스트리아 갤러리.

금빛이고, 그 빛이 얼마나 강렬한지 그들 주위를 감싸고 도는 죽음의 검은 그림자조차 금빛으로 물들어 있다. 그렇다, 〈키스(연인)〉에서 주인공인 연인들의 주위를 감싸고 도는 그 불가사의한 색, 어둠과 황금빛이 기묘하게 뒤섞인 듯한 그 색은 분명 죽음의 상징이다. 그들은 작은 꽃들이 화사하게 피어 있는 푸른 풀밭을, 생명의 상징임에 틀림없는 녹색의 대지를, 굳건히 딛고 서 있다.

두 남녀의 사랑은, 〈죽음과 삶〉이나 〈사랑〉의 주인공인 연인들의 사랑이 그러했던 것처럼, 죽음이 망각된, 죽음의 두려움이 완전히 극복된, 온전한 삶의 세계를 이루어 낸다. 하지만 〈키스(연인)〉에 등장하는 삶의 세계에는 〈죽음과 삶〉이나 〈사랑〉에서는 아예 부재하거나 혹은 흐릿하게만 보이는 한 가지 심오한 성찰이 분명하게 드러나 있다. 그것은 열렬한 사랑의 세계가 창조하는 삶의 세계를 둘러싼 죽음은 이미 삶과 화해한 죽음이며, 바로 그 때문에 사랑하는 자에게 죽음이란 이미 사랑으로 안온하게 밝혀진 어둠으로서의 의미를 지닐 뿐이라는 것에 대한 성찰이다.

지금 영원한 사랑을 약속할 만큼 서로 열렬히 사랑하는 자에게 인간이란 결코 영원할 수 없는 존재라는 냉정한 진실 따위는 조금도 중요하지 않다. 죽을 자로 여기 있음을 알면서도, 심지어 지금 이 순간 이토록 뜨겁고 진실한 사랑의 열정조차 무상할 뿐임을 예감하면서도, 진실한 연인들은 서로에게 영원한 사랑을 약속할 수밖에 없다. 왜 그럴까? 사랑이란 사랑의 진실에 걸맞은 존재자가 되고자 하는 결의의 표현 외에 다른 아무것도 아니기 때문이다.

무엇이 그들의 존재를 그토록 찬란하고 아름답게 만들었을까? 무엇이 그들을 사랑의 진실에 걸맞은 존재자가 되고자 하는 결의에 사로잡히도록 했을까? 무엇이 그들로 하여금, 억지로 의지를 발휘해서가 아니라, 서로 순연히 사랑하는 가운데 자연스럽게 그들 자신의 존재를 사랑의 진실에 걸맞은 존재가 되게끔 인도했을까? 바로 감각이다. 시각적 봄으로서의 감각이 아니라 자신의 존재에게서 일어나는 변화의 자각으로서의 감각이 그들의 존재 자체를 그토록 찬란하고 아름답게 만들어 준 근원적 원동력이다.

사랑하면 우리에게 어떤 일이 일어나는가? 실은 바로 이 물음 자체 안에 이미 답이 주어져 있다. 사랑이란 우리 자신의 존재에게서 일어나는 엄청난 변화로서의 감각과 감정이다. 사랑하면 자신의 존재가 변할 뿐 아니라 자신의 존재에게서 일어나는 그 변화를 극도로 민감하게 정서적으로 받아들이게 된다. 〈키스(연인)〉의 주인공처럼 내가 사랑하는 자가 내 연인이 되어 준다면, 나의 사랑이 순수하고 열정적이듯이 나를 향한 그의 사랑 역시 순수하고 열정적이라면, 사랑이라는 이름의 감각은, 나 자신의 존재에게서 일어나는 변화로서의 사랑은, 그 자각은, 더할 나위 없는 열락의 근거가 된다.

아니, 이런 식의 설명은 여전히 지나치게 이론적이다. 순수한 사랑의 교감 속에서 너와 나의 분별은 사라지고, 나의 존재와 내가 느끼는 감각 사이의 분별 역시 사라지고 만다. 나의 온 존재가 순연한 사랑 그 자체가 되고, 황금빛으로 달아오르는 순수한 열락이 되어, 나의 존재에 근거를 두고 생성되는 모든 것은, 심지어 죽음마저도, 순연한 사랑, 순수한 열락의 다채로운 반영이 되어 버린다. 나는 더 이상 아무것도 도구적 의미 연관에 사로잡힌 일상적 자기의 관점에서 헤아리지 않는다. 나는 이제 온 정신이고, 온 자연이며, 죽음과의 분별마저도 넘어선 온 삶이다.

클림트는 여자관계가 매우 복잡한 사람이었다. 평생 독신으로 살았으면서도 열 명도 넘는 사생아를 낳았다. 그의 작업실은 여러 모델들이 거의 반라 상태로 빈둥거리는 경우가 많았다. 그중 상당수는 클림트와 연애 행각을 벌였다. 클림트는 여자에게 거의 늘 상냥하고 친절했다. 클림트는 바람둥이의 전형과도 같은 남자였던 것이다.

클림트에게 여자는 어떤 존재였을까? 클림트는 죽을 때까지 여자들에게 둘러싸여 살았다. 아버지와 동생이 죽고 나서는 어머니와 누나, 여동생이 클림트의 집에서 살며 그를 보살폈다. 클림트의 작업실을 방문한 것은 모델들만이 아니었다. 그는 여자의 초상화를 즐겨 그렸는데, 비할 데 없이 화려하고 섬세한 그의 초상화는 큰 인기를 누렸다. 수많은 상류층 여자들이 그의 작업실을 드나들었다.

하지만 클림트가 여자들과 방종한 연애만 즐긴 것은 아니었다. 클림트와 친밀한 관계를 맺었던 여자들 가운데서는 클림트의 첫사랑이었던 여자도 있고, 클림트 본인이 영원한 플라토닉 러브의 대상으로 삼았던 여자도 있다. 전자는 훗날 작곡가 구스타프 말러의 아내가 된

알마 쉰들러였다. 후자는 에밀리 플뢰게였다. 에밀리는 클림트의 동생이 결혼한 여자, 즉 클림트의 제수弟嫂의 동생이었다. 클림트가 에밀리와 만난 것은 29살 때의 일로, 동생의 결혼식장에서였다. 요컨대, 클림트는 아내가 없었다 뿐이지 남자가 바라는 거의 모든 유형의 여자들과 친밀한 관계를 맺으며 살았다.

클림트가 만난 여자들 가운데 가장 흥미로운 인물은 단연 알마 쉰들러이다. 자신보다 19세 연상인 말러와 결혼한 이후 알마는 많은 염문을 뿌렸다. 대부분 유명한 예술가들이나 건축가들이었다. 50세가 되던 해에 말러는 아내의 외도에 충격을 받고 프로이트를 찾아가 상담을 받기도 했다. 말러가 죽은 것은 그 이듬해였다. 어리고 매력적인 여자를 아내로 맞이한 대가로 말러는 죽을 때까지 정신적 불안과 고통을 감내해야만 했던 것이다. 알마는 죽을 때까지 세 번 결혼했다. 클림트의 여성 편력만큼이나 그녀의 남성 편력 역시 화려했던 것이다. 그녀는 자유분방한 여성의 전형으로서 많은 예술가들에게 끝없이 영감을 불어넣어 주는 뮤즈였다. 그런 그녀의 첫사랑은 바로 클림트였다. 하지만 클림트에게 알마는 아주 소중한 존재는 아니었던 것 같다. 많은 여자들의 초상화를 그린 클림트였지만 그중 알마의 초상화는 없다.

클림트가 가장 소중히 여겼던 여자는 에밀리 플뢰게였다. 바람둥이 남자에게 여자는 육체적 즐거움을 얻는 데 필요한 존재이고, 그저 한순간만 소중할 뿐이다. 연애를 하며 느끼는 정신적 만족감 같은 것은 쾌락에 덧붙여진 부가물일 뿐이다. 그런 점에서 클림트의 여자들 중 에밀리는 거의 유일한 예외였다. 클림트가 에밀리에게서 구한 것은 화려한 아름다움도 아니었고 관능적 쾌락도 아니었다.

결혼도 하지 않았고, 두 사람 사이에는 아이도 없었지만, 클림트에게 에밀리는 부부와 다를 바 없는 평생의 반려였다. 클림트의 동생이 에밀리의 언니와 결혼한 것은 1891년이었다. 클림트의 동생이 죽은 것은 1892년이었다. 당시 에밀리는 열여덟의 나이였다. 동생이 죽고 난 뒤 클림트는 곧잘 에밀리의 부모 집을 방문했고, 여름이 되면 호숫가에서 에밀리와 그녀의 부모와 함께 시간을 보냈다. 클림트는 한 여자로서의 에밀리를 가지려는 욕망을 품은 것이 아니었다. 그는 다만 에밀리와 하나가 되고 싶었다. 그 때문에 그는 에밀리의 세계로 들어가서 그 안에서 거주하려 했다.

전문가들은 대개 〈키스(연인)〉의 주인공인 두 연인이 클림트 자신과 에밀리일 것이라고 추측한다. 이 점을 알고 나면 〈키스(연인)〉를 포함해 클림트의 많은 작품들을 거의 뒤덮다시피 하고 있는 금빛 색조가 무슨 의미를 지니는지 짐작할 수 있게 된다. 금빛은 분명 매우 화려하고, 강렬하게 감각적이다. 그런 점에서 금빛은 관능적이고 육체적인 사랑의 아름다움을 표현하는 데, 관능적 사랑에 심취한 연인들을 엄습해 오는 감각적 환희를 묘사하는 데 적합하다.

그러나 동시에 금빛은 영원의 상징이기도 하다. 물론 클림트의 회화에서 금빛이 상징하는 영원은 비감각적이고 초현세적인 이데아의 영원이 아니다. 오히려 그것은 감각적 열락과 환희 가운데서, 우리 자신의 존재에게서 일어나는 더없이 강렬한 변화로서의 감각의 평원 한 가운데서, 불가사의한 비밀을 드러내는 그러한 존재의 영원이다.

감각을 통해 그 자체 감각적인 것으로서 고지되는 존재의 영원은 삶의 무상성에 단순히 대립적인 시간성일 수 없다. 그것은 다만 끝없는 감각적 열락과 환희 가운데서 모든 존재자가 나뉠 수 없는 하나의 전체를 이루어 나가는 가운데 고지되는 그러한 시간성으로서의 영원일 뿐이다.

존재하는 모든 것은 기어이 나뉘며, 오직 그런 한에서만 우리 자신의 존재에게서 일어나는 변화로서의 감각의 근거가 된다. 감각이란 서로 나뉜 것들의 만남을 통해 일어나는 것이기 때문이다. 그러나 감각을 통해 서로 나뉜 것으로 알려지는 것들은 고립된 실체로서 나뉜 것이 아니라 그 자체 감각에 의해 일깨워진 존재자로서 나뉜 것들이다.

한 송이의 붉은 꽃은 내 마음 밖의 실체적 존재자로서 존재하는 것이 아니라 그 붉음의 감각을 통해 비로소 생성된 현상적 존재자로서 존재하는 것이다. 그렇다면 한 송이의 붉은 꽃을 보는 나는 어떠한가? 나 역시 붉음의 감각에 의해 일깨워진 존재자로서, 붉음을 감각하는 의식으로서, 여기 있을 뿐이다. 나의 의식은 결코 감각 없이, 자신을 감각적으로 일깨우는 어떤 존재자를 의식하는 일 없이, 한 고립된 실체로서 존재하는 것이 아니다.

나의 자아는 그때마다의 감각에 의해 일깨워지는 그러한 의식의 부단한 흐름 가운데서만 존재할 뿐이다. 아니, 엄밀히 말해 자아는 아예 존재하지 않는다. 오직 의식이라는 이름의 부단한 체험 연관의 흐름

—

구스타프 클림트,
〈에밀리 플뢰게의 초상〉,
1902,
빈 미술관 카를스플라츠.

만이 존재할 뿐이다. 자아란 그 체험 연관의 특정한 계기에 의식이 고착될 때마다 언뜻언뜻 떠오르는 인식론적 환영을 가리키는 말일 뿐이다.

가장 감각적이고 가장 강렬하게, 그러나 동시에 가장 한결같고 가장 굳건하게, 사랑을 통해 고지되는 존재의 근원적 영원성— 클림트 회화의 금빛이 상징하는 바가 바로 이것이다. 클림트가 만난 여자들 가운데 그러한 영원의 상징을 위해 에밀리보다 더 적합한 여자는 없다.

화려한 아름다움과 육체적 쾌락에의 갈구 때문에 남자 안에서 일어나는 열정은 다만 한순간 강렬할 뿐, 한결같지도 않고 굳건하지도 않다. 이러한 열정이 안겨 주는 육체적 쾌락은, 비록 그 강렬함으로 인해 내 안에서 부단히 욕망을 일깨운다고 해도, 그 자체로는 늘 공허할 뿐이다. 나의 삶과 존재에 어떤 근원적인 변화도 초래하지 않기 때문이다.

그러나 자신에게 영원한 삶의 반려자로 받아들여진 여자를 향한 남자의 사랑은, 비록 표면적으로는 강렬하지 않은 것처럼 보일지라도, 도무지 거부할 수 없는 운명과도 같은 법이다. 그녀와의 이별은 차마 견딜 수 없는 일이다. 그 까닭은, 그녀와 함께 있음이 마음의 가장 깊은 곳에서, 표면으로 드러나는 무덤덤함에도 불구하고, 더할 나위 없이 강렬한 즐거움과 기쁨, 쾌락을 불러일으키기 때문이다. 그것은 사랑을 통해 스스로 온 정신이 되고, 온 자연이 되며, 그럼으로써 죽음과의 분별마저도 넘어선 온 삶의 열락이다.

1902년 클림트가 그린 자신의 초상화를 에밀리는 별로 마음에 들어 하지 않았다. 왜 그랬을까? 이유는 여러 가지일 수 있다. 클림트의 다른 초상화와 달리 자신의 초상화가 화려하지도 않고 관능적인 강렬함도 별로 없어서 그랬을 수도 있다. 혹은 자신의 모습이 사랑에 빠진 여자의 모습이 아니라 다소 도도하고 냉정해 보이는 여자의 모습으로 보였기 때문에 그랬을 수도 있다. 연인이 그린 자신의 모습 속에서 연인과의 사랑이 일깨우는 행복과 감각적 환희가 조금도 드러나지 않는 것을 확인하면, 누구라도 맥이 빠질 테니 말이다.

클림트의 다른 그림들과 달리, 화사한 색으로, 강렬하고 화려한 금빛으로, 죽음의 선구성이 일깨우는 불안과 두려움을 완전하게 극복해낸 삶의 세계가 에밀리의 초상에서는 발견되지 않는다. 분명 에밀리의 주변에는 죽음이, 그 그림자가, 클림트의 다른 그림들에서처럼 펼쳐져 있다. 그러나 에밀리의 존재에 덧입혀진 색은 죽음의 그림자와 너무 친숙하게 잘 어울린다. 그것은 죽음의 그림자의 어둠을 더욱 어둡게 부각시키는 색이 아니라 스스로 죽음의 그림자와 하나가 되면서 죽음의 그림자가 죽음의 그림자 그 자체로서 삶과 친숙해지도록 하는 색이다.

아마 클림트는 에밀리를 향한 사랑을 통해 아버지와 동생의 죽음이 안겨 준 슬픔, 죽음의 선구성이 일깨우는 두려움, 불안 등과 친숙해지는 법을 배우게 되었을 것이다. 그것은 마치 죽을 자로 존재하면서도 영원한 사랑을 맹세하는 연인의 마음과도 같다. 죽음의 그림자는 도처에 펼쳐져 있으며, 자신이 죽을 자로서 여기 있다는 것 또한 불변의 진실이다.

그러나 사랑이, 너무도 순수하고 진실해서 관능적 쾌락에의 욕구마저도 하찮은 것으로 여기게 하는 그러한 사랑이 마음의 가장 깊은 곳으로부터 일어나면, 나는 자신이 이미 죽음조차 친숙해진 그러한 존재자가 되었음을 불현듯 깨닫게 된다. 사랑이 안겨 주는 순수한 기쁨과 쾌락은 한 개별자로서의 나 자신이 사랑의 강렬한 감각 속에서 사랑의 대상과 하나가 되며 망각되고 사라짐으로써 생겨나는 것이다. 그렇다면 죽음 역시 그리 두려운 것만은 아니다. 사랑을 통해 스스로 온 정신이 되고 또한 온 자연이 된 자에게 죽음이란 온 존재와 온전히 하나가 되는 사건으로서의 의미를 지니게 될지도 모른다.

1918년 1월 11일 56세의 클림트는 갑작스런 뇌출혈로 쓰러졌다. 같은 해 2월 6일, 합병증에 시달리던 그는 당시 유행하던 독감에 걸리는 바람에 결국 숨을 거두었다. 자신의 죽음이 임박했음을 예감한 클림트는 에밀리를 찾았다.

"에밀리를 불러와 주오!"

클림트의 소원대로 에밀리가 그의 곁에서 임종을 지켜보았다.

죽음을 앞둔 클림트는 왜 에밀리를 찾았을까? 이런 질문은 매우 싱겁게 들리기 쉽다. 자신의 죽음을 예감한 자가 평생의 연인을 찾는 것은 당연한 일 아닌가? 물론 그렇다. 그러나 어쩌면 클림트는 생의 마지막 순간 에밀리를 보면서 자신의 정신이 죽음과 이미 친숙해졌음을 확인하고 싶었는지도 모른다. 연인과 함께 있음이 한 개체로서 고독한 나를 더할 나위 없는 열락으로 무화시키곤 했듯이, 지금 죽음의 사건을 통해 무화되는 나는 온 존재와 사랑의 열락으로 하나가 될 뿐이라는 것을, 자신을 바라보는 연인의 그윽한 시선 속에서 발견하고 싶었는지도. 클림트는 자신이 죽고 난 뒤 에밀리의 초상의 어둑한 그림자와도 같은 존재가 되리라는 것을 예감했을 것이다. 죽음을 온 존재와 사랑의 열락 안에서 하나가 될 가능 근거로 받아들이는 정신은 스스로 궁극적인 삶의 종착지가 된 존재자이기 때문이다.

언젠가 나의 연인 역시 거기 도달하게 된다. 그때 나는 환락의 어둠이 되어 그녀를 포옹하리라. 그럼 그녀와 나는 금빛으로 불타오르는 밤이 될 것이다…. 바로 이것이 클림트가 에밀리의 초상을 그리며 꾸었던 영원에의 꿈이다.

하이데거와 에곤 실레

에곤 실레의 표현주의 회화와
하이데거의 세계 개념

—

에곤 실레, 〈포옹(연인)〉, 1917, 벨베데레 오스트리아 갤러리

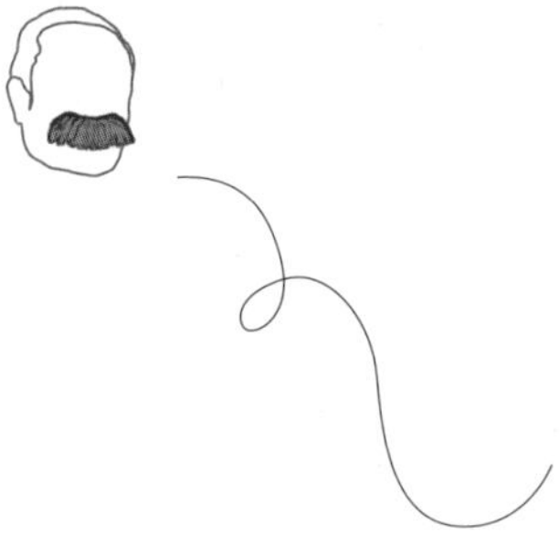

전통 철학에 익숙한 사람들은 하이데거의 책을 읽다 자주 당황한다. 신조어들도 많고, 형식논리의 관점에서 보면 거의 비문이라고 여겨질 만한 문장들도 곧잘 나온다. 분석적이고 논리 정연한 사고에 익숙한 사람들을 특히 당황스럽게 하는 것은 '세계의 세계성', '시간의 시간성' 같은 개념들이다. 상식적으로 생각해 보면 '-성'이란 그 무엇의 속성이나 본질을 가리키는 말이다. 예컨대 인간성이라는 말은 인간에게 특유한 어떤 속성이나 본질을 뜻한다. 하지만 하이데거의 철학에서는 '-성'이라는 말이 전혀 다른 뉘앙스의 의미를 지니는 경우가 대부분이다.

『존재와 시간』에 따르면 "시간성"은 "현존재의 실존성의 근원적인 존재론적 근거"이다. 대체 무슨 말일까? 현존재는 인간을 뜻하는 하이데거 존재론의 용어이다. 시간의 속성이나 본질을 뜻하는 시간성이 인간 현존재의 실존성과 무슨 상관이 있을까? 더군다나 시간성이 인간 현존재의 실존성의 근원적인 존재론적 근거라니, 대체 이런 문장을 어떤 식으로 이해해야 할까? 어떻게 시간의 속성이나 본질로서의 시간성이 인간 현존재의 실존성의 존재론적 근거일 수 있을까?

세계 및 세계성에 대한 하이데거의 설명은 더 가관이다. 『존재와 시간』은 "세계"를 "현존재가 본질적으로 그것이 아닌 그 존재자의 규정이 아니라 현존재 자체의 한 성격"이라고 정의한다. 이 말을 쉽게 풀어 보면, '세계는 인간이 아닌 어떤 것을 뜻하는 말이 아니라 인간 현존재 자신의 한 성격이다'라는 말이다. 이것이 도대체 말이 되는가? 어떻게 세계가 인간이 아닌 어떤 것이 아닐 수 있을까?

나는 분명 세계 안에 있지만 내가 태어나기 전에도 세계는 있었고, 내가 죽고 난 뒤에도 계속 있을 것이다. 그렇다면 세계는 내가 아닌 어떤 것으로 규정되어야 하지 않는가? 게다가 세계가 인간 현존재의 한 성격이라는 말은 완전히 엉터리 같다.

감성, 기분, 말을 할 줄 안다는 것, 이성적 존재라는 것, 육체적 욕망에 시달리기도 하는 존재라는 것 등등은 인간의 성격이나 삶의 방식에 속하는 것이라고 볼 수 있다. 하지만 세계가 대체 인간의 성격과 무슨 상관이 있을까? 인간 역시 세계에 속해 있으니 세계의 세계성이 인간적인 모든 것 역시 아우른다는 식으로 생각할 수는 있을 것 같다. 하지만 세계가 인간 자신의 한 성격이라고? 이 무슨 말 같지 않은 주장인가?

이러한 의문을 해소하려면, 하이데거의 존재론이 현상학을 방법론적 토대로 삼고 있다는 것을 먼저 분명히 해야 한다. 현상학적으로 보면 우리는 우리 자신의 존재에 근거를 두고 형성된 어떤 현상적인 것만을 만날 수 있다. 이 점에서는 시간이나 세계도 예외가 아니다. 시간과 세계는 객관적이거나 객체적인 것이 아니라 우리 자신의 존재에 근거를 둔 어떤 현상적인 것으로서 발견되고 사념되는 것이라는 뜻이다.

이러한 말은 이해하지 못할 아포리아가 아니라 매우 단순하고 자명한 말이다. 인간이 무슨 신이라도 되는 양 시간과 세계를 창조하는 것은 분명 아니다. 그러나 우리가 알고 있고 또 알 수 있는 어떤 시간 개념도 과거, 현재, 미래의 세 가지 시간 계기와 무관할 수 없다. 그런데 현재란 대체 어떤 시간인가? 과거와 미래의 구분은 분명 현재를 기준으로 삼아 이전과 이후 하는 식으로 시간을 나눔을 전제로 한다. 그런데 대체 어느 때가 현재인가? 물론 현재는 '여기서 이런저런 생각과 느낌에 사로잡혀 있는 나의 지금'을 뜻할 뿐이다. 즉, 나의 존재가 전제되지 않으면 현재도 없고, 따라서 과거와 미래도 없다.

세계는 또 어떠한가? 우리가 알고 있고 또 알 수 있는 어떤 세계도 사방의 공간과 무관한 것일 수 없다. 그런데 사방이란 지금 여기서 둘러보는 나 자신에 의해 열리는 것이다. 분명 세계는 공간과 무관한 것일 수 없다. 그런데 우리가 살면서 실제로 체험하는 공간은 내가 둘러보는 사방을 근거로 삼아 알려지는 것이다. 그러니 세계 역시 나의 존재와 무관한 것일 수 없다.

분명 내가 세계를 뚝딱 창조하는 것은 아니다. 하지만 그렇다고 세계가 나와 무관한 어떤 객관적인 것으로서 실재한다고 여겨서는 안 된다. 내가 살면서 만나는 세계는 추상적이고 이론적인 세계가 아니라 생생하게 체험되는 세계이고, 바로 그러한 것으로서 그 무엇을 체험할 역량을 지닌 특별한 존재자로서의 나의 존재에 그 근거를 두고 있을 수밖에 없기 때문이다….

우리는 오직 자기 자신의 존재에 근거를 두고 열린 세계만을 만날 수 있다. 내가 타인과 세계에 관해 이런저런 이야기를 나눌 수 있는 것도 세계가 객관적으로 존재하는 것이어서가 아니라 우리 모두가 자기 자신의 존재에 근거를 두고 열린 세계를 체험하며 산다는 공통점을 지니고 있기 때문이다.

에곤 실레의 인생 여정에서 가장 중요했던 인물 중 하나는 바로 구스타프 클림트이다. 실레는 1890년 6월생이고, 클림트는 1862년 7월생이다. 클림트가 실레보다 28세 연상이니, 두 사람 사이는 딱 한 세대 정도 차이다.

실레의 성장 과정은 평탄하지만은 않았다. 실레의 아버지는 실레의 고향인 오스트리아 툴른의 역장이었는데, 그 때문이었는지 소년 시절의 실레는 기차에 큰 매력을 느끼고 매일 몇 시간이나 기차를 그리면서 시간을 보내고는 했다. 아버지는 그런 실레의 장래를 위해서라도 그림을 못 그리게 해야 한다고 마음먹었다. 그래서 실레의 그림들을 없애 버리기까지 했다.

실레는 이상한 아이로 통했다. 수줍고, 자기 안에 갇힌 듯했으며, 학교 성적도 꽤 나쁜 편이었다. 실레는 누이동생인 게르트루트를 향한 근친상간적 성향을 보이기도 했다. 아버지 역시 실레의 그런 성향을 의식하고 있었다. 그 때문에 한번은 아들이 누이동생과 함께 방문을 닫아 걸고 한 방 안에 있다는 것을 알고는 문을 부수고 안으로 들어가기까지 했다. 다행히도 둘은 함께 필름을 현상하고 있을 뿐이었다.

하지만 누이를 향한 실레의 성적 집착이 심각한 일탈 행위로 이어진 적이 아주 없는 것은 아니었다. 16세 때 그는 자기보다 네 살 어린 누이와 함께 기차로 트리에스테까지 간 뒤 그녀와 함께 호텔에서 하룻밤을 보냈다. 물론 아무도 그 여행을 허락한 적은 없었다. 아니, 아마 실레는 그 누구의 허락도 필요 없다고 느꼈을 것이다. 아버지는 이미 죽은 뒤였다. 실레가 15세가 되던 해에 일어난 일이었고, 병명은 매독이었다.

아버지가 죽은 뒤 실레는 외삼촌의 후견을 받게 되었다. 실레의 아버지처럼 역원이었던 외삼촌은 실레 역시 역원이 되기를 원했다. 하지만 실레의 미술적 재능을 발견하고는 마지못해 실레에게 미술 공부를 허락했다. 1906년 실레는 한때 클림트가 다니기도 했던 공예학교에 입학했고, 같은 해, 빈 미술 아카데미로 전학했다. 당시 빈 미술 아카데미는 꽤나 전통적이고 고답적인 곳이었다. 그런 학교 분위기에 넌더리가 난 실레는 결국 3년 뒤 학교를 떠나게 된다.

실레가 처음으로 클림트를 찾은 것은 1907년이었다. 당시 45세였던 클림트는 젊은 예술가인 실레에게 큰 관심을 보였다. 클림트는 실레를 매우 관대하게 대했다. 실레의 작품을 사 주기도 하고 또 실레에게 자신의 작품을 주기도 했다. 또한 실레를 위해 모델을 알선해 주는가 하면, 빈 공방에 실레를 소개하기도 했다. 물론 실레에게 클림트가 후견인으로서만 중요했던 것은 아니었다. 실레는 예술적으로도 클림트에게서 큰 영향을 받았다. 특히 실레가 1907년에서 1909년 사이에 그린 초기 작품들은 클림트의 작품과 꽤 유사해 보인다. 실레의 작품들 중 아르누보적인 경향을 가장 강하게 보이는 것은 바로 이 시기의 작품들이다.

그러나 클림트의 영향이 강하게 드러나는 실레의 작품조차 클림트의 예술과 확연히 구분되는 한 가지 특징을 지니고 있다. 클림트의 그림과 달리, 실레의 그림에서는 죽음을 완전히 극복해 내기라도 한 듯 화사하고 따뜻한 삶의 세계가 발견되지 않는다. 실레의 그림은 거의 언제나 마치 죽음의 그림자를 덧바른 듯한 어두운 기미로 뒤덮여 있다. 바로 그 때문에 실레의 그림에서는 삶조차 늘 다소 낯설고 그로테스크한 이미지로 표현된다.

실레의 1917년 작품인 〈포옹(연인)〉을 보라. 그리고 이 그림을 클림트가 십여 년 전에 그린 〈키스(연인)〉와 비교해 보라. 두 그림 사이에는 한 가지 커다란 공통점이 있다. 그것은 주인공인 두 연인들의 몸이나 옷이 주위의 배경과 색채적으로 연속성을 띠고 있다는 것이다.

그러나 색채의 연속성으로부터 읽어 낼 수 있는 삶과 죽음의 상징적 의미는 두 그림에서 매우 다르게 부각되어 있다.

클림트의 그림에서 서로 포옹하며 키스하고 있는 두 연인은 화사하고 찬란한 황금빛이다. 배경은 마치 본래 암울했던 죽음의 어둠 속에서 두 연인 사이의 황금빛 사랑이 수많은 별처럼 흩어진 채 빛나고 있는 듯한 느낌으로 그려졌다. 사랑이 죽음마저 삶과 화해시키고 있는 것이다.

반면 실레의 그림에서는 배경보다 두 연인의 육체가 더 어둡고 음울하다. 육체의 그 어두운 빛은 흑인이나 갈색 인종의 건강한 피부빛과는 거리가 멀다. 그것은 차라리 죽은 지 꽤 오랜 시간이 지나 부패하기 시작한 육체의 빛깔이다. 두 연인은 마치 수의처럼 창백하고 쭈글쭈글한 천 위에 누워 있고, 천 밖에는 흙빛의 배경이 펼쳐져 있다. 검은 어둠 위에 거친 붓질로 덧입혀진 그 흙빛은, 비록 칙칙하지만, 두 연인의 육체보다 한결 자연스럽고, 약간 따스한 느낌마저 풍긴다. 마치 죽음의 세계가 삶의 세계보다 더 인간적이라고 호소라도 하는 듯하다.

죽어 부패해 가는 인간의 육체, 혹은, 아직 죽은 것은 아니라고 하더라도, 화사함과 따스함을 다 잃어버려 죽음을 연상하게 하는 인간의 육체는, 얼마나 음울한 느낌을 풍기는가. 하지만 죽음의 세계는 흙의 세계이기도 하다. 모든 살아 있는 것들은 죽고 나면 흙으로 돌아가고, 그럼으로써 새로운 생명의 근거가 된다. 그러니 간절한 사랑으로도 죽음의 불안과 공포를 이겨 낼 수 없는 삶보다 차라리 죽음의 세계가 더 안온하다.

서로 힘차게 끌어안지만, 애무하고 입맞춤을 하지만, 죽음의 음산한 기운은 떠날 줄을 모르고, 하루하루 불안과 공포의 분위기에 휩싸인 채 살아가는 것보다 더 절망스럽고, 더 저주스러우며, 더 서글픈 일이 또 있을까. 그러나 죽고 나면 아무것도 느끼지 않게 된다. 물론 사랑이, 사랑의 아름다움이 무화되는 것은 아쉬운 일이다. 그러나 죽음의 음산한 기운을 느끼지 않아도 좋은 것은, 불안과 공포의 분위기에 휩싸인 자신의 존재를 자각하지 않아도 좋은 것은 다행스럽다.

불안과 공포에 날마다 시달리는 자에게는 차라리 죽음이 안온하게 느껴지는 법이다. 그러니, 비록 차마 죽지 못해 절망적으로 연인을 끌어안지만, 죽음 뒤의 세계가 더 따스해 보이는 것은 어쩔 수 없다. 바로 이 어쩔 수 없음 때문에 실레의 연인들은 그토록 절망적으로 서로를 세차게 끌어안는 것이리라. 사랑에의 애착이 가슴 깊은 곳에서 울부짖는 소리를 들으면서 말이다.

실레의 1915년 작품인 〈어머니와 두 아이들〉은 그에게 삶과 죽음, 사랑이 어떤 관계에 있는 것인지 더욱 적나라하게 드러낸다. 이 작품에서는 주인공인 어머니와 두 아이들이 클림트의 〈키스(연인)〉의 주인공인 두 연인처럼 금빛을 띠고 있다. 그러나 죽음의 그림자가, 오랜 세월 동안 묻고 또 묻은 때라도 되는 듯, 삶이라는 이름의 낡은 금빛 의상을 검게 물들여 놓았다. 금빛은 금빛이로되, 죽음의 그림자가 검게 물들여 버린 덕분에 찬란하기는커녕 창백하게 보이는 금빛— 바로 이것이 〈어머니와 두 아이들〉이 드러내는 삶의 빛이다.

에곤 실레, 〈어머니와 두 아이들〉, 1915, 레오폴드 미술관

어머니인 여자의 얼굴과 두 눈은, 그녀의 오른팔에 안긴 채 가로로 길게 누워 있는 아이의 것과 마찬가지로, 영락없이 죽은 망령의 모습이다. 세 사람 중 그나마 죽음의 기색을 덜 띠고 있는 것은 무지개 같은 줄무늬 옷을 입고서 여자의 왼팔에 안긴 채 세로로 길게 서 있는 아이이다. 그런데 이 아이의 얼굴 표정이 그나마 생동감을 띠는 것은 경악하고 있기 때문이다.

이미 죽은 자나 삶에의 희망을 완전히 잃어버린 채 죽음을 기다리고 있는 자는 물론 경악할 수조차 없다. 그러니 경악하는 표정은 언제나 '아직' 죽음에 도달하지 않은 삶의 표지이다. 그런데 이 아이는 무엇을 보고 경악하고 있는가? 자기의 오빠를 보며 경악하고 있다. 죽은 망령의 모습인 오빠, 나무 이파리 같은 초록색 베개를 하고 있음에도 불구하고, 삶의 상징을 베고 있음에도 불구하고, 완전한 죽음보다 더 참혹한 삶에 시달리는 듯한 오빠의 얼굴을 보며 경악하고 있다.

사랑으로도 죽음의 불안과 공포를 온전히 극복하지 못한 어머니와 두 아이들 주위에는 그들의 삶보다 더 순수한 황금빛에 가까운 죽음이 펼쳐져 있다. 죽음의 배경은 분명 그들의 육체보다, 삶을 위해 그들이 입고 있는 옷보다, 더 어둡다. 그러나 때 묻은 남루함 같은 것은 거의 느껴지지 않는다. 실레의 〈포옹(연인)〉에서와 마찬가지로, 그들의 삶보다 죽음이 더 따스하고 안온하게 느껴진다.

> 아으, 화 있을진저, 음울한 사랑이여!
>
> 죽음의 불안과 공포를 온전히 이겨 내지 못하는 사랑의 창백함이여!

아마 끝까지 살아남는다면, 그래서 어머니와 어린 오빠가 지니고 있었던 그 죽은 망령과도 같은 얼굴을 상기할 수 있다면, 오빠의 얼굴을 보고 경악하던 아기는 마음속으로 이렇게 절규할 것이다.

아으, 화 있을진저, 음울한 사랑이여, 사랑의 창백함이여!

물론 기억하지 못해도 큰 상관은 없을 것이다. 경악의 순간은 본래 머리로 기억되는 것이 아니다. 그것은 막연하고도 절실한 기분으로만, 느낌으로만, 경악의 순간을 이미 망각해 버린 자를 따라다닐 뿐이다. 경악에 시달린 영혼은 스멀스멀 수천 마리의 벌레가 온몸을 뒤덮은 채 기어 다니는 듯한 느낌을 끝내 떨쳐 내지 못하는 법이다. 그것은 공포일 수도 있고, 불안일 수도 있다. 경악의 대상이 눈앞에 떠오르지 않는 경우, 우리는 자신의 느낌과 감정을 불안이라고밖에 달리 표현할 수 없다. 결국 지금 나를 두렵게 하는 것은 아무것도 없는 것이다.

그러나 불안의 가장 깊은 곳에 오래전에 겪은 공포가 깊은 상흔처럼 숨어 있을지도 모른다. 이 경우 불안이란 공포의 기억을 지워 버리려 안간힘을 쓰던 영혼이 도무지 지워지지 않는 공포의 기억 위에 드리운 자신의 그림자에 지나지 않을 것이다. 영혼은 자신을 직시하려 하지 않고, 또 직시할 수도 없다. 자신의 얼굴에 어린 끔찍스러운 상흔을 견딜 수 없기 때문이다. 영혼은 다만 자신의 그림자를 바라볼 뿐이다. 그 그림자의 이름은 불안이고, 그 아래에는 영혼이 스스로 밝아

지지 못하도록 몰아세우는 공포가 감추어져 있다.

하지만 〈어머니와 두 아이들〉에서 아이의 얼굴에 어린 경악의 표정은 그녀가 공포가 아니라 불안을 느끼고 있음을 적나라하게 드러낸다. 그것은 그녀의 경악이 이중의 경악이기 때문이다. 처음 경악한 자는 지금 경악하고 있는 여자아이 자신이 아니라 그녀가 바라보는 오빠이다. 죽은 망령 같은 오빠의 얼굴은 경악으로 인해 폐허처럼 허물어진 마음을 드러내고 있다.

오빠의 얼굴은 아이에게 위협적이지 않다. 이미 마음이 허물어질 대로 허물어져 버린 자의 얼굴이기 때문이다. 그러나 경악으로 인해 폐허처럼 허물어진 마음이 자신과 가장 가까운 자의 마음일 때, 우리 안의 사랑이 저어할 수 없는 힘으로 그를 향해 우리의 마음을 이끌고 있음을 느낄 때, 우리는 자신의 마음 역시 언제나 이미 허물어진 것으로서만, 죽음이 삶을 끝장낼 때까지, 존속할 수 있음을 함께 예감하게 된다.

결국 실레의 그림 속에서 경악하는 아이는 삶의 첫 순간부터 죽음의 그림자가 뒤덮어 버린 삶을 살아가도록 운명 지어져 있었던 셈이다. 오랜 세월 묻고 또 묻은 때처럼 삶을 뒤덮어 버린 죽음의 그림자가, 사랑으로도 죽음을 이겨 내지 못하는 자신과 오빠와 어머니의 삶에 대한 회한과 체념이, 은근하고도 생생한 스멀거림으로 삶의 첫 순간을 경악하며 보낸 자의 삶을, 매 순간, 희롱이라도 하듯, 괴롭힐 것이다.

실레의 그림 속 주인공들이 있는 곳은 대체 어디인가? 물론 그들 역시 다른 모든 인간과 마찬가지로 세계 안에 있다. 하이데거가 그렇게 말하지 않는가. 인간 현존재의 존재는 결국 세계-안에-있음이다. 그렇다면 실레의 그림 속 주인공들의 세계가 그토록 음산하고 그로테스크한 느낌을 풍기는 것은 무슨 까닭인가?

실레가 〈어머니와 두 아이들〉이라는 제목으로 그린 그림들은, 특히 배경을 검게 처리한 1917년 작품은, 그들이 머물고 있는 세계가 단순한 삶의 세계가 아니라는 사실을 적나라하게 드러낸다. 마치 피에타 상의 마리아 같은 모습으로 두 아이를 안은 어머니가 머물고 있는 곳은 일종의 세계-무덤이다. 그들의 경악은 자신들의 삶이 꾸려지는 세계 자체가 삶의 세계이기도 하고 동시에 죽음의 세계이기도 하다는 것에 대한 자각을 암시한다.

세계-무덤은 〈어머니와 두 아이들〉에서만 나타나는 것이 아니다. 실레의 그림 속 어머니는 모두 이미 죽어 있거나 죽어 가고 있는 모습이다. 그것은 아마 아들의 재능을 인정하고 지지하는 대신 아들이 아들답지 못하다는 점 때문에 끝없이 비통해하고 한탄한 어머니에 대한 실레의 복잡한 심정의 반영일 것이다. 실레의 그림 속에서 어머니의 세계는 언제나 일종의 세계-무덤이다. 아니, 어쩌면 실레의 작품 전부가 세계-무덤의 표현인지도 모른다. 죽음과 분리될 수 없는 삶이, 죽음의 선구성이 일깨우는 실존적 불안이, 그 불안 속에서 음울하고 그로테스크하게 감지되는 존재의 의미가, 실레 그림의 근본 주제이다.

우리가 그 안에서 삶을 영위하는 세계는 물리적 사물들의 세계가 아니라 일상세계, 도구적 의미 연관에 의해 지배되는 친숙한 세계이다. 우리는 자신의 삶을 위해 이렇게 저렇게 마음 쓰며 살아가야 하는 존재자이며, 바로 그 때문에 살면서 만나는 모든 것들을 자신을 위해 유용하거나 무용한 도구로 해석하는 경향을 지니게 된다. 전쟁이나 폭동이 일어나지 않는 한, 무시무시한 불황이 찾아와 극단적인 빈곤에 시달리게 되지 않는 한, 일상세계 안에서의 삶은 대다수 사람들에게 대체로 안온하다.

일상세계 안에서의 삶은 왜 안온한가? 물론 일상세계 자체가 안온하기 때문이다. 그렇다면 일상세계는 왜 안온한가? 바로 여기에서도 우리가 살면서 만나는 모든 것은 객체적인 것이 아니라 우리 자신에게 고유한 지각의 역량 및 이해의 역량에 상응하는 방식으로 열리는 현상적인 것이라는 현상학적 진실이 통한다. 일상세계가 안온한 까닭은 그것이 평온한 일상이 지속되리라는 막연하거나 분명한 믿음과 더불어 살아가는 나의 존재에 근거해서 생성된 현상적 세계이기 때문이다.

그렇다면 나는 왜 일상세계를 안온한 것으로 생성하도록 하는 안정된 마음을 지니고 있는가? 그야 물론 내가 그 안에서 살아가는 일상세계가, 그 일상세계 안에서 만나는 이런저런 인간들이, 대개 위협적이지 않고 친숙하기 때문이다. 그렇다면 나의 안정된 마음이 일상세계를 친숙하게 만드는 것인가, 아니면 일상세계의 친숙함이 나의 마음을 안정되게 만드는 것인가?

이런 질문은 좀 유치하다. 일상적인 것들과 나 사이의 관계는 부단한 상호 작용의 관계이다. 친숙한 일상세계가 나의 마음을 안정되게 만든다. 마찬가지로 안정된 나의 마음은 일상세계를 친숙하게 만든다. 물론 때로는 예기치 못한 변화가 일어나기도 한다. 어떤 사건으로 인해 일상세계의 친숙함이 흔들리면, 나의 마음 역시 불안해진다.

또한 나의 불안한 마음으로 인해 이미 불안정해진 일상세계의 친숙함이 더욱더 불안정해진다. 하지만 예외적인 사건이 빈번하게 일어나지 않으면, 예외적인 사건으로 인해 일어나는 불안과 두려움이 충분히 통제 가능한 것이면, 우리는 대체로 안정된 마음으로 살아가게 된다. 그리고 그런 우리의 존재에 근거를 두고 일상세계는 대체로 친숙한 것으로서 자신을 드러내 보여 준다.

실레 같은 사람의 일상세계는 어떨까? 존재론적으로 말하자면, 실레처럼 어릴 때부터 이상한 아이 취급을 받으며 성장한 사람의 일상세계 역시 기본적으로 도구적 친숙함이 지배적인 세계이다. 왜 그런지 두 가지 관점으로 나누어 고찰해 보자. 하나는 실레가 어릴 때부터 지니고 있었던 화가가 되려는 꿈의 관점이다. 또 하나는 누이동생을 향한 실레의 성적 집착의 관점이다.

첫 번째 관점에서 실레의 일상세계가 왜 다른 사람들의 일상세계와 마찬가지로 친숙한 것으로서 파악되어야 하는지 설명하기는 쉽다. 화가는 화가로서의 자신의 존재에 상응하는 방식으로 생성된 일상세계 안에서 살아간다. 화가의 일상세계가 평범한 보통 사람들의 세계와 달리 좀 특별할 수는 있지만, 아무튼 화가 본인에게는 언제나 이미 친숙해진 세계이다. 사람들이 단순한 도구를 보는 곳에서 화가는 그림으로 표현해야 할 아름다운 존재자를 본다.

그러나 아름다운 존재자 역시 화가에게는, 비록 그가 존재자의 아름다움을 실용적 가치의 관점에서 파악하는 것은 아니라고 할지라도, 일종의 도구이다. 그림을 그리며 삶을 살아가기를 원하는 자신의 삶을 위해 유용하고 적합한 것이기 때문이다.

그렇다면 누이동생을 향한 성적 집착의 관점에서 보면 어떨까? 이 관점에서 보더라도 실레의 일상세계가 실레에게 친숙한 세계라는 점이 달라지는 것은 아니다. 누이동생이 하나의 도구적 존재자로서 늘 곁에 머물고 있기 때문이다. 실레에게 누이동생은 자신의 성적 취향과 집착을 달래는 데 유용한 존재자였다는 뜻이다.

아마 어떤 사람은 이렇게 물을지도 모르겠다. “실레가 누이동생을 향해 품고 있었던 성적 집착이 단순한 성욕에 지나지 않았다는 것을 어떻게 알 수 있는가?” 물론 알 수 없다. 성욕을 못 이겨 강제로 한 여성을 겁탈한 남자가 그 여성을 순수한 마음으로 사랑하고 있노라고 주장하는 경우, 대다수 사람들은 그저 변명하느라 제멋대로 지껄이는 헛소리라고 생각할 것이다.

하지만 정말 헛소리에 불과한지, 아니면 남자가 실제로 여성을 향한 사랑을 조금이라도 품고 있는지 등은 신만이 알 수 있다. 사람의 마음은 밖으로 훤히 드러나는 것이 아니니 말이다. 그러나 설령 누이동생을 향한 실레의 성적 집착이 실은 순수한 사랑의 표현이었다고 해도, 실레에게 누이동생이 일종의 도구적 존재자였다는 점이 달라지는 것은 아니다.

사랑은 대개, 사람들이 흔히 믿고 있는 것과 달리, 사랑의 대상을 수단 이상의 존재로 만들어 주지 않는다. 실은 그 반대이다. 까닭은, 사랑하면 우리 안에 사랑의 대상을 향한 소유욕과 집착이 생겨나기 때문이다. 사랑은 사랑의 대상을 도구로 전락시켜 버리고 만다. 사랑하면 할수록 우리는 사랑의 대상이 자신의 삶을 위해 절실하게 필요한 존재라는 사실을 깨닫게 된다. 그렇지 않다면 연인이 자신을 떠나려 할 때 크나큰 슬픔과 절망에 사로잡힐 이유가 무엇이겠는가? 그러니 서로 사랑하는 자는 서로를 자신을 위한 도구적 존재자로 헤아리는 셈이다.

물론 사랑이 진실하면, 설령 연인이 나의 사랑을 받아들이려 하지 않아도, 연인을 미워하거나 강압적으로 자기 곁에 묶어 두거나 하려고 하지 않을 것이다. 그러나 그렇다고 내가 연인을 필요로 하지 않는 것은 아니다. 실은 떠나려는 연인이야말로 최고도로 절실하게 필요한 연인이다. 그렇지 않다면 연인이 자신을 떠나는 것이 왜 가슴 아픈 일이겠는가?

과연 누이동생을 향한 성적 집착에 시달리는 실레에게도 일상세계는 기본적으로 친숙하다. 심지어 그를 의심하고 누이동생을 향한 그의 성적 집착을 용납할 수 없는 것으로 받아들였던 아버지마저 실레에게는 일종의 친숙한 도구적 존재자였을 것이다. 아무튼 그는 실레의 아버지였다. 자신이 어떤 말과 행동을 하면 아버지가 화를 내는지, 왜 그가 누이동생을 향한 자신의 성적 집착을 용납할 수 없었는지, 실레는 잘 이해하고 있었을 것이다.

자신을 부양해 주는 아버지, 자신이 그토록 좋아하는 기차와 관련된 직업을 가지고 있는 아버지, 어머니의 남편인 아버지, 때로 즐거워하고 때로 화를 내는 아버지는 실레에게 친숙했다. 심지어 자신과 누이동생의 관계를 훼방하는 그러한 아버지 역시 예외는 아니었다. 훼방하는 아버지가 없었으면, 실레와 누이동생의 관계는 더욱더 의심스러운 것으로 발전해 갔을지도 모른다. 설령 그들 자신은 떳떳하다고 하더라도, 아무튼 그들의 관계가 가족 외의 사람들에게 알려지는 경우, 여러 가지 곤란한 일들이 벌어질 수밖에 없다. 그러니 아버지는 훼방꾼으로서 실레를 지켜 주는 든든한 도구였던 셈이다.

그러나 실레에게 일상세계는 친숙한 동시에 더없이 낯설고 불안한 세계였을 것이다. 주위의 사람들로부터 끝없이 이상한 아이 취급을 받으면 어린아이는 주위 사람들을 자신과 이질적인 존재자로 여기게 되고, 바로 그 때문에 외로움과 불안에 시달리게 된다. 한편 도구적으로 친숙한 일상세계에서, 다른 한편 끝없이 외로움과 불안을 느끼며 살아가는 자에게, 삶이란 대체 어떤 의미를 지니는 것일까? 일상세계 안에서 친숙함과 외로움, 불안 등을 늘 함께 느끼는 자는 본질적으로 삶과 죽음의 경계 위에 서 있는 자이다. 친숙하고도 낯선 세계— 그것은 실레의 그림 속 주인공들의 육체처럼 죽음의 그림자에 의해 더할 나위 없이 깊게 침윤된 삶의 반영이다.

실레는 아름다운 인간이었는가? 실레처럼 세계-무덤 속에서 살다 간 예술가에게 이러한 물음은 인간성에 대한 물음이기도 하고 예술성에 대한 물음이기도 하다. 실레가 사는 동안 줄곧 그 안에서 머물렀던 세계-무덤은 거의 아무도 원하지 않을 세계이다. 누구나 행복과 기쁨을 원하지 않는가? 죽음의 그림자가 해묵은 때처럼 삶의 구석구석을 검게 물들인 삶을 살기를 원할 사람은 없다. 그러니 실레의 세계-무덤은 아름답지 못한 추한 세계이다. 아름다움이란 어떤 경우든 마음을 매혹하는 것이기 때문이다. 그렇다면 실레 역시, 예술가로서나 그냥 한 인간으로서나, 추한 인간이었다는 결론이 나온다. 실레의 세계-무덤은 실레의 삶에 대한 실존적 반영이기 때문이다.

혹시 예술가나 시인은 다 아름다운 영혼의 소유자라는 식의 순진무구한 생각에 빠져 있는가? 그렇다면 얼른 꿈에서 깨어나는 것이 좋다. 보통 사람이라면 도저히 용납할 수 없는 삶을 산 예술가나 시인을 찾기는 어렵지 않다. 실레 역시 결코 도덕적인 인간은 아니었다. 누이동생을 향한 성적 집착이라니, 얼마나 기분 나쁜 일인가! 실은 여기에,

자신에게서 대다수 인간들이 증오할 어떤 성향을 발견하며 살아갈 수밖에 없었다는 바로 그 점에, 실레의 세계가 동시에 무덤일 수밖에 없었던 근본 이유가 있을 것이다.

자기가 누구인지 알면 증오할 대다수 사람들 역시 그러한 사실을 의식하고 있는 자신에게 친숙하다. 나는 사람들이 일상적이지 않은 나 자신을 받아들이지 않을 것임을 잘 알고 있고, 그래서 사람들이 있을 때는 그들이 이해할 수 없는 말과 행동을 되도록 하지 않는다. 그러나, 당연한 말이지만, 사람들이 나에게 친구로서 친숙한 것은 아니다. 그들은 나에게 이런저런 일상적 도덕규범을 공유하고 있는 무차별적인 존재자로서 친숙하며, 그 친숙함이란 나의 잠재적 박해자로서의 친숙함이다.

잠재적 박해자로서 사람들이 나에게 친숙하지 않다면, 나는 그들 앞에서 조심하지 않을 것이다. 내가 사람들 앞에서 말과 행동을 가린다는 사실이, 그렇게 함으로써 나 자신을 사람들로부터의 잠재적 박해로부터 지켜 나간다는 사실이, 있는 그대로의 나를 받아들이지 않을 사람들 역시 나에게 친숙한 존재자라는 것을 드러낸다. 그러나 그 친숙함은 동시에 섬뜩함이다. 사람들은 나에게 본래 섬뜩한 존재자로서 친숙하다. 그들은 언제든 나를 박해할 수 있고, 그럼으로써 사회적 죽음을 초래할 수 있으며, 바로 그러한 이유로 내가 살고 있는 이 세계는 언제나 이미 임박해 있는 내 죽음의 세계, 즉 세계-무덤이다.

『존재와 시간』에서 하이데거는 죽음의 선구성이 인간 현존재에게 어떤 의미를 지니는지 섬뜩함과 불안 개념을 가지고 설명한다. 하이데거에 의하면, 인간 현존재의 근본 기조는 바로 불안이다. 여기서 근본 기조란 현존재의 삶을 늘 수반하는 근원적이고도 지속적인 감정을 뜻하는 말이다. 인간 현존재의 근본 기조가 불안인 까닭은 바로 죽음의 선구성이다. 도래할 자신의 죽음을 언제나 이미 임박한 것으로서 자각하고 있기에, 인간 현존재는 자신이 친숙한 일상세계와 근원적으로 무연관적이라는 것을 함께 자각하지 않을 수 없다. 불안은 일상세계와 자신의 존재 사이의 이 근원적 무연관성에 대한 자각의 표현이다.

실레와 같은 인간에게서 일상세계의 친숙함, 죽음의 선구성 등의 의미는 『존재와 시간』에서 하이데거가 설명한 것보다 더 복잡하고 중층적이다. 우리는 앞에서 하이데거가 로고스보다 근원적인 진리의 자리로서의 아이스테시스를 시각적 봄의 관점에서 고찰한다는 것을 살펴본 바 있다. 하이데거는 감각이 우리 자신에게서 일어나는 변화에 대한 자각이라는 점에 주목하지 않았고, 그 때문에 하이데거의 존재론은 형이상학적 사유로부터 벗어나는 데 한계를 드러내게 되었다.

『존재와 시간』이 가지고 있는 커다란 문제점 중 하나는 일상성을 규범과의 관계에서 고찰하지 못했다는 점이다. 하이데거는 일상세계를 거의 일방적으로 도구적 친숙함의 관점에서만 고찰한다. 물론 큰 틀에서 보면, 일상세계를 지배하는 이런저런 도덕규범 역시 일종의 도구라고 볼 수 있다. 결국 도덕규범이란 사람들 사이의 조화로운 공존을 위한 수단인 것이다.

그러나 우리가 사용하는 도구들 가운데는 무기도 있는 법이다. 무기 역시 우리는 친숙한 도구로 사용하지만, 무기의 친숙함은 동시에 섬뜩함이다. 무기로 인해 나는 친숙한 너를 쉽게 죽일 수도 있고, 너 또한 너에게 친숙한 나를 마음만 먹으면 쉽게 죽일 수 있다. 일상세계를 지배하는 규범은 모두 일상적인 것들의 친숙함이 동시에 그 근원적 섬뜩함의 은폐라는 것을 알린다. 너와 내가, 너와 내가 사용하는 이런저런 도구가, 친숙한 동시에 섬뜩한 것이 아니라면, 대체 규범이 만들어질 필요가 어디 있을까?

규범으로 인해 너와 나는 선을 넘지 않고 생활할 수 있게 되고, 바로 그러한 이유로 서로에게서 거의 일방적으로 친숙함을 느낄 뿐, 섬뜩함을 심하게 느끼지는 않는다. 그러나 규범이 너와 나에게 이것 하지 말라, 저것 하지 말라, 하고 끝없이 명령을 내린다는 사실 자체가 너와 내가 서로에게 근원적으로 섬뜩한 존재자라는 것을 알린다.

도덕은 금하는 것이며, 금하는 모든 말은 금하는 것을 할 가능성과 더불어 존재하는 존재자만을 향하는 법이다. 그러니 우리의 일상성에 규범성 역시 속해 있다는 사실은 우리가 그 안에서 사는 세계가 근원적으로 하나의 무덤이라는 것을 드러낸다. 결국 우리 모두는 세계-무덤에서, 오직 무덤으로서의 세계 안에서만, 머물 수 있는 존재자인 것이다.

실레처럼 자신이 다른 사람들에게 용납될 수 없는 존재자라는 것을 날카롭게 자각하고 있는 인간 현존재는 우리 모두가 머물고 있는 세계-무덤의 무덤-성을 세계-성보다 더욱 선명하게 발견하는 자이다. 왜 실레는 세계-성보다 무덤-성을 더욱 선명하게 발견할 수밖에 없었을까? 대다수 사람들과 달리 일상적 규범체계에 좀처럼 잘 적응할 수 없었기 때문이다.

그는 자신 안에 일탈을 향한 거대한 충동이 도사리고 있음을, 바로 그 때문에 일상적으로 친숙한 이런저런 인간 군상으로부터 사회적 죽임을 당할 가능성이 언제나 이미 임박해 있음을, 의식하지 않을 수 없었다. 세계는 그에게 거대한 무덤이었다. 물론 무덤으로서의 세계 역시 하나의 세계임에는 틀림 없다. 무덤으로서의 세계는 세계의 무덤-성을 끝없이 자각하는 자의 삶의 세계이기 때문이다.

실레의 후견인이었던 클림트와 실레는 둘 다 여자관계가 매우 복잡한 편이었다. 하지만 클림트의 여자관계가 문란하기만 한 것은 아니었다. 클림트에게는 순수하고 정신적이라고 할 만한 사랑이 있었다. 에밀리 플뢰게를 향한 클림트의 사랑이 그것이다. 하지만 실레의 삶에서 그러한 사랑의 흔적을 찾기는 어려울 것 같다. 그것은 마치 클림트의 그림과 실레의 그림 사이의 차이와 같다.

클림트의 그림에서는 죽음의 세계가 늘 배경으로 밀려나고, 그림의 한 가운데는 죽음을 이겨 낸 삶의 세계가 화사하고 따스하고 아름답게 그려져 있다. 클림트의 삶에서 죽음의 어두운 흔적을 발견하기는 어렵지 않으나, 그럼에도 그는 죽음의 어둠을 밝히는 아름다운 삶의 세계를 기어이 이루어 내었던 것이다. 하지만 실레의 그림에서는 단 한 번도 삶의 세계가 죽음을 이겨 낸 밝고 화사한 모습으로 그려진 적이 없다. 클림트의 삶에서와 마찬가지로, 실레의 삶에서도 죽음의 어두운 흔적은 곧잘 발견된다. 하지만 클림트와 달리 실레의 삶은 한 번도 죽음을 이겨 낸 적이 없었다. 그의 삶은 늘 죽음의 어두운 흔적으로 얼룩져 있었다. 그의 세계는 줄곧 철저한 세계-무덤이었던 것이다.

그런데 엄밀히 말해, 클림트와 실레 사이의 이러한 차이는 그들의 삶과 예술 속에서 나타나는 죽음의 차이이기도 하다. 클림트에게 죽음이란 무엇보다도 우선 사랑하는 아버지와 동생의 죽음이었다. 실레 역시 아버지의 죽음을 겪기는 했다. 그러나 매독으로 인한 아버지의 죽음이 실레에게 얼마나 큰 슬픔을 남겼는지는 미지수이다. 어쩌면 마음 깊은 곳에서 실레는 아버지의 죽음으로 인해 기쁨과 해방감을 느꼈을지도 모른다.

프로이트에 따르면, 어머니를 향한 아들의 근친상간적 욕망 때문에 아들의 마음속에서 친부를 살해하려는 의지가 자라난다고 하지 않던가. 그러니 누이동생을 향한 자신의 성적 집착으로 인해, 어쩌면 실레는 훼방꾼인 아버지가 사라져 버리면 좋겠다는 은밀한 소망을 품고 있었을지도 모른다. 실레의 회화 속에서 아버지의 이미지가 거의 부재하다시피 한 것은 바로 이러한 이유 때문일 것이다.

우리에게 사랑하는 자의 죽음은 얼마나 비극적인 은총인가! 사랑하는 자의 죽음은 죽음마저도 친숙하게 만든다. 결국 죽음을 통해서만 우리는 이별의 슬픔으로부터 온전히 벗어날 수 있게 되는 것이다. 실레가 아버지를 아버지로서 얼마나 사랑하고 존경했는지는 아무도 알 수 없다. 다만 그가 남긴 인생의 흔적들은 그에게 아버지가 사랑과 존경의 대상이었다는 것을 별로 암시하지 않는 듯하다. 아무튼 실레가 아버지를 사랑했는지 어쨌는지는 별로 중요하지 않다. 어떤 경우든 아버지의 죽음은 실레에게 비극적인 은총이 아니라 일종의 아이러니였을 것이다.

때이른 아버지의 죽음은 아직 충분히 성장하지 못한 시기의 실레에게 분명 미래를 불안하게 하는 요인이었다. 그러나 아버지가 죽음으로써 자신의 존재를 비난하고 박해할 강력한 권위의 소유자가 가족으로부터 사라져 버렸다. 바로 그렇기에 아버지의 죽음은 실레에게 역설적이게도 진정으로 현실적인 위험의 출발점이 되었다. 극단적인 경우가 아니라면, 아버지가 아들에게 사회적 죽음을 초래하는 일은 거의 일어나지 않는다. 아들의 사회적 죽음은 아버지의 사회적 죽음으로 이어지거나, 적어도 아버지의 삶에 막대한 피해를 끼치거나 할 것이기 때문이다.

그러니 실레 같은 사람에게 아버지의 죽음은, 설령 그것이 한편 후련한 일이라고 해도, 세계-무덤의 무덤-성을 더욱 강력하고 위협적인 것으로서 드러나게 한다. 결국 나에 대한 아버지의 박해는 내가 사회적 죽음을 당하지 않도록 막기 위한 것이었기 때문이다. 자신의 세계가 동시에 무덤이기도 하다는 사실을 자각하고 있는 자는 세계를 순연히 친숙한 것으로 변화시키고자 하는 강한 열망을 지니는 법이다. 이러한 자에게는 친숙한 모든 것이 그 이면에 감추어져 있는 섬뜩함을 거의 직접적으로, 빤하게, 드러내기 때문이다.

아마 실레의 1913년 작품인 〈어스름해지는 도시(작은 도시 II)〉는

에곤 실레, 〈어스름해지는 도시(작은 도시 II)〉, 1913, 개인소장

이러한 실레의 열망을 표현한다고 볼 수 있을 것이다. 이 그림 속의 도시 역시 클림트가 구현한 삶의 세계와 달리 화사하거나 따스해 보이지 않는다. 그러나 전체적으로 어두운 톤이면서도 무덤을 암시하는 검은 배경도, 지저분하게 삶의 세계를 얼룩덜룩 물들인 죽음의 그림자도 보이지 않는다.

이 작품의 원제는 'Dämmernde Stadt'이다. 'Stadt'는 도시를 뜻하는 말이고, 'Dämmernde'는 어스름해지고 있음을 뜻하는 말이다. 물론 어스름해지는 시기는 하루에 두 번 온다. 새벽과 황혼 녘이다. 실레의 그림 속 도시는 아침을 향하고 있는가, 아니면 캄캄한 밤을 향하고 있는가? 어떤 경우든 도시는 아침이, 한낮의 밝음이, 허용된 세계로 그려지고 있다. 그렇다면 설령 지금 캄캄한 밤을 향하고 있다 해도 별 문제는 아니다. 결국 아침이 올 것을 아는 자에게 밤은 안온한 휴식의 때이기 때문이다.

〈어스름해지는 도시(작은 도시 II)〉에 그려진 도시는 실레의 어머니의 고향이기도 하다. 또한 실레가 자신의 연인이자 누드 모델이었던 발리 노이질과 함께 살았던 도시이기도 하다. 그녀는 실레와 대략 4년 동안 동거를 했다. 당시 크루마우라는 이름으로 불렸던 이 도시는 오늘날 체코 남부 보헤미아 지방의 작은 도시 체스키크룸로프이다. 이 도시가 실레에게 무덤의 이미지보다 세계의 이미지에 더 가까웠던 것은 어머니의 고향이기 때문이었을까?

실레의 작품들 속에서 어머니가 죽은 자이거나 죽어 가고 있는 자의 이미지로만 등장하는 것을 생각해 보면 별로 그런 것 같지 않다.

또한 그것은 발리 노이질과 함께 살았다는 이유만으로도 설명될 수 없을 것 같다.

실레와 관계를 맺기 시작했을 때 노이질은 17세였다. 또한 이 도시에서 사는 동안 실레는 나이 어린 소녀의 누드화를 여러 점 그렸는데, 그것도 대개 가만히 있는 모습이 아니라 자신의 유두나 음부를 손가락으로 만지작거리는 모습이었다. 이러한 사실이 알려지자 주민들은 경악했다. 결국 실레는 미성년자를 유혹하고 추행했다는 의심을 사서 경찰 조사를 받은 끝에 감옥에 20여 일 수감되기까지 했다. 이때 생긴 트라우마 때문에 이후 실레는 어린 소녀의 누드화를 잘 그리지 않게 되었다.

비록 트라우마를 남기기는 했지만, 크루마우는 실레가 자신의 성적 욕망과 예술적 욕망을, 아마도 별개의 두 욕망이라기보다 하나의 욕망이었을 그러한 특별한 욕망을, 가장 잘 충족시키며 살았던 곳이었다. 바로 이 때문에 실레에게 크루마우는 무덤의 이미지로부터 가장 멀리 벗어난 삶의 세계로 비쳤을 것이다.

실레에게 자신의 무덤-세계를 순연히 친숙한 세계로 변화시키고자 하는 강한 열망이 있었음을 드러내는 작품들 중 하나는 〈가족〉이다. 1918년 작품인 이 그림은 실레 자신과 아내, 그리고 아직 태어나지 않은 아이를 그린 것이다. 하지만 실레의 아내는 4년 동안이나 그와 동거하며 그를 보살폈던 노이질이 아니었다. 실레는 안정되고 평온한 가정을 꾸리기를 원했고, 그 때문에 넉넉한 중산층 출신이었던 에디트 하름스라는 여자와 결혼한다. 노이질에게는 자신과 결혼하는 대신

—

에곤 실레, 〈가족〉, 1918, 벨베데레 오스트리아 갤러리

매년 여름 자신과 단 둘이서 아내 없이 휴가를 보내자고 제안했다. 노이질은 그런 실레에게 대경실색해서 곧장 그와의 관계를 청산하고 그를 떠나 버린다.

하름스와 결혼한 지 불과 4일 후에 실레는 징집되어서 제1차 세계대전 동안 복무하지만 군인으로서가 아니라 사무원으로서였다. 하름스와 결혼하고 난 후에도 실레가 성실하고 가정적인 남편이 되기를 원했던 것 같지는 않다. 결혼한 지 얼마 되지 않아 실레는 아내의 여동생인 아델레를 모델로 삼아 그림을 그리기 시작했다. 둘 사이에는 성적 관계도 있었던 것으로 추정되고 있다. 훗날 아델레는 자신과 실레의 관계가 무구하지 않았음을 인정하기도 했다.

실레는 1918년 28세의 나이로 당시 맹위를 떨치던 스페인 독감에 걸려 생을 마치고 만다. 〈가족〉은 실레의 작품들 중 가장 따스하고 안정된 느낌을 주는 작품으로 통한다. 아이가 그로부터 나왔을 아내의 음부 주위에 삶의 상징인 초록색이 진하게 펼쳐져 있고, 새로 태어난 아이는 그 초록색에 감싸여 있으며, 배경을 이루는 세계-무덤의 어둠마저 다소간 초록색으로 물들어 있다.

그럼에도 실레와 그의 가족은 여전히 시체 같은 느낌을 강하게 풍긴다. 실레는 자신이 보통 사람들이 머무는 것과 같은 안온한 세계 안에서 살게 되리라고는 기대할 수 없었을 것이다. 사람과 사람 사이를 친숙하게 만드는 일상적 도덕규범이 그에게는 사회적 박해와 죽음을 암시하는 것으로서 섬뜩했기 때문이다.

삶의 상징인 초록색으로 다소간 물든 〈가족〉의 세계는 세계-무덤의 세계-성을 강화하는 방향으로 나아갔을까, 아니면 무덤-성을 강화하는 방향으로 나아갔을까? 생의 마지막 몇 년 동안 실레는 화가로서 큰 성공을 거두고 있었다. 그 때문에 아마 실레 본인은 자신의 세계-무덤이 세계-성을 강화하는 방향으로 나아가리라고 기대했을 것이다.

그러나 죽음의 가능성은 이루어질 수도 이루어지지 않을 수도 있는 가능성이 아니라 반드시 실현되고야 말 가능성이기도 하고, 어떤 정해진 때도 없이 언제나 우리 곁에 임박한 가능성이기도 하다. 과연 실레는 예기치 못했던 죽음을 맞이했다. 어쩌면 그의 때 이른 죽음이야말로 그의 회화를 최종적으로 완성하는 사건이었는지도 모른다.

우리 모두가 그 안에서 존재하고 있는 세계가 실은 세계-무덤이라는 존재론적 진실에 대한 회화적 이미지의 완성을 가져온 것은 실레의 손끝에서 흘러나온 선과 색채의 상징성이 아니라 실레의 죽음 자체였다. 세계의 진실이 세계-무덤으로서 드러나야만 하는 가장 근원적인 근거는 우리 자신이 죽음을 향한 존재자로서 존재한다는 점에 있기 때문이다.

하이데거와 요하네스 페르메이르

요하네스 페르메이르의 장르화와

하이데거의 도구 개념

요하네스 페르메이르, 〈우유 따르는 여인〉, 1658-1660년경, 암스테르담 국립 박물관

하이데거의 『존재와 시간』은 비본래성과 본래성이라는 두 상반된 개념을 통해 인간 현존재의 존재를 설명한다. 우리는 모두 일상세계에서 일상적 방식으로 삶을 살아가며, 그러는 가운데 나의 일상적인 자아가 형성된다. 이러한 자아를 하이데거는 비본래적인 자기라고 부른다.

일상세계는 도구적 의미 연관에 의해 지배된다. 비본래적 자기는 존재의 의미를 그 도구성 가운데서 발견하는 존재자이다. 하지만 인간 현존재는 죽음의 선구성을 통해 자신의 존재가 일상세계와 근원적으로 무연관적이라는 것을 자각한다. 바로 여기에 본래성을 회복할 인간 현존재의 가능성이 주어져 있다. 자신이 일상세계와 근원적으로 무연관적이라는 것을 자각한 자는 일상적인 자아를 자신의 참된 자아로 여길 수 없다. 일상적인 자기를 자기-아님으로서 발견하고 부정해야 하는 존재자로서 존재한다는 것— 바로 여기에 인간 현존재가 친숙한 일상세계에서 온전히 안주하지 못하고 불안을 자신의 가장 근원적인 감정으로 지녀야 하는 이유가 있다.

비본래성과 본래성에 대한 『존재와 시간』에서의 언명들은 도구적 의미 연관이 지배하는 일상세계가 공허하고 부정적인 세계라는 느낌을 주기 쉽다. 우리의 자아가 비본래적이 되는 까닭은 결국 우리가 일상세계 안에 빠져 있기 때문 아닌가? 그렇다면 일상세계란 우리로 하여금 본래적인 방식으로 삶을 영위하지 못하도록 하는 나쁜 세계라고 해야 하지 않을까?

혹시 『존재와 시간』이 일상세계를 나쁜 세계로 설명한다고 여기는 사람이 있다면, 그는 하이데거의 존재론을 완전히 잘못 이해하고 있다. 인간 현존재는 존재론적으로 삶을 위해 애쓰며 살아야만 하는 존재자이다. 하이데거의 주장에 따르면, 인간 현존재의 근원적 존재방식은 바로 마음 씀인 것이다. 왜 우리는 마음 쓰며 살아야만 하는가? 삶이 저절로 살아지는 것이 아니기 때문이다. 누구나 삶을 위해 이렇게 저렇게 애쓰기 마련이다. 그런데 삶을 위해 마음 쓰며 살아가는 자는 살면서 만나는 모든 것을 삶을 위해 유용한 것이거나 무용한 것으로 이해하는 성향을 보이기 마련이다. 즉 존재를 도구적으로 이해하는 것은 인간 현존재의 가장 근원적인 존재방식에 속한다.

도구는 근원적으로 성스러운 것이다. 도구가 없으면, 존재자의 존재를 그 도구성 가운데서 이해할 역량이 인간에게 없으면, 인간은 인간답게 살 수 없기 때문이다. 그러므로 존재자를 삶을 위한 도구로서 이해하는 인간의 성향 자체는 아무 문제가 될 게 없다. 설령 존재론적으로 이러한 성향이 비본래적이라고 불린다고 하더라도 말이다. 진정으로 우리가 문제 삼아야 하는 것은 존재자의 존재를 그 도구성 가운데서 이해할 우리의 역량이 아니라 그 도구성 이면에 감추어진 존재의 참된 의미에 대한 우리의 망각과 무지이다.

모든 도구적인 존재자는 사물을 자기를 위한 도구로 이해할 역량을 가진 현존재의 존재에 근거를 두고 생성된 현상적 존재자이다. 그런데 존재의 드러남으로서의 현상은 동시에 존재의 가려짐이기도 하다. 달리 말해, 존재의 탈은폐로서의 현상은, 그것이 현존재의 존재에 그 근거를 두고 생성되는 것이라는 점에서, 동시에 존재의 은폐이다.

도구적 의미 연관이 지배하는 일상세계가 존재론적으로 공허하고 나쁜 세계가 되는 것은 우리의 시선이 존재의 탈은폐로서의 현상만을 향할 때이다. 하지만 우리가 존재의 탈은폐로서의 현상이 곧 존재의 은폐이기도 하다는 것을 자각할 때, 즉 하나의 존재자가 현상적으로 자신을 하나의 도구적 존재자로서 드러내 보여 줌으로써 동시에 도구로 환원될 수 없는 존재자의 근원적이고도 고유한 존재의미가 가려진다는 것을 마음으로 깨닫게 될 때, 존재자의 도구성은 그 자체로 존재의 근원적 성스러움의 표지가 된다. 결국 존재자가 자신을 도구로서 드러내 보여 줌이 우리의 삶을 가능하게 하는 그 근원적인 근거이기 때문이다.

예술가에게 도구는 어떠한 의미를 지닐까? 예술가에게도 당연히 도구가 필요하다. 화가의 경우, 물감이나 도화지, 캔버스, 이젤 등이 모두 그림을 그리는 데 필요한 도구들이다. 이러한 도구가 없으면 화가는 아무 그림도 그릴 수 없다. 그러니 화가가 화가로서 살 수 있도록 하는 가장 근본적인 힘은 도구로부터 나오는 셈이다. 그럼에도 예술가들 가운데 도구를 도구로서 발견하고 예술 작품의 대상으로 삼은 이는 극히 적다.

아마 이런 주장이 잘 납득되지 않는 사람도 있을 것이다. 화병이나 식탁, 촛대 등 이런저런 생활 도구들을 그린 화가들이 적지 않기 때문이다. 그러나 그림 속 도구들은 대개 그 심미적 가치로 인해 그림으로 그려진 것이지 순수한 도구로서 그려진 것은 아니다. 즉 예술 작품 속에 등장하는 도구들은 대개 도구로서의 성격을 이미 잃어버린 것들이다.

물론 예술가가 도구를 그 심미적 가치 때문에 예술적 표현의 대상으로 삼는다는 것을 문제 삼을 수는 없다. 사실 너무 당연한 일 아닌가? 도구를 사용해서 이런저런 일을 해야 하는 사람은 도구를 도구로만 보면 된다. 이 점은 예술가 역시 마찬가지이다. 예술가도 작품을 만들 때 사용하는 도구들은 그냥 도구로만 보면 된다. 하지만 예술적으로 형상화할 대상으로 삼는 경우, 예술가는 도구의 도구성이 아니라 그 아름다움에 주목해야 한다. 간단히 말해, 도구를 도구로만 묘사한 그림은 예술적 가치를 지니기 어렵다. 경탄할 만한 아름다움을 드러내는 경우에만, 혹은 예술 작품 전체의 아름다움을 형성하는 데 이바지하는 경우에만, 작품 속 도구의 형상은 예술적 가치를 인정받을 수 있다.

그런 점에서 17세기의 네덜란드 화가 요하네스 페르메이르는 매우 특별하다. 그는 도구를 도구로서 발견하고 예술적으로 형상화한다. 그리고 바로 그럼으로써 도구의 도구성을 가능하게 하는 존재의 근원적 성스러움을 드러낸다.

페르메이르에 관한 이야기를 나누기 전 우선 『존재와 시간』에 관해 조금 더 생각해 보도록 하자. 하이데거 본인은 그가 비본래적이라는 말로 지칭한 인간 현존재의 일상적 존재방식이 결코 부정적인 것도, 극복될 수 있는 것도 아니라고 설명한다. 그럼에도 『존재와 시간』을 읽으며 일상세계가 삶과 존재의 본래적 의미를 가리는 부정적인 세계라는 인상을 받은 사람들은 적지 않다. 왜 그럴까? 일상세계의 비본래성을 자각할 가능성이 죽음의 선구성 및 불안 등의 개념을 통해서만 제시되었기 때문이다.

『존재와 시간』에 따르면 인간 현존재는 도래할 자신의 죽음을 미리 달려가 보면서 자신이 일상세계와 근원적으로 무연관적인 존재자라는 것을 자각하게 된다. 바로 이러한 자각이 일상적 자기의 비본래성으로부터 벗어나서 본래성을 회복할 결의를 품게 될 존재론적 가능 근거이다. 그런데 이러한 설명은 암묵적으로 일상세계가 철저하게 비본래적인 세계라는 것을 전제로 하는 것처럼 보인다. 그렇지 않다면 왜 본래성을 회복할 현존재의 결의가 죽음의 선구성을 요구하는 것이라고 생각해야 할까? 만약 일상세계가 철저하게 비본래적인 세계가 아니라면, 왜 현존재는 본래성을 회복할 결의를 품기 위해 자신의 존재가 일상세계와 철저하게 무연관적인 것이라고 여겨야 할까?

『존재와 시간』이 이러한 문제점을 안게 된 가장 근본적인 까닭은 아이스테시스에 대한 시각적 봄 중심의 사고방식에 있다. 앞에서 거듭 언급되었던 것처럼, 하이데거는 그 무엇을 순연히 감각적으로 발견하고 인지함이라는 의미의 아이스테시스가 로고스보다 더욱 근원적인 진리의 자리라고 여긴다. 그렇다면 일상세계를 지배하는 도구적 의미 연관에 의해 은폐된 존재의 근원적 의미를 발견하고 이해하는 데 있어 아이스테시스는 어떤 역할을 담당할까?

『존재와 시간』에 따르면, 우리는 사물을 가치중립적인 ―말 그대로의― 사물 자체로서 발견한 뒤 이런저런 해석과 이해의 과정을 거쳐 도구로 발견하는 것이 아니다. 사물은 단순한 눈앞의 존재자로서 발견되는 것이 아니라, 일상세계를 지배하는 도구적 의미 연관 속으로 언제나 이미 포섭되어 있는 일종의 도구로서 우선 발견된다. 우리가 살면서 발견하는 모든 사물 현상은 우리가 손으로 쥐고서 이렇게 저렇게 쓸 수 있는 가능성과 더불어 발견되는 현실적, 잠재적 도구이다.

이러한 사정을 하이데거는 손안에 있음이라는 말로 표현한다. 사물의 존재는 무엇보다도 우선 손안에 있음이다. 눈앞에 있음은 손안의 것으로서 발견된 —즉 일종의 도구로서 발견된— 존재자를 우리가 일부러 이론화하고 객관화하려는 의식 태도를 지닐 때 비로소 드러나는 일종의 파생태이다.

그렇다면 하이데거가 존재론적 진리로 언명하는 탈은폐로서의 현상은 기본적으로 하나의 존재자가 도구로서 자신을 드러냄을 지칭하는 말일 수밖에 없다. 즉, 『존재와 시간』의 논리를 따라가는 경우, 로고스보다 더욱 근원적인 아이스테시스는 하나의 존재자를 그 도구성 가운데서 순연하게 감각적으로 발견하고 받아들임을 뜻하는 셈이다.

아마 누군가는 하나의 존재자를 그 도구성 가운데서 발견함은 순연하게 감각적인 것일 수 없다고 지적할지도 모르겠다. 이런 비판의 전제는 존재자를 도구로서 발견함은 존재자를 도구적인 것으로 해석하는 지성의 작용이 함께 작용하는 경우에만 가능하다는 것이다. 그러나 하이데거가 경험론자처럼 정신의 작용을 완전히 배제한다는 의미의 순수한 감각 같은 것을 아이스테시스라는 말로 가리킨다고 생각해서는 안 된다. 하나의 사물을 붉은 꽃으로서 발견함은 —칸트식으로 말하자면— 이미 순수하게 감각적인 지각이 아니다. 붉은 꽃이라는 말이 함축하는 한 존재자의 사물성은 감각을 통해 직접적으로 알려지는 것이 아니라 오성의 작용을 매개로 하는 것이기 때문이다.

하지만 하이데거의 관점에서 보면 우리는 하나의 존재자를 우선 순수하게 감각적으로 발견한 다음 어떤 논리적 추론의 과정을 통해 그 사물성이나 도구성을 추후로 인지하게 되는 것이 아니다. 이러한 의미의 '순수한 감각'이란 실은 정신의 작용과 완전히 무관한 순전히 신체적인 자극으로서, 실제적인 감각이라기보다 순전히 추상적인 감각에 불과하다. 감각이란 의식되는 것으로서만 감각으로서의 의미를 지니는 것이지, 순전히 신체적인 자극 같은 것으로 혼동되어서는 안 된다는 뜻이다.

간단히 말해, 우리에게 망치는 그냥 보자마자 망치이지, 이런저런 가치중립적인 감각적 속성을 지닌 사물 같은 것으로 우선 발견된 뒤 논리적 추론을 통해 망치-성을 획득하게 되는 것이 아니다. 우리는 논리적으로 추론하는 일 없이 망치를 그냥 망치로, 순연하게 감각적으로, 발견하고 인지한다. 그리고 오직 이러한 발견함과 인지함을 전제로 해서만 나는 "이것은 망치이다"라는 식의 참이거나 거짓일 수 있는 말을 할 수 있다.

하이데거의 존재론에서 로고스보다 근원적인 진리의 자리로서의 아이스테시스는 그 자체로 일종의 말이다. 존재론적으로 그 무엇을 순연하게 감각적으로 발견하고 인지함과 그 무엇의 존재의미가 드러나고 밝혀짐은 순차적으로 일어나는 두 가지 상이한 사건을 뜻하는 것이 아니라 하나의 동일한 사건이 지니는 두 가지 통일적 계기들을 뜻한다.

다시 원래 이야기로 돌아가 보자. 『존재와 시간』에 따르면 아이스테시스가 로고스보다 더욱 근원적인 진리의 자리이다. 그런데 아이스테시스, 즉 그 무엇을 순연하게 감각적으로 발견함의 행위를 통해 발견되는 것은 바로 도구 현상이다. 그렇다면 도구로 환원될 수 없는 존재의 본래적 의미는 어떻게 발견될 수 있을까?

우리로 하여금 일상적 자기의 비본래성을 자각하도록 하는 것은 바로 죽음의 선구성과 불안이다. 그런데 죽음은 눈으로 볼 수 있는 것이 아니다. 죽음이란 눈앞에 있거나 손안에 있는 이런저런 사물처럼 존재하는 것이 아니기에 감각적으로 발견할 수 있는 어떤 대상일 수도 없다.

죽음의 선구성과 불안으로 인해 우리가 자신의 존재를 일상세계와 무연관적인 것으로 이해하게 된다는 말은 내가 도구로서 발견한 이런저런 존재자가 나 자신의 본래적 자기를 위해서는 무용하다는 것만을 드러낼 수 있다. 결국 일상적 자기만이, 자신의 존재를 일상세계와의 관계 속에서 이해하는 인간 현존재만이, 도구를 필요로 하는 것이기 때문이다.

그렇다면 존재란 본래적으로 무의미한 것이라고 말해야 하지 않을까? 도구로서 드러나는 한에서, 존재는 이미 그 본래성을 잃어버렸다. 그런데 존재를 도구-아님으로서 발견하는 나는 세계와 이미 무연관적이 된 존재자이고, 그런 나에게 존재는 그냥 무의미할 뿐이다. 결국 죽고 나면 나는 더 이상 존재하지 않게 된다. 그런 나에게 죽음의 선구성이 일깨우는 존재의 본래적 의미라는 것이 대체 무슨 의미가 있을까? 존재를 도구-아님으로서 발견함이 나름대로 의미심장한 일이 될 수 있도록 하려면, 불멸하는 영혼 같은 전통 철학적 개념이라도 하나 상정해야 하는 것일까?

이러한 문제를 존재론적으로 해결할 수 있는 유일한 길은 도구 자체의 근원적 성스러움에 눈뜨는 것이다. 도구는 근원적으로 성스럽다. 그 까닭은 두 가지로 나뉘어 설명될 수 있다. 첫째, 도구는 우리의 삶을 가능하게 하는 것이기에 성스럽다. 둘째, 삶을 가능하게 하는 도구의 도구성은 도구로 환원될 수 없는 존재가 그 자신을 우리에게 도구로서 내어 줌을 알려 주는 것이기에 성스럽다.

어쩌면 도구의 근원적 성스러움은 인간이 발견해 왔고 또 장차 발견하게 될 성스러움의 전부일지도 모른다. 인간의 삶에 은총으로 작용하는 것이면서, 동시에 그 은총을 통해 인간의 삶보다 더욱 고차원적인 존재로의 고양을 가능하게 하는 것만이 진정으로 성스러울 수 있기 때문이다.

성스러움이란 무엇인가? 그것은 세계의 한가운데서 세계 이상의 존재를 향해 삶의 운동이 일어날 수 있도록 우리를 움직이는 그 무엇이다. 그렇다면 성스러움에 의한 우리의 움직임은 구체적으로 무엇을 뜻하는가? 그것은 물론 감화와 감동이다. 오직 우리를 감화시키고 또 감동시키는 것만이 성스러울 수 있다.

그런데 감화와 감동이란 누구에게나 오직 자신의 존재의 변화에 대한 자각의 형태로서만 일어나는 법이다. 즉 도구의 근원적 성스러움의 발견을 가능하게 하는 것은 단순한 시각적 봄이 아니라 우리 자신의 존재의 변화에 대한 자각이다. 바로 여기에 참으로 존재론적인 감각의 의미가 담겨 있다. 자신의 존재의 변화에 대한 자각으로서 감각을 규정하지 못한 것이 『존재와 시간』이 안고 있는 모든 한계의 근본 이유이다.

오늘날 페르메이르는 네덜란드의 황금시대인 17세기의 삼대 거장 중 하나로 꼽힌다. 페르메이르 외에 다른 두 명의 거장은 렘브란트 판 레인과 프란스 할스이다. 하지만 페르메이르는 사후 거의 200년 동안이나 망각되다시피 한 화가였다. 페르메이르를 다시 부활시킨 것은 독일의 미술관 관장이었던 구스타프 바아겐과 프랑스 출신의 미술평론가 테오필 토레 뷰제르였다.

뷰제르는 66편의 작품을 페르메이르의 작품으로 인정하고 평가하는 에세이를 발표함으로써 페르메이르에 대한 재평가가 이루어지도록 하는 데 결정적으로 공헌했다. 물론 뷰제르의 초기 연구에는 오류도 있었다. 예컨대, 뷰제르의 주장과 달리 오늘날에는 34편의 작품만이 페르메이르의 것으로 인정된다. 하지만 뷰제르의 연구가 아니었다면, 페르메이르가 17세기 네덜란드 미술의 삼대 거장 중 하나로 인정받게 되는 일은 가능하지 않았을 것이다.

그렇다면 페르메이르가 오랜 시간 거의 잊혀 버리게 된 까닭은 무엇일까? 아마 몇 가지 원인이 복합적으로 작용했던 것 같다. 우선 페르메이르의 작품들이 꽤나 작다는 점을 들 수 있을 것이다. 원래 페르메이르는 종교화를 그리는 데 관심이 있었다. 가난했기 때문에 당시 대체로 비싼 값에 팔리는 경향이 있었던 종교화를 그리고 싶어 했던 것이다. 하지만 그가 그린 종교화는 팔리지 않았다.

페르메이르가 화가로서 사는 동안 만난 유일한 후원자는 피터르 판

라위번이었는데, 그는 페르메이르에게 주로 일상생활을 묘사하는 작고 장식적인 작품들을 주문했다. 판 라위번과의 만남은 오늘날 우리가 알고 있는 페르메이르의 작품들이 탄생하도록 한 원인이었다. 그러나 그것은 동시에 페르메이르가 오랜 시간 거장으로 인정받지 못하도록 하는 원인이기도 했다. 작은 작품만을 남긴 화가, 평범한 일상에 관한 그림을 주로 그린 화가가 거장으로 인정받기는 결코 쉽지 않았을 것이다.

페르메이르가 43세라는 비교적 젊은 나이에 가족에게 막대한 빚을 남기고 죽었다는 것도 그가 잊혀 버리는 데 영향을 끼친 것으로 보인다. 살아 있는 동안 그는 고향인 델프트에서 꽤 인정받는 화가였다. 비록 네덜란드 남부의 작은 도시인 델프트 밖에서는 거의 무명에 가까웠지만, 그렇다고 페르메이르가 죽은 뒤라도 명성을 떨치게 될 가능성이 아예 없었다고 보기는 어려울 것이다.

페르메이르가 살았던 17세기의 네덜란드는 정치와 경제, 문화 등 모든 분야에서 가장 선도적인 국가였다. 바로 이 때문에 이 시기를 네덜란드의 황금시대라고 부르는 것이다. 이 시기 네덜란드에서 특정한 계층의 일상생활을 묘사하는 장르화가 유행했던 것은 일정 부분 성실한 노동과 절제의 의미를 강조했던 칼뱅주의의 영향 때문이었다. 경제적으로 매우 풍요로운 상황에서도 네덜란드의 중상류층은 노동을 천시하기보다 도리어 신성시하는 문화적 환경 속에서 살아야 했다.

네덜란드의 장르화 화가들 중에는 미술사적으로 중요한 인물이 적지 않다. 페르메이르는 동시대의 화가인 피터르 더 호흐의 영향을 받았다. 더 호흐는 1650년대 델프트에서 활동한 페르메이르의 동료 화가였다. 19세기 후반 미술사에서 사라지다시피 한 페르메이르가 재발견된 것도 구스타프 바아겐이 체르닌 갤러리에 더 호흐의 작품으로 전시되어 있었던 그림이 실은 페르메이르의 작품이라는 것을 알아차린 것이 그 결정적인 계기였다.

불행하게도 네덜란드의 황금시대라는 명칭과 달리 17세기의 네덜란드가 늘 번영하기만 했던 것은 아니었다. 프랑스의 소위 태양왕 루이 14세는 영국, 독일과 손을 잡고 네덜란드를 침략했다. 육지에서는 12만 명에 달하는 프랑스군이 네덜란드의 국토를 유린했고, 바다에서는 프랑스와 영국의 연합함대가 네덜란드 해군과 싸웠다. 네덜란드 육군은 비참한 패배를 거듭했지만, 해군은 달랐다.

1672년 솔베이 해전에서, 그리고 1673년 네덜란드 연안에서 벌어진 세 번의 해전에서 승리를 거둠으로써 네덜란드는 풍전등화의 위기로부터 벗어날 수 있었다. 하지만 비록 적군에 의해 정복되지는 않았어도 네덜란드 역시 큰 피해를 감수해야만 했다. 심각한 경제불황이 네덜란드를 덮쳤다. 바로 이 시기에 페르메이르는 큰 빚을 졌고, 1675년 12월에 질병으로 인해 때 이른 죽음을 맞이하게 되었다. 페르메이르의 가족은 파산해 버렸다. 페르메이르의 작품은 모두 압류되어 경매로 넘어간 뒤 거의 헐값에 팔려 버렸다. 페르메이르의 미술이 거의 200년 동안이나 망각된 데에는 화가의 가난이 한몫했던 것이다.

요하네스 페르메이르, 〈물주전자를 든 젊은 여인〉, 1660-1662, 메트로폴리탄 미술관

〈우유 따르는 여인〉은 페르메이르의 가장 유명한 작품 가운데 하나이다. 잘 알려져 있듯이, 페르메이르는 쿠르베 같은 사실주의 화가들이나 인상주의 화가들에게 적지 않은 영향을 끼쳤다. 그 가장 중요한 이유는 페르메이르가 자연스럽고 사실적인 느낌으로 빛을 표현했다는 것이었다. 페르메이르는 곧잘 '푸앵티예Pointillés'라 불리는 기법을 사용해서 빛을 그렸다. 푸앵티예는 일종의 점묘법으로, 작고 옅은 점을 칠해서 그리는 방식이다. 푸앵티예 기법은 〈우유 따르는 여인〉에도 적용되었다. 빵과 바구니 위의 밝은 점이 일종의 패턴을 이루며 반복해서 그려진 것이 그것이다.

그러나 이 그림에서 가장 두드러진 것은 푸앵티예 기법이 아니라 임파스토, 즉 물감을 두껍게 겹쳐서 칠하는 기법이다. 그림의 주인공이라 할 수 있는 여자가 임파스토 기법으로 그려졌기 때문이다. 그녀의 상의는 황금빛으로 막 달아오르려 하는 듯한 심황색을 띠고 있다. 그러나 일을 하며 살아가는 그녀의 존재에 상응하게도 황금보다는 대지의 색에 더 가깝다. 그녀의 상의의 심황색은 치마의 코발트블루와 은은하면서도 강렬한 대조를 이룬다. 그 두 가지 색의 대조가 선명하기보다 은은한 느낌을 주는 까닭은 두 색 모두 비단처럼 화사하지 않기 때문이다.

그럼에도 두 색이 강렬한 대조를 이루는 까닭은 심황색보다 청색 때문이다. 그림의 전부가, 그녀의 얼굴과 팔도, 빵도, 바구니도, 바닥

도, 바닥 위에 놓인 발 난로도, 벽도, 심지어 창을 타고 들어오는 빛마저도, 그녀의 상의의 심황색과 색채적 연속성을 이루고 있다. 한마디로, 아무것도 다른 것과 강렬하게 대조되지 않는 것이다. 다만 그녀의 치마와 식탁의 위에서 아래쪽으로 늘어져 있는 천만이 청색으로 그림의 나머지 전부와 색채의 대조를 이루고 있다. 그럼에도 그림 속의 청색은 이질적인 느낌을 주지 않는다. 화려하지 않기 때문이다.

페르메이르의 회화에서 청색은 어떤 의미를 지니고 있을까? 페르메이르의 회화에서 사실주의와 인상주의의 선구적 경향을 발견하는 데 익숙한 사람이라면, 이러한 물음이 불편하게 들릴 수 있다. 사실주의와 인상주의를 이어 주는 한 가지 커다란 공통점은 의미로부터의 자유이다. 사실주의와 인상주의에서 회화는 어떤 정치적 사상이나 종교적 신앙, 철학적 의미 등을 전달해 주는 수단이 아니다. 18세기 후반 프랑스를 중심으로 퍼져 나간 신고전주의의 작품들을 떠올려 보라.

〈소크라테스의 죽음〉, 〈호라티우스 형제의 맹세〉, 〈마라의 죽음〉 등 자크 루이 다비드의 작품들은 모두 정치적, 역사적, 철학적 의미들로 가득 차 있다. 회화가 의미를 전달하는 수단처럼 작용하는 것이다. 사실주의와 인상주의는 어떤 사상적 편견에 사로잡히는 일 없이 삶과 존재의 아름다움을 그 자체로서 드러내고자 한다. 일상의 아름다움을 사실적으로 묘사한 페르메이르의 회화 역시 마찬가지 아닐까? 섣불리 페르메이르 회화에 이런저런 의미를 부여하려 하기보다 순수하게 회화적인 관점에서 작품을 감상하는 것이 바람직하지 않을까?

그런데 실은 바로 이 지점에서 페르메이르의 회화와 하이데거의 존재론 사이의 공통점이 하나 드러난다. 하이데거에게 그가 로고스보다 근원적인 진리의 자리라고 명명한 아이스테시스는 이미 그 자체로 존재의 의미를 발견함이다. 어떤 논리적 추론도 없이 그 무엇을 순연하게 감각적으로 발견하고 인지하면서, 우리는 동시에 존재의 음성을 듣게 된다는 뜻이다.

그 점은 페르메이르 역시 마찬가지이다. 페르메이르의 회화에서 어떤 인위적 사념이나 논리적 추론을 행하는 일 없이 그 무엇을 순연하게 감각적으로 발견하고 인지함은 동시에 존재의 근원적 성스러움에 눈뜸이다. 감각 자체가 존재의 음성이며, 존재의 의미의, 그것도 가장 근원적이고 최종적인 그러한 의미의, 드러남이라는 뜻이다.

화가가 모든 그림에서 하나의 색에 하나의 상징적 의미를 부여한다는 식으로 상정하는 것은 분명 어리석다. 색을 포함해 모든 감각적인 것은 어떤 고정된 의미와도 무관하다. 하늘의 푸른색은 자유를 뜻하기도 한다. 그러나 귀족을 상징하는 경우 푸른색은 인격적 차가움, 교만, 신분제적 질서에 고착된 정신 등을 뜻하기 쉽다.

경우에 따라서는 하나의 색이 매우 모호한 의미를 나타낼 수도 있고, 심지어 어떤 정서적인 느낌만을 불러일으킬 뿐, 아무 의미도 담고 있지 않은 것처럼 느껴질 수도 있다. 물론 이 경우에도 우리가 하나의 색을 마치 기계가 색을 분류하듯 그렇게 분류하는 것은 아니다. 해석할 수 없음 자체가 자신의 삶과 존재에 대한 이해와 더불어 살아가는 우리에게는 우리의 실존성을 드러내는 하나의 의미인 것이다.

페르메이르의 작품 속에서 청색이 어떤 단일한 의미만을 지닌다는 식으로 생각해서는 안 된다. 때로는 분명하게 어떤 의미를 드러낼 때도 있지만 모호하게만 그럴 때도 있고, 심지어 그냥 이런저런 사물의 색일 뿐, 아무 의미도 지니지 않는 것처럼 보일 때도 있다. 그럼에도 한 가지는 확실하다. 작품 속에 생명과 사랑, 진실에의 탐구 등을 암시하는 어떤 상징적 형상이 나타날 때, 청색이 자신을 제외한 그림 전체와 강렬한 대조를 이룬다는 점이다.

예컨대 〈믿음의 알레고리〉에서 지구본 위에 오른발을 올린 채 비스듬히 어딘가 걸터앉은 여인은 청색 상의를 입고 있고, 그 뒤에는 십자가에 달린 예수를 묘사한 커다란 그림이 걸려 있다. 〈편지를 읽고 있는 여인〉에서도 여인은 청색 상의를 입고 있고, 제목 그대로 편지를 읽고 있는 그녀의 표정은 우수에 잠긴 듯 고즈넉하다. 〈지리학자〉에서 과학적 진리의 탐구자인 지리학자 역시 청색 옷을 입고 있다. 〈물주전자를 든 젊은 여인〉의 여인의 손에는 제목처럼 물주전자가 들려 있다. 물은 생명의 상징이다. 그녀의 옷 역시 청색이다.

〈우유 따르는 여인〉에서도 청색은 생명과 사랑과 연결되어 있는 것으로 보인다. 우유를 따르는 여인이 마련하고 있는 것은 무엇인가? 여인은 새벽빛으로 밝혀진 부엌에서 아침을 마련하고 있다. 아침을 마련하며 그녀는 동시에 건강하고 행복한 하루만큼의 삶을 마련하고 있다. 매일 그녀가 행하는 노동이 온 가족의 삶의 바탕에 놓여 있는 그 가능 근거인 것이다. 그림의 오른쪽 아래에는 발 난로가 있고, 발 난로 뒤에는 큐피드가 그려진 타일이 붙어 있다. 큐피드는 에로스, 즉 사랑의 상징이며, 발 난로는 살아 있는 모든 것을 지배하는 에로스적 열정을 상징하는 듯하다.

페르메이르가 그림 아래 눈에 잘 띄지 않는 곳에 큐피드를 그린 까닭은 무엇일까? 혹시 페르메이르는 날마다 똑같은 노동을 하며 살아가는 여인의 마음속에 일상적이지 않은 에로스적 열정이 타오르고 있다는 것을 암시하고 싶었던 것일까? 이런 해석도 나름대로 일리가 있다. 여인이 입고 있는 청색 치마는 앞치마이다. 앞치마는 그녀가 본래 입고 있는 자색 치마를 가리고 있다.

자색은 어쩌면 에로스적 열정을 상징하는 것인지도 모른다. 붉은색 계열의 색보다 더 열정을 나타내는 데 적합한 색은 없으니 말이다. 그러나 설령 그렇다고 해도 그녀의 열정이 누군가 한 남자를 향한 소유욕에 기인하는 것이라고 보기는 어려울 것 같다. 그녀는 새벽에 일어나 가족의 아침을 준비하는 중이다. 새벽이 될 때까지 타일에 그려진 큐피드는 어둠 속에 숨어 있었으며, 그러면서도 기어이 밤을 이겨내고, 빛이 스며들자, 자신의 존재를 알려 온다.

큐피드는 가지런한 일상세계의 이면에 결코 일상적이지 않은 사랑의 열정이 일상생활을 가능하게 하는 성스러운 것으로서 감추어져 있음을 암시한다. 가족을 향한 여인의 사랑과 열정 없이 가족의 평온한 일상생활이 어떻게 지속될 수 있을까? 가족을 향한 남자의 사랑과 열정 없이 어떻게 여자가 평온한 마음으로 자기 안의 크나큰 열정을 안온한 정도로만 발휘하며 가족의 삶을 따스하게 만들어 줄 수 있을까?

우유를 따르는 여인이 입고 있는 청색 앞치마는 광폭하게 타오르는 대신 삶의 존속이 가능해지도록 따스하게 열을 발하는 사랑과 열정의 성스러움을 드러낸다. 이러한 사랑과 열정의 성스러움으로 인해 우리는 모든 도구적인 것의 도구성을 성스러움의 드러남으로 발견하게 된다. 빵도, 바구니도, 그녀가 따르는 우유도, 그 밖에 그림 속에 그려진 모든 것이 다 일종의 도구이다. 우리의 삶을 위해 마련된 것들이라는 뜻이다. 그러나 모든 도구는 내가 주체적으로 사용할 일종의 객체적 사물로서 거기 있는 것이 아니라 내 삶의 근원적 가능 근거로서 거기 있다. 삶을 향한 사랑과 열정이 도구를 도구로서 존재하도록 하는 근원적인 힘이라는 뜻이다.

페르메이르에게 가정에서의 일상이란 어떠한 의미를 지니는 것이었을까? 〈우유 따르는 여인〉은 페르메이르가 두 가지 상반된 의미의 삶이 행복하게 조화를 이루는 일상을 꿈꾸었다는 것을 알려 주는 듯하다. 하나는 가족 모두가 함께 평온하고 행복하게 살아가는 삶이다. 또 다른 하나는 자유분방한 에로스적 열정의 표현으로서의 삶이다.

상식적으로 생각해 보면, 이 두 가지 방식의 삶은 양립하기 어렵다. 가족의 행복은 자유분방한 에로스적 열정의 포기를 전제하기 마련이

—

요하네스 페르메이르, 〈진주 목걸이를 한 여인〉, 1660–1665, 베를린 국립 회화관다. 가족을 위한 의무감으로 자신의 욕망과 열정을 절제하고 또 포기하는 법을 배우지 않으면, 가정의 평화가 깨질 수밖에 없기 때문이다. 그러나 가족을 위한 의무감이 자유분방한 에로스적 열정의 부정과 무화의 표현인 경우, 가족의 행복은 순수한 행복일 수 없다. 삶이란 최대한 자유롭게 살고자 하는 열정과 의지의 표현 외에 다른 아무것도 아니기 때문이다. 결국 가족의 행복은 모두를 한 개인으로서 불행하게 만들어 나가는 가운데 가족 구성원들 사이의 끈끈한 연대감과 정으로 그 불행을 어루만짐으로써 성취된다.

물론 예외는 있다. 의무감 때문에 자신의 자유분방한 에로스적 열정을 부정하고 무화함으로써 성취되는 가정의 행복이 아니라, 도리어 가족을 향한 순수한 사랑과 열정 때문에 각자가 자발적으로 가족을 위해 최선을 다함으로써 성취되는 가정의 행복은 가족 구성원의 개인적 행복과 완벽하게 조화를 이룬다. 아마 페르메이르에게는 〈우유 따르는 여인〉이 자신의 개인적 행복과 가족의 행복을 완벽하게 조화시킨 이상적인 인간의 상징과도 같았을 것이다.

이러한 조화는 각자가 진정으로 원하는 경우 가정의 틀 밖으로 나아갈 권리를 가지고 있음을 암묵적으로 전제하기 마련이다. 〈우유 따르는 여인〉의 주인공이 가족을 위해 매일 아침을 마련하는 것은 의무에 얽매여 있기 때문이 아니라, 그 자신의 자유분방한 에로스적 열정이 가족을 향한 사랑으로 자연스럽게 승화되었기 때문이다. 그녀는 결코 남편과 가족의 소유물이 아니다. 그렇지 않다면 그녀는 도구적 의미 연관에 의해 지배되는 일상세계의 근원적 성스러움의 표지인 청색 앞치마를 두르지 않았을 것이다.

페르메이르에게 청색이 일상세계의 근원적 성스러움의 표지를 상징한다는 것은 페르메이르의 〈진주 목걸이를 한 여인〉과 〈열린 창가에서 편지를 읽는 소녀〉를 비교해 보면 잘 드러난다. 두 작품은 한 가지 공통점을 지닌다. 주인공이 청색 의상을 하나도 걸치지 않고 있다는 점이 그것이다. 둘 다 금색 옷을 입고 있고, 그 금색은, 비록 색채적으로 연속성을 띠고 있는 것처럼 보여도, 〈우유 따르는 여인〉의 주인공이 입고 있는 상의와 달리 광택이 난다. 왜 그들은 청색 의상을 입지 않았을까?

페르메이르가 청색에 일상세계의 근원적 성스러움이라는 상징적 의미를 부여했다는 것을 전제하면, 답은 분명하다. 그들은 철저하게 일상적인 존재자로 남아 있다. 그들은 도구를 도구로, 일상세계를 일상세계로 발견할 뿐, 그 이면에 숨어 있는 존재의 근원적 성스러움을 아직 발견하지 못하고 있다. 그들은 자유분방한 에로스적 열정이 부재한 삶을 살고 있다. 아마 그들에게는 죽음의 선구성조차도 아주 희미하게만 불안을 일깨울 것이다. 자신이 죽을 자라는 것을 심각하게 생각하기에는 아직 너무 젊고, 생활 또한 여유롭기 때문이다.

그러나 〈진주 목걸이를 한 여인〉의 주인공과 〈열린 창가에서 편지를 읽는 소녀〉의 주인공이 똑같기만 하다고 여겨서는 안 된다. 〈진주

요하네스 페르메이르, 〈열린 창가에서 편지를 읽는 소녀〉, 1657(혹은 1657-1659년경),
드레스덴 고전 거장 미술관

목걸이를 한 여인〉의 주인공은 화려한 진주 목걸이를 목에 두른 채 만족스러워 보이기도 하고 다소 얼빠진 것처럼 보이기도 하는 눈빛으로 거울을 보고 있다. 진주 목걸이의 아름다움에, 그리고 진주 목걸이 덕분에 두드러져 보이는 자신의 외모의 아름다움에 마음을 빼앗긴 채, 거울에 비친 자신의 모습을 응시한다. 이런 사정으로 미루어 보건대, 그녀가 바라보고 있는 거울은 틀림없이 허영에 사로잡힌 인간의 공허한 삶을 상징할 것이다.

실제로 16-17세기의 네덜란드 회화에서 거울은 해골과 더불어 인생의 바니타스(허영, 공허, 허위)를 상징하는 대표적 사물이다. 바니타스의 정점은 거울을 바라보는 해골이다. 그렇다면 〈진주 목걸이를 한 여인〉의 주인공은 이미 참된 삶으로부터 벗어난 죽음의 공허한 세계에서 살고 있는 셈이다. 비록 아직 육체는 살아 있지만, 허영에 잠긴 마음은 자신의 외적 아름다움을 돋보이게 만들어 줄 도구로서의 장신구 같은 것에만 관심을 쏟는다. 그녀는 삶의 가능 근거로서의 도구에서 그 근원적 성스러움을 발견할 수 있는 역량을 이미 상실해 버린 것이다.

그녀와 달리 〈열린 창가에서 편지를 읽는 소녀〉의 주인공은 거울에 비친 자신을 바라보지 않는다. 그녀는 진지하게 편지를 읽고 있으며, 그런 그녀 앞에서 창문은 닫혀 있지 않고 열려 있다. 열린 창문은 도구적 의미 연관이 지배하는 일상세계의 이면에 숨은 일상세계 자체의 근원적 성스러움에 눈을 뜨라는 일종의 존재론적 청유이다. 바로 그렇기에 창틀의 색은 청색이다. 자유분방한 에로스적 열정이 바야흐로 그녀의 온 존재를 휘감을 것이다. 그럼 그녀의 정신은 마치 새가 날 수 있는 자신의 역량을 최대한 발휘해서 푸른 창공을 훨훨 날 듯이 창밖에 펼쳐진 광활한 세계를 향해 창밖으로 날아오를 것이다.

혹시 그녀가 에로스적 열정에 눈뜨기에는 아직 어리다고 생각하는가? 그렇게 생각한다면, 둘 중에 하나이다. 에로스를 단순히 관능적인 육욕과 같은 것으로 오해하고 있든가, 아니면, 너무 순진하거나 반대로 너무 노회해서, 소녀의 삶 속에 깃든 에로스적 열정의 힘을 과소평가하게 되었든가.

창문을 열어 놓고 진지하게 편지를 읽을 연령의 소녀는 그 누구보다도 더 뜨겁고 열렬한 에로스적 열정을 가슴 속에 품고 있는 법이다. 풋풋한 소녀의 에로스적 열정은 남성 중심의 역사 속에서 남성을 향한 맹목적이고도 어리석은 애욕과 같은 것으로 그 의미가 고착되어 왔다. 그러나 그럴 리가 있는가. 처음 사랑에 눈뜬 소년이 가정의 틀 밖으로 벗어나 훨훨 자유롭게 날고 싶은 충동에 시달리듯이, 소녀 역시 그러한 법이다. 이성을 향한 사랑이란 자유를 향한 충동의 한시적인 표현일 뿐이다.

페르메이르가 〈열린 창가에서 편지를 읽는 소녀〉의 주인공을 자유분방한 에로스적 열정에 눈뜨기 시작한 여자로 그려 냈음은 의심의 여지가 없을 것이다. 최근 소녀의 오른쪽 측면에 있는 벽이 페르메이르가 죽은 지 수십 년이 지났을 때 누군가 덧칠해 그린 것이라는 점이 밝혀졌다. 누가 왜 그렇게 한 것인지는 알 수 없다. 하지만 단색으로만 보이는 그 벽 위에 의미심장한 그림이 하나 그려져 있었다는 것은

요하네스 페르메이르, 〈진주 귀걸이를 한 소녀〉, 1665년경, 마우리츠하이스 왕립 미술관

분명하게 밝혀졌다. 그것은 큐피드의 형상이었다. 사랑의 신이 손에 활을 든 채 편지를 읽고 있는 소녀를 바라보고 있었다.

페르메이르의 그림에 등장하는 보석 가운데 가장 유명한 것은 역시 〈진주 귀걸이를 한 소녀〉에 나오는 진주이다. 푸앵티예 기법을 활용해서 단 두 번의 붓 터치로 그려 낸 이 진주는 도구적 사물 안으로 녹아든 빛 자체처럼 보인다. 〈진주 목걸이를 한 여인〉에서 부유한 상류층의 허영심을 드러냈던 진주가 〈진주 귀걸이를 한 소녀〉에서는 도구적 일상세계를 통해 드러나는 존재의 근원적 성스러움의 상징이 된 것이다. 왜 이러한 차이가 생겨날까? 그것은 회화의 세계 역시 실제적인 세계와 마찬가지로 현상학적 현상성에 의해 파악되어야 하는 세계이기 때문이다.

그 어느 것도 그저 똑같은 사물로서 존재하지 않는다. 존재하는 모든 것은 그 존재의미를 이해하는 현존재의 존재와의 관계 속에서 생성된 현상이다. 그렇기에 공허한 정신을 지닌 인간 현존재가 발견하는 진주는 허영심의 상징이 되고, 자유분방한 정신을 지닌 인간 현존재가 발견하는 진주는 근원적으로 자유로운 삶과 존재의 성스러운 상징이 된다.

〈진주 귀걸이를 한 소녀〉는 동양풍의 청색 터번을 머리에 두르고 있고, 이국적인 옷을 입고 있다. 그녀는 친숙한 일상세계 밖으로 빠져

나가 낯선 세계 안으로 뛰어든 뒤, 그 세계의 낯섦을 친숙함으로 바꾼 소녀이다. 그녀는 일상세계의 도구적 의미 연관 이면에 감추어진 근원적 성스러움의 화신과도 같다. 그녀가 체화한 성스러움은 더 이상 일상세계의 일상성과 이질적이지 않다. 그녀를 통해 일상세계의 일상성 자체가 순연하게 성스러워졌기 때문이다.

하이데거와 파블로 피카소

파블로 피카소의 현존재-사물 회화와
하이데거의 홀로-있음/함께-있음 개념

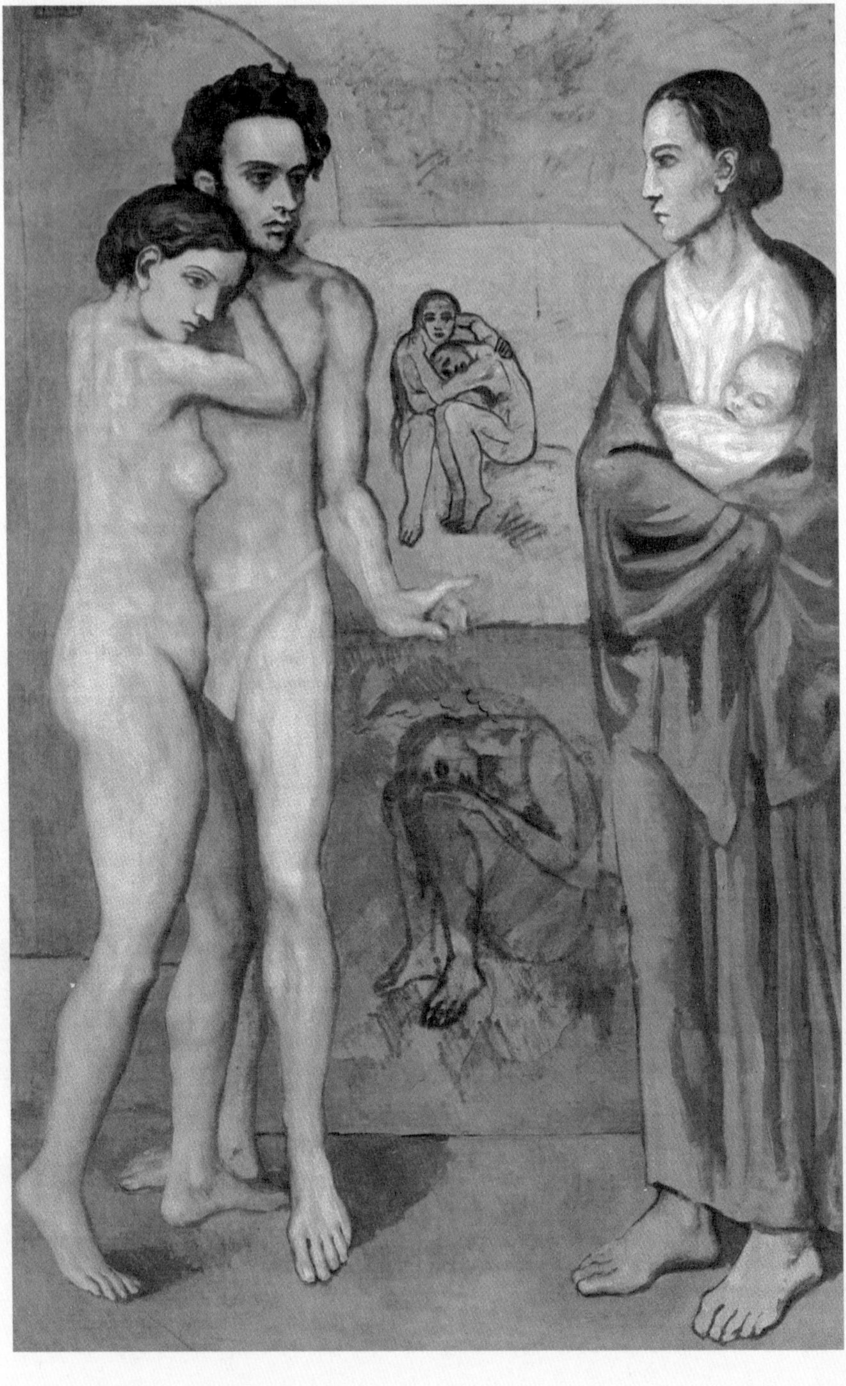

—

파블로 피카소, 〈인생〉, 1903, 클리블랜드 미술관

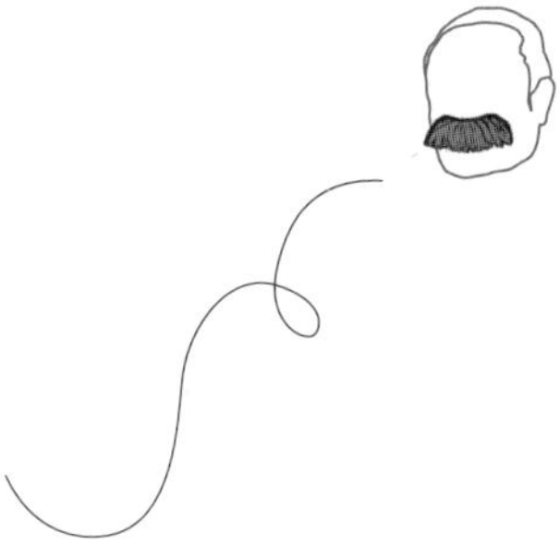

피카소는 20세기의 예술가들 중 가장 위대한 천재로 꼽힌다. 혹시 그의 입체파 회화 등을 보고 피카소에게 섬세한 표현력이 부족하다고 느낀 사람이 있다면, 알려진 피카소 작품 중 가장 일찍 만들어진 〈첫 영성체〉를 찾아보기 바란다. 피카소는 1896년에 사실주의적인 느낌의 이 그림을 그렸다. 1881년생인 피카소가 15세 때의 일이었다. 그처럼 어린 나이에 그렸으리라고는 도무지 상상조차 되지 않을 정도로 정교한 그림이다. 단순히 기교적으로만 훌륭할 뿐 아니라, 그 분위기 또한 매우 원숙하다.

당시 피카소는 자신이 이미 벨라스케스 같은 대가처럼 그릴 줄 안다고 생각했다. 다소 과장된 생각이기는 하지만, 피카소의 자부심은 터무니없는 것이 아니었다. 화가이자 미술학교 교수이기도 했던 피카소의 아버지는 자신이 그리다 만 비둘기 스케치를 아들이 이어서 그리는 것을 보고 아들의 능력이 이미 자신을 넘어섰다고 느꼈다. 그 때문에 그는 그림을 포기하겠노라 다짐하기도 했다.

피카소는 어릴 때에는 나이 든 대가처럼 그렸고, 성인이 되고 나서는 도리어 천진난만한 어린아이처럼 그렸다. 피카소가 미켈란젤로 부오나로티 같은 위대한 예술가의 반열에 올랐다는 것은 거의 의심의 여지가 없어 보인다. 아니, 어쩌면 그는 그 이전에도 없었고 이후에도 없을 가장 독창적인 천재일지도 모른다. 지금까지 피카소처럼 다양하게 변신한 예술가는 없었다. 그의 예술 정신은 한자리에 머무는 법이 없었다. 그는 끊임없이 새롭고 독창적인 시도를 감행했다. 그 때문에 그의 예술을 한마디로 정의하기는 거의 불가능에 가깝다.

피카소는 무척이나 긴 세례명을 지녔다. 'Pablo Diego José Francisco de Paula Juan Nepomuceno María de los Remedios Cipriano de la Santísima Trinidad Ruiz y Picasso'가 그것이다. 그 긴 세례명만큼이나 그의 예술세계를 수식할 말도 다양하다. 사실주의, 청색시대, 장미시대, 분석적 입체주의, 종합적 입체주의, 신사실주의, 초현실주의 등등. 그러나 하이데거의 존재론적 관점에서 보면, 피카소 예술의 전 과정을 일관하는 공통된 특성이 아주 없는 것은 아니다. 그것은 아마 현존재-사물 회화 내지 현존재-사물 예술이라는 말로 표현될 수 있을 것이다.

1927년 자신의 주저 『존재와 시간』을 출판한 뒤 하이데거의 사상은 큰 변화를 겪게 된다. 보통 '전회'라는 말로 지칭되는 이 변화 이후 하이데거의 저술에서 발견되는 가장 두드러진 특징 중 하나는 예술과 시에 대한 존재론적 언명들이 나타나기 시작했다는 점이다. 예술에 관한 하이데거의 존재론적 언명들에서 가장 중추적인 역할을 담당하는 개념은 사물 및 사물성이다.

하이데거의 주장에 따르면, 도구와 예술 작품에는 한 가지 공통된 특징이 있다. 그것은 도구의 도구성이나 예술 작품의 작품성으로 환원될 수 없는 사물성이다. 도구처럼 예술 작품 역시 기본적으로 인간들의 세계에 속한다. 그러나 사물의 사물성은 도구나 예술 작품의 존재가 단순히 인간들의 세계에 귀속된 존재와 같은 것으로 이해될 수 없음을 알린다. 마치 인간들의 세계가 대지 위에 세워진 것으로서 대지를 그 존립 근거로 삼고 있는 것처럼, 도구와 예술 작품은 사물의 사물성을 그 존립 근거로 삼고 있다. 예술 작품의 사물성은 모든 인간적인 것을 초월하는 존재의 근원성을 지시하는 개념인 것이다.

사물의 사물성은 우리에게 어떻게 알려지는 것일까? 물론 감각적으로 알려진다. 보고 듣고 만지지 않으면, 사물의 존재도, 사물이 가지고 있는 이런저런 사물성도 우리에게 알려질 수 없다. 그렇다면 우리의 감각에는, 하나의 존재자 현상이 지니고 있는 도구성 및 작품성의 발견뿐 아니라, 도구로도 작품으로도 환원될 수 없는 그 무엇의 발견을 가능하게 하는 것이 함축되어 있는 셈이다.

우리의 감각에 함축되어 있는 이 가능성, 모든 인간적인 것을 초월하는 존재의 근원성을 발견할 가능성은 존재론적으로 무엇을 뜻할까? 그것은 하이데거가 현존재라는 말로 부르는 우리 인간들의 존재가 그 자체로 모든 인간적인 것을 초월하는 존재의 근원성의 표현이라는 것이다.

이러한 말은 매우 이상하게 들리기 쉽다. 어떻게 인간의 존재가 모든 인간적인 것을 초월하는 존재의 근원성의 표현일 수 있을까? 개가 단순한 개가 아니라 개 이상의 존재라는 식의 불합리한 주장을 어떻게 철학적으로 정당화할 수 있을까? 그런데 존재론은 이러한 물음에 응답해야 할 어떤 이유도 지니고 있지 않다. 존재론적으로 보면, 실제로 개는 개 이상의 존재이다. 개라는 말에는 이미 어떤 인간적인 이해의 방식이 담겨 있기 때문이다.

우리는 개에 대해 '개는 반려동물이다', '개는 사나울 수도 있고 매우 유순할 수도 있는 동물이다'라는 식의 생각을 한다. 다 맞는 말이다. 그러나 개는 그저 개로 태어났을 뿐이다. 개를 인간을 위한 반려동물로 규정하는 것은 지극히 인간 중심적인 사고방식의 표현에 지나지 않는다. 개는 사나운가? 하지만 개의 사나움 역시 그것을 위협적이거나 어떤 든든함 같은 것으로 받아들이는 인간적인 이해방식과 무관하지 않다. 개는 유순한가? 개의 유순함 역시 그것을 자신을 위한 친근함으로 받아들이는 인간적인 이해방식의 표현일 뿐이다.

다른 모든 존재자와 마찬가지로, 개 역시 하나의 존재자로서 모든 인간적인 이해의 한계를 근원적으로 초월해 있다. 개를 개라고 부르면서, 우리는 존재자의 근원적 초월성을 사상해 버리고 개가 지극히 인간적인 그 무엇이 되게끔 몰아세우고 있을 뿐이다.

그런데 이 몰아세움의 논리는 인간의 자기인식에도 마찬가지로 통한다. 우리는 우리 자신을 인간이라고 부른다. 그러나 인간이란 우리가 그 안에서 삶을 영위하는 일상세계의 한계 안으로 우리 자신의 존재를 가두어 두려는 경향으로부터 자유로울 수 없다. 인간이라는 말의 의미를 우리는 일상세계에서 일상적인 방식으로 삶을 살아가는 가운데 배우는 것이다. 하지만 다른 모든 존재자와 마찬가지로, 인간 역시 하나의 존재자로서 모든 인간적인 이해의 한계를 근원적으로 초월해 있다. 바로 그렇기에, 우리는 살면서 만나는 모든 것에서 도구의 도구성이나 작품의 작품성으로 한정할 수 없는 존재 자체의 근원적 초월성을 발견하게 된다. 우리 자신이 근원적으로 초월적인 존재자이기 때문이다.

피카소의 그림 속에는 거의 언제나 사람이 나온다. 피카소는 사람이 없는 풍경화나 정물화는 거의 그리지 않았다. 즉 피카소 예술의 중심은 사람인 것이다. 그런데 어떤 사람인가? 이상하게 들릴지 모르겠지만 피카소의 그림 속 사람은 언제나 사람 아닌 사람이다. 달리 말해 피카소가 관심을 가졌던 것은 단순한 인간이 아니라 탈-인간으로서의 인간이다.

사람들이 흔히 생각하는 어떤 인간적인 감정이나 도덕, 사상 등은 피카소가 그려 내는 인간과 무관하다. 피카소가 그려 낸 사람 형상은 모두 인간적인 것의 한계를 초월하는 존재의 근원성의 개별화된 표현이다. 그렇다고 피카소가 무언가 비범하고 특별한 인간을 골라서 그렸다고 여길 필요는 없다. 아마 피카소에게는 사람이란 누구나 인간이면서 동시에 인간적인 것의 한계를 초월하는 역설적인 존재자였을 것이다.

피카소의 예술 작품들 중 정서적인 느낌을 가장 강하게 풍기는 것은 청색시대와 장미시대의 작품들이다. 흔히 청색시대의 작품들은 우울과 절망을, 장미시대의 작품들은 삶을 향한 따스한 애정과 긍정을 표현한다는 식으로 평가된다. 아마 청색시대의 작품들을 일관하는 청색 및 청록색과 장미시대를 일관하는 주황색 및 분홍색의 상징적 의미는 분명 그렇게 평가될 수 있을 것이다. 특히 청색시대와 장미시대가 각각 피카소의 특별한 개인적 경험과 더불어 시작되었다는 것을 고려해 보면 더욱 그런 느낌이 든다.

청색시대는 1901년에서 1904년까지의 기간이다. 그 시발점은 피카소가 몹시 사랑하던 친구의 죽음이었다. 카를로스 카사게마스는 1900년 피카소와 함께 스페인을 떠나 파리로 간 친구였다. 그다음 해 그는 제르멘 가르가요라는 거리의 여인에게 실연을 당한 뒤 자살해 버렸다. 자신의 머리를 권총으로 쏴 버린 것이다. 피카소는 큰 충격을 받았고, 그 이후 4년 동안 자신의 그림을 거의 청색이나 청록색으로 뒤덮어 버리듯 그렸다. 그러니 이 시기의 청색은 분명 우울과 절망을 상징할 것이다.

장미시대는 1904년에서 1906년까지의 기간이다. 장미시대가 시작

파블로 피카소, 〈기타 치는 눈먼 노인〉, 1903, 시카고 현대미술관

되었을 때, 피카소는 매우 가난했다. 몽마르트 예술가들의 빈민굴이나 마찬가지였던 소위 바토 라부아르(세탁선)에서 살기 시작한 것도 바로 1904년부터였다. 하지만 바로 이 시기 피카소는 보헤미아의 예술가인 페르낭 올리비에라는 여자와 만나 연인이 되었다. 1905년에는 미국의 예술 수집가 레오 스타인과 거트루드 스타인의 총애를 받기 시작했다. 예술가로서 큰 성공을 거둘 희망이 자라나기 시작한 것이다. 장미시대는 피카소에게 분명 행복한 시대였다. 그러니 친구의 자살로 인해 삶을 우울과 절망의 관점에서 바라보던 시기의 청색, 청록색과 달리 장미시대의 주황색, 분홍색이 삶을 향한 따스한 애정과 긍정을 상징한다고 보아도 좋을 것이다.

그러나 색깔과 분위기에 현혹되지 말고 이 두 시기 동안 피카소가 그린 인물들의 표정을 찬찬히 살펴보라. 그러면 청색시대에서나 장미시대에서나 피카소의 작품 속 인물들은 한결같이 거의 무표정하다는 사실을 발견하게 될 것이다. 다만 청색시대의 작품 속 인물들의 표정이 때로 약간 고독하거나 불안해 보이는 경우도 있기는 하다. 그러나 정말 약간만 그럴 뿐이다. 청색이 주는 절망의 분위기를 걷어 내면, 거의 느낄 수 없을 정도로만 고독하고 불안해 보일 뿐, 기본적으로는 무표정하다.

아마 청색시대 작품 중 가장 우울하고 절망적인 느낌을 풍기는 것은 바로 〈기타 치는 눈먼 노인〉일 것이다. 이 그림은 심지어 피카소가 자살한 친구 카사게마스를 그린 작품들 중 가장 음울한 느낌의 〈인생〉보다도 더 우울해 보인다. 그러나 단언하건대, 기타 치는 눈먼 노인의 표정 역시 기본적으로는 그저 무표정할 뿐이다. 다만 그의 눈먼 얼굴이, 백발이, 피카소가 경탄스러워했던 엘 그레코의 회화 속 인물처럼 창백하고 길쭉하며 뒤틀린 듯한 몸과 사지 등이, 그를 보는 감상자들의 마음속에 우울과 애상을 심어 놓을 뿐이다.

피카소의 청색시대 그림들은 절망과 우울을 표현하지만, 장미시대의 그림은 행복과 삶을 향한 긍정적인 태도를 표현한다는 식의 주장은 피카소 미술의 핵심을 완전히 비껴가고 있다. 절망, 우울, 행복 등 인간의 감정 같은 것은 피카소 미술에서 단 한 번도 중요했던 적이 없다. 피카소가 진정으로 관심을 기울였던 것은 이런저런 감정을 통해 드러나는 모든 인간적인 것의 너울을 들쳐 낸 뒤, 그 이면에 감추어진 어떤 탈-인간적인 삶과 존재의 진실을 직시하는 것이었다. 말하자면 피카소의 그림 속 인간들은 모두 현존재-사물인 셈이다.

하이데거 철학의 현존재 개념은 결국 인간을 가리킨다. 일상적인 자기로서의 현존재는 인간적인 것의 한계 안에 머물고 있다. 감정이란 대개 우리 존재의 일상성의 표현이다. 시험을 잘 보면 기쁘고, 승진할 때도 기쁘며, 새로 누군가를 사랑하는 것도 기쁘다. 물론 반대로 시험을 망치면 슬프고, 기대와 달리 승진하지 못해도 슬프며, 실연당하는 것도 슬프다.

하이데거에 따르면, 자신의 죽음을 미리 앞질러 달려가 보는 인간 현존재의 근본 기조는 바로 불안이다. 그러나 불안을 느끼는 현존재 자신은 아직 일상적 존재자로 남아 있을 뿐이다. 죽음의 선구성을 통해 자신의 존재가 일상세계와 근원적으로 무연관적이라는 것을 자각하면서도, 우리는 여전히 일상적 자기를 자기-아님으로서 확고하게 부정하지 못한다. 그렇지 않다면 왜 내게서 끝없이 불안이 일어나겠는가? 요컨대, 감정이란 대개 자신의 일상성의 표현일 뿐이다.

아마 피카소의 첫 번째 그림인 〈첫 영성체〉에서 느낄 수 있는 어떤 종교적 경건함만이 유일무이한 예외일 것이다. 슐라이어마허의 『종교론』에 따르면 종교의 본질은 무한한 우주에 대한 직관과 감정이다. 자신의 삶과 존재를 무한한 우주의 개별화된 서술과 표현으로 이해하도록 하는 것, 그럼으로써 자신의 삶과 존재가 모든 인간적인 것의 한계를 근원적으로 넘어서는 것임을 각성하도록 하는 것— 이것이 슐라이어마허가 생각한 종교적 감정의 의의이다.

하이데거는 1915년 둔스 스코투스의 범주론과 의미론에 대한 교수자격논문을 발표한 뒤, 프라이브루크로 가서 후설과 개인적으로 교유하기 시작한다. 초기 프라이부르크 시절 하이데거는 열정적으로 신학사상을 연구했다. 그 중심에는 슐라이어마허의 『종교론』이 있었다. 바로 그 때문에 몇몇 저명한 하이데거 연구자들은 하이데거 철학의 해석학적 전환을 가능하게 한 것은 바로 슐라이어마허라고 지적한다.

하이데거에게 중요했던 것은 슐라이어마허의 종교 개념이 학문과 도덕을 포함해 모든 인간적인 것의 한계를 초월하는 인간 현존재의 존재의 근원성을 가리킨다는 점이었다. 슐라이어마허의 종교적 감정 개념이 하이데거의 존재론적 불안 개념 형성에 결정적인 영향을 끼쳤다는 것이다. 그러나 하이데거의 불안 개념이 종교적 감정 개념과 같은 것이라고 여겨서는 안 된다.

종교적 감정에 사로잡힌 자는, 자신의 삶과 존재를 무한한 우주의 개별화된 서술과 표현으로 각성한 자는 이미 모든 인간적인 것의 한계를 초월하는 자기 존재의 근원성에 잇닿아 있는 존재자이다. 그러나 존재론적 불안 속의 현존재는 아직 일상세계 안에 머물고 있을 뿐이다. 그것은 결단에의 촉구이지 결단 자체는 아니며, 자기 존재의 근원성을 향해 나아가야 함에 대한 은밀한 암시이지 아직 나아감 자체는 아니다.

하이데거가 '전회' 이후 논하기 시작한 예술과 시가 하이데거의 존재론을 위해 매우 각별할 수밖에 없는 이유가 바로 여기에 있다. 예술과 시의 세계 안으로 몰입해 가며, 인간 현존재는 자기 존재의 근원적 가능성을 부지불식간에 실현한다. 불안 속의 현존재가 이루지 못하는 것을 예술과 시의 세계 안으로 몰입해 가는 현존재는 자기도 모르는 사이에 이루게 되는 것이다.

이러한 현존재, 예술과 시의 세계 안으로 몰입해 가면서 자기 존재의 근원적 가능성을 실현해 나가는 현존재는, 대체 무엇을 발견하는가? 그것은 도구와 예술 작품을 포함해 모든 인간적인 것의 이면에 감추어져 있는 사물 및 사물성이다. 이러한 의미의 사물성은 객관적 물체의 사물성 같은 것이 아니라 존재의 근원적 성스러움 그 자체이다. 오직 그 사물성에 근거해서만 인간적인 삶의 근본 조건인 도구와 작품이 존립할 수 있기 때문이다. 세계의 존립을 가능하게 하는 대지가 성스러운 것이듯이, 사물 및 사물성은 세계에 속한 모든 개별적인 도구들 및 작품들의 근원적 존립 근거로서 성스럽다.

피카소는 종교적이었는가? 그의 생애를 살펴보건대, 별로 그랬던 것 같지는 않다. 그러나 하이데거가 예술 작품의 존재론적 의의를 해명하면서 사물 및 사물성 개념에 주목했듯이, 피카소 역시 사물 및 사물성을 예술적으로 표현할 가능성을 끝없이 모색했다는 점은 부정하기 어렵다. 물론 피카소가 그린 것은 인간이었다. 그러나 그 인간은 일상적 존재자로서의 현존재가 아니라 현존재-사물이다. 피카소는 인간의 삶과 존재에서 단순히 일상적인 어떤 것을 발견하는 데 만족하지 않고 그 초월적 근거를 향해 나아가려 했던 것이다.

피카소는 자신의 현존재-사물을 성스러움이라는 말로 표현하는 것에 동의할까? 성스러움이 전통적인 종교의 이런저런 교의에 잇닿아 있는 말이라고 여기면, 그는 분명 거부할 것이다. 어쩌면 존재론적으로 성스러움이란 전통적 종교의 교의와 무관한 말이라고 설명해도 거부할지도 모른다. 그러나 그런 것은 아무래도 상관없다. 중요한 것은 피카소의 현존재-사물이 무엇을 드러내는가 하는 문제이다. 하이데거가 성스러움이라는 말로 모든 인간적인 것의 존립 근거이자 바로 그러한 것으로서 모든 인간적인 것의 한계를 근원적으로 초월하는 존재 자체를 가리켰듯이, 피카소의 현존재-사물 역시 그러한 것을 가리키고 있다.

장미시대의 피카소는 몽마르트에서 살았다. 이 시기 피카소의 그림 속에는 광대나 곡예사가 곧잘 등장한다. 피카소가 살았던 소위 세탁선 인근에는 광대나 곡예사 일을 하며 사는 사람들이 많았다. 그들은 당시의 피카소처럼 몹시 가난한 사람들이었다. 피카소는 왜 가난한 광대나 곡예사를 그림의 소재로 삼았을까?

흔히 생각할 수 있는 대답은 '가난한 사람들의 삶을 피카소가 애정과 긍정의 마음으로 보았기 때문에', '가난한 사람들을 연민했기 때문에' 등등이다. 아마 이런 대답은 다 맞을 것이다. 동병상련이라고 하지 않던가. 자기도 가난한 처지라면 주위의 가난한 사람들을 연민하는 마음이 생기는 것은 자연스러운 일이다.

피카소가 가난한 사람들의 삶을 애정과 긍정의 마음으로 보았다는 것 역시 매우 자연스럽다. 당시의 피카소에게 가난 때문에 사람을 멸시하는 마음을 지니는 것은 자기비하나 마찬가지였을 테니 말이다. 그러나 피카소가 장미시대에 남긴 작품들 자체는 이런 감상적인 추측과 아무 상관이 없다. 피카소의 그림 속 인간들은 언제나 거의 무표정한 얼굴이다. 청색시대에도 그랬고, 장미시대에도 그랬으며, 입체파 시기나 초현실주의 시기에도 그랬다.

광대나 곡예사의 공연을 보는 일은 대개 즐겁다. 하지만 공연하지 않을 때의 무표정한 광대나 곡예사를 보는 일은 어딘지 모르게 애처롭다. 결국 그들은 웃음거리가 되기 위해 존재하는 셈이다. 유명하거나 돈이라도 많이 벌면 선망의 대상이 될 수도 있겠지만, 가난하기 짝이 없는 광대나 곡예사로 사는 일은 결코 유쾌할 수만은 없다. 아마 그 때문일 것이다. 장미시대의 피카소를 좀 알고 나면 광대와 곡예사가 등장하는 피카소의 작품을 보며 다소간 감상적이게 되기 쉽다.

피카소에게 광대와 곡예사는 유쾌한 존재였는가, 아니면 애처롭고 서글픈 존재였는가? 만약 피카소가 광대와 곡예사를 유쾌하게, 혹은 반대로 애처롭고 서글프게, 묘사했더라면, 실제로 피카소의 그림은 삶을 향한 따뜻한 긍정의 정신을 반영한다고 볼 수 있을 것이다.

타인의 삶을 유쾌하게 느끼는 것이 삶에 대한 긍정의 정신으로 이어진다는 것은 당연하다. 그러나 타인의 삶을 애처롭고 서글픈 것으로 발견하는 자의 정신 역시 기본적으로 삶에 대한 긍정의 정신이다. 삶을 긍정하지 못하는 자는 타인의 삶을 연민의 마음으로 바라볼 수 없다. 연민이란 연민의 대상인 자의 삶이 긍정할 만한 것이 되면 좋겠다는 소망의 표현이기 때문이다.

피카소는 광대와 곡예사를 유쾌하게 묘사하지 않았다. 그렇다고 애처롭고 서글프게 묘사한 것도 아니었다. 의심이 나면 〈어머니와 아이〉, 〈파이프를 든 소년〉 등 피카소가 같은 시기에 그린 그림들 속 인물들의 표정을 살펴보라. 그들의 표정은 광대와 곡예사의 표정과 조금도 다르지 않다. 모두가 그저 무표정할 뿐이다. 청색시대 및 장미시대의 피카소 작품들을 볼 때 사람들이 흔히 저지르는 잘못은 그림을 보며 자신이 느낀 감상을 그림을 그릴 때의 피카소가 표현의 대상으로 삼았던 것과 혼동하는 일이다.

청색시대의 대표작 중 하나인 〈기타 치는 눈먼 노인〉을 보며 애상을 느끼기는 쉽다. 아마 피카소 역시 실제 모델을 보며 그렸을 것이다. 어찌 안 그럴 수 있겠는가. 냉혈한이 아닌 다음에야 완전히 늙고 쇠약한 데다가 눈까지 먼 사람이 힘없이 기타를 치는 모습을 보며 마음이 흔들리지 않을 도리는 없다. 그러나 피카소가 그려 내고자 했던 것은 결코 감정이 아니었다. 그는 다만 감정 너머에 가려진 현존재-사물을 표현하고자 했을 뿐이다.

피카소가 장미시대에 남긴 광대와 곡예사 그림에 대해서도 마찬가지 이야기를 할 수 있다. 긍정적인 것이든 부정적인 것이든, 피카소의 관심사는 결코 감정의 표현이 아니었다. 모든 인간적인 것의 한계를 초월하는 어떤 근원적인 삶과 존재의 진실을 포착해 내는 것— 피카소의 유일무이한 관심사는 바로 이것이었다.

피카소가 1905년에 그린 〈파이프를 든 소년〉은 2004년에 뉴욕 소더비 경매에서 1억 4백만 달러에 팔린 작품이다. 한동안 미술사상 가장 값비싼 작품으로 통했던 이 그림에 대해 평론가들은 대개 피카소의 미술이 청색시대의 어두운 분위기에서 벗어나 밝고 경쾌해지기 시작했음을 알리는 일종의 전환점이라는 식으로 설명한다. 그러나 찬찬히 그림을 살펴보라. 미술책을 읽으며 갖게 된 선입견이 없다면, 이 그림에서 밝고 경쾌한 분위기를 감지해 내기란 쉽지 않다.

파블로 피카소, 〈파이프를 든 소년〉, 1905, 개인소장

피카소의 다른 그림에서처럼, 소년의 표정은 무표정하고, 신체는 엘 그레코의 영향을 받은 듯 어딘지 경직되고 다소 비틀린 듯한 느낌이다. 두 눈이 짙은 그늘에 거의 가려져 있다시피 해서 소년의 얼굴은 밝기는커녕 오히려 무뚝뚝하고 고독해 보인다. 소년은 머리에 화관을 두르고 있고, 등 뒤의 꽃 그림이 마치 날개처럼 펼쳐져 있다. 인상주의의 영향을 받은 듯 그림은 대체로 평면적이다. 그 때문에 벽화라고 추정되는 꽃 그림이 소년의 등 뒤에 달린 실제 날개처럼 보이기도 한다. 공간적 깊이의 부재가 착시 현상을 초래하는 것이다.

소년은 왜 머리에 화관을 두르고 있는가? 소년의 등 뒤에 날개처럼 펼쳐진 꽃 그림은 대체 무엇을 암시하는가? 파이프를 든 소년의 왼손이 꽤나 어색하다. 어깨에서 팔꿈치까지는 거의 수직으로 내리뻗어 있다. 하지만 팔을 이상할 정도로 꽉 접고 있는 자세라 팔꿈치에서 파이프가 들린 손까지는 급한 경사로 위를 향해 있다. 소년의 팔은 전체적으로 약간 좁고 왼쪽으로 기울어진 V자처럼 보인다.

혹시 피카소는 이 그림을 그리며 엘 그레코의 〈옷이 벗겨지는 그리스도〉를 염두에 두지 않았을까? 물론 피카소 그림 속의 소년과 엘 그레코 그림 속의 그리스도는 여러모로 다르다. 소년은 왼팔을 접고 있지만 그리스도는 오른팔을 접고 있다. 소년은 정면을 응시하고 있지만 그리스도의 시선은 하늘을 향하고 있다. 소년은 머리에 화관을 두르고 있지만 그리스도는 아직 십자가에 달리기 전이라 머리에 가시면류관이 씌워져 있지 않다. 게다가 소년에게 돋아난 날개는 그리스도와 아무 상관도 없다. 날개란 기독교에서 천사나 악마의 표지 아니던

가. 성부와 성령과 성자는 삼위일체를 이루고 있기에 성자인 그리스도는 천사나 악마보다 고귀하고 성스러운 존재이다. 그리스도에게 날개 따위는 필요하지 않은 것이다.

하지만 이렇게도 생각해 보자. 피카소의 회상에 따르면 소년은 피카소의 거주처였던 세탁선 인근에서 살았다. 소년은 종종 피카소의 작업실로 왔다. 때로는 하루종일 머물렀다. 소년은 피카소가 작업하는 것을 지켜보기를 좋아했다. 그렇다면 소년은 피카소가 장미시대에 그렸던 광대나 곡예사처럼 매우 가난했을 것이다. 예수가 겪은 십자가의 고난과 비교할 바는 아니겠지만, 아무튼 가난한 소년은 예수와 마찬가지로 고난받는 삶의 표지이다.

예수가 십자가에 달림은 하나님의 뜻에 따른 것이었고, 따라서 그 머리에 가시면류관이 씌워지는 것 역시 피할 수 없는 예수의 운명에 속했다. 그러나 모든 고난받는 자가 예수처럼 되어서는 안 된다. 지금 가난으로 인해 고난받는 소년의 머리 위에는 가시면류관이 아니라 화관이 씌워져야 한다. 그는 세상 사람들의 편견과 증오에 속박된 채 십자가에 달리기 전에 자유롭게 훨훨 날아야 한다. 그러니 소년의 어깨에는 날개가 돋아 있어야 한다.

소년의 머리에 씌워진 화관과 어깨에 돋은 꽃 날개는 일종의 상징이다. 그러나 그 상징은 아무 구체적인 것도 가리키고 있지 않다. 모든 인간적인 것, 일상적 인간의 삶과 존재의 반영으로서의 세계에 속한 모든 것을 무한히 초월하는 어떤 근원 존재의 상징이기 때문이다. 소년은 남자인가? 그렇다면 그의 머리에 왜 화관이 둘러져 있는가?

소년은 말 그대로 소년인가? 그렇다면 왜 그의 손에는 파이프가 들려 있으며, 그 얼굴은 천진난만해 보이기는커녕 무뚝뚝하고 고독해 보이는가? 소년은 정말 고독한가? 아마도.

그러나 그림을 보며 우리가 느끼는 고독은 소년의 고독이 아니다. 그것은 다만 삶과 존재의 근원에 잇닿아 있는 자에게서 필연적으로 풍겨 나오는 어떤 적막감을 견딜 수 없는 우리의 한계를 드러낼 뿐이다. 소년이 아니라, 소년처럼 날개 돋은 자가 될 수 없는 우리 자신이 소년을 고독한 존재로, 그 때문에 그처럼 되기를 감행해서는 안 되는 기이한 존재로, 발견하는 것이다.

그리스도는 샤를 보들레르의 시 「알바트로스」의 주인공과도 같다. 그는 알바트로스처럼 모든 인간적인 것의 한계를 초월해 드높은 창공을 자유로이 노닐 존재였지만, 인간을 향한 지극한 사랑 때문에 스스로 자신의 몰락을 선택했다. 일부러 일과 이윤의 논리가 지배하는 일상세계 안으로 추락해 버린 것이다. 그 대가는 물론 참혹했다. 일과 이윤의 논리에 의해 지배당한 인간의 정신은 알바트로스의 자유의 의미를 이해할 수 없는 것이다.

모든 인간적인 것, 일상적 삶에 집착하는 비본래적 정신이 당연한 것으로 전제하는 모든 도덕적인 것, 노동을 노동 자체로서 신성시하고 절대시하는 간교한 이윤 추구의 정신에 속한 모든 것을 초월한 정신보다 대다수 인간에게 모욕적인 것은 있을 수 없다. 자신의 역량을 최대한 발휘해서 드높은 창공 위로 솟구쳐 오르는 자유에의 감행은 일상적 존재자에게는 거의 허용되지 않는 일인 것이다.

그러니 감정에 사로잡힌 자는, 그 누군가를 향한 연민에 시달리는 자는, 사랑으로 인해 세상과의 인연을 떨쳐 낼 수 없는 자는, 결국 자신의 십자가를 짊어지게 되어 있다. 그리스도의 십자가는 자유와 사랑을 양립시키기 위해 애쓰는 정신을 위해 마련된 것이다. 그것은 자유를 추구하면서도 일상세계에 속박된 다수의 인간들을 향한 연민을 떨쳐 내지 못하는 창조적 소수의 운명을 상징하는 것이다.

어쩌면 피카소는 15세의 나이로 〈첫 영성체〉를 그리며, 그리고 그가 경탄해 마지않았던 엘 그레코의 종교화를 공부하며, 깊은 경건함에 사로잡혔는지도 모른다. 모든 진실한 경건함은 결국 삶을 위한 것이고, 자유를 위한 것이며, 모든 고난받는 삶을 향한 구원에의 의지의 참되고도 유일무이한 기원이다.

경건한 정신에 의해 일상세계라는 이름의 배 위로 추락한 알바트로스는, 인간을 향한 연민을 떨쳐 내지 못한 채 스스로 자신의 십자가를 짊어진 그리스도는, 단호히 거부되어야 한다. 알바트로스는 다시 드높은 창공으로 돌아가야 하고, 그럼으로써 일상세계에 머물고 있고 또 머물 수밖에 없는 모든 인간들에게 스스로 진정한 구원의 표지가 되어야 한다.

이러한 생각은 반-그리스도적인가? 혹시 그리스도는 모든 인간이 자신을 본받아 각자 자신의 고유한 십자가를 짊어져야 한다고 생각할까? 그러나 그는 인간을 구원하기 위해, 인간에게 자유를 선물하기 위해, 십자가형을 감내하지 않았는가? 그렇다면 오히려 그리스도적 삶에 대한 단호한 거부야말로 인간을 향한 그리스도의 구원 사역의 완성이라고 보아야 한다. 인간을 위해 십자가에 달린 그리스도는 아무도 십자가에 달리기를 원하지 않는다. 뱃전에 추락한 알바트로스는, 십자가에 달린 그리스도는 하나면 족하다. 그 희생은 모든 이의 자유를 위한 것이었기 때문이다.

〈곡예사 가족〉은 피카소가 장미시대에 남긴 걸작 중 하나이다. 〈파이프를 든 소년〉과 마찬가지로 1905년에 그려진 작품이다. 삼대에 걸친 가족처럼 보이는 여섯 명의 인물이 등장한다. 그중 다섯은 분명 곡예사인 것 같다. 그러나 그림의 오른쪽 하단부에 앉은 채 함께 모인 가족을 외면하듯 반대 방향을 쳐다보고 있는 여자 역시 곡예사인지는 불분명하다.

이 그림은 대체로 우울과 고독감 등을 표현하는 작품으로 설명되어 왔다. 어떤 평론가들은 이 그림이 당시 몽마르트의 세탁선에서 매우 가난하게 살던 피카소와 주변 예술가들의 고립감을 표현한다는 식으로 해석한다. 언뜻 이러한 평가는 피카소의 장미시대가 삶을 향한 따뜻한 긍정의 정신을 반영한다는 통념과 맞지 않는 것처럼 보이기 쉽다. 그러나 그렇지 않다. 이미 밝힌 것처럼 연민과 슬픔은 그 자체로 그 누군가의 삶이 긍정할 만한 것이 되면 좋겠다는 소망의 표현인 것이다. 지금 고립감을 느끼고 슬픔에 잠긴 자는 삶을 긍정하려 애쓰는 자이다. 그의 일상을 지배하는 것은 삶을 향한 따뜻한 애정인 것이다.

파블로 피카소, 〈곡예사 가족〉, 1905, 워싱턴 D.C. 국립 미술관

아마 〈곡예사 가족〉에 대한 해석 가운데 가장 심오한 것은 프라하 출신의 시인 라이너 마리아 릴케의 해석일 것이다. 참고로 릴케가 태어났을 때 프라하는 오스트리아-헝가리 황실의 직할지였던 보헤미아의 수도였다. 한국에서는 많은 이들이 릴케가 독일 시인이라고 안다. 하지만 오스트리아 시인이라고 보아도 별 무리가 없을 것이다.

릴케는 1913년에 난해하기 짝이 없는 시집 『두이노의 비가』를 출판했다. 그중 다섯 번째 비가는 〈곡예사 가족〉을 보고 받은 영감에 의거해 쓰인 것이다. 이 시에서 릴케는 〈곡예사 가족〉을 한곳에 정주하지 못하고 끝없이 떠돌 수밖에 없는 자의 슬픔을 노래한 것으로 묘사한다. 릴케에 따르면, 곡예사들이 서 있는 사막처럼 황폐한 땅은 해진 양탄자이고, 이 불가해한 세상에 태어나서 죽을 때까지 어떤 미지의 의지에 의해 장난감처럼 내몰리며 살아온 자들의 궁극적 고독과 고립을 표현한다.

그런데 한 가지 의문이 생겨난다. 한곳에 정주할 수 없음은 왜 두렵고 슬픈 일인가? 일상세계의 어느 한곳에 머물지 않고 끝없이 떠도는 자의 삶은 왜 궁극적 고독과 고립에 의해 특징지어져야 하는가? 이러한 물음에 대한 해명의 단초를 우리는 바로 보들레르에게서 발견할 수 있다. 보들레르는 「알바트로스」에서 알바트로스를 '구름의 왕자인 시인'의 상징으로 제시한다. 보들레르의 또 다른 시 「이방인」을 떠올리면 알바트로스의 자유는 곧 시인의 자유이자 구름의 자유라는 것을 금방 이해할 수 있다. 그런데 구름의 자유란 대체 무엇을 뜻하는 말일까? 그것은 뜬구름처럼 표류하는 자의 자유이다. 그리고 그러한 것으로서 그것은 전통적 자유의 이념과 날카롭게 대립한다.

전통적으로 자유는 대체로 선택의 가능성의 관점에서 설명되어 왔다. 예컨대, 윤리학자들이 말하는 자유는 자율이다. 선과 악을 분별할 수 있을 뿐 아니라 악을 선택하는 것이 자신을 위해 유리할 때도 사욕에 휘둘리지 않고 언제나 이성적 의지를 발휘해서 선을 택하는 자가 참된 자유의지의 소유자라는 식이다. 그런데 자율이라는 이름의 자유는 소위 이성의 명령에 자발적으로 복종할 능력 외에 다른 아무것도 뜻하지 않는다. 그것은 아무 도덕관념에도 얽매이지 않고, 날 수 있는 자신의 능력을 최대한 발휘해서, 드높은 창공으로 날아오를 우리 인간들의 권리에 대해서는 아무것도 말해 주지 않는다.

이 말은 자율이라는 이름의 자유가 거짓 관념에 불과하다거나 자유의 보존과 증진에 해롭기만 하다는 뜻이 아니다. 그러나 자율이라는 이름의 자유는 궁극적으로 알바트로스의 자유를 확보하기 위한 것인 경우에만 정당할 수 있다. 모두가 아무 도덕관념에도 얽매이지 않고 최대한 높게 날아오를 수 있도록 보증해 줄 세상을 열어 내고자 하는 소망과 의지는 자율이라는 이름의 자유를 무한히 초월한다. 알바트로스의 자유가 자율이라는 이름의 자유를 참되고 정당한 것으로 만들어 줄 유일무이한 근거라는 뜻이다.

이제 다시 원래 물음으로 돌아가자. 한곳에 정주할 수 없음은 왜 두렵고 슬픈 일인가? 일상세계의 어느 한곳에 머물지 않고 끝없이 떠도는 자의 삶은 왜 궁극적 고독과 고립에 의해 특징지어져야 하는가?

릴케의 해석은 분명 정당하다. 보들레르가 그 생생한 증거이다. 보들레르야말로 소위 저주받은 시인의 원형적인 인물 아닌가! 아르튀르 랭보 같은 상징주의 시인들이 겪은 극단적 고립과 고독은 보들레르의 삶 속에서 이미 더욱더 강렬하고 생생하게 체현된 바 있지 않은가! 그러니 피카소의 〈곡예사 가족〉이 한곳에 정주할 수 없는 자의 삶을 표현하는 것이라면, 우리는 이 그림이 두렵고 슬픈 그림이라고, 우리가 두려워해야 할 궁극적 고독과 고립을 드러내는 그림이라고, 평가해야 할 것이다.

그런데 이런 평가를 내리는 자는 누구인가? 아직 알바트로스의 자유를 감행하지 못한 자이다. 존재론적으로 표현하자면, 비본래적인 자기, 일상적인 자기로 남은 그러한 현존재이다. 알바트로스로 존재하는 자에게는 구름처럼 한곳에 정주하지 못하고 표류하며 사는 것이 자유에 대한 최상의 표지이다.

아니, 대체 누가 구름의 왕자인 시인에게 "한곳에 정주하지 못한다"라고 말할 수 있을까? 그는 할 수만 있다면 훨훨 날아올라 기꺼이 구름처럼 여기저기 마음 내키는 대로 떠돌고 싶을 뿐이다. '정주하지 못함'이라는 말은 날지 못하는 자신의 궁색한 처지를 직시하지 못하고 정당화하려는 소심한 마음을 드러낼 뿐이다. 진정으로 알바트로스의 자유를 감행하기를 원하는 자는 '한곳에 정주함'을 날지 못함의 표지로 여기고 거부할 것이다.

「두이노의 비가 1」 – 라이너 마리아 릴케 (번역: 한상연)

나 울부짖어도 천사의 무리 중 대체 누가
귀 기울일까? 설령 한 천사가
갑작스레 날 가슴에 품어도 난 그의 강렬한
현존으로 인해 사라져 가리. 까닭은 아름다움이란
우리가 막 견뎌야 할 두려운 시초에 불과하기 때문이네.
우린 아름다움을 놀라워하네. 아름다움이란 우리의
파멸조차 초연히 무시하는 것이기에.

천사는 모두 무섭구나.

그래서 난 자신을 억누르며 우울히
흐느끼고 싶은 충동을 삼켜 버리네. 아! 그렇다면 우린
대체 누구를 의지할 수 있을까? 천사들도 아니고 인간들도 아니라네.
명민한 짐승들은 이미 알아차리느니,
우린 해석된 세계에서 그리
편하게 안주할 수 없네. 아마 우리에겐 어느
나무 하나 산비탈에 남아 있겠지, 매일 다시
볼 수 있도록. 우리에겐 어제의 거리와, 우리 곁에

침전해 버린 습관에 대한
뒤틀린 믿음이 남으려니, 그건 그렇게 남아 사라지지 않으리.

오! 밤, 그리고 밤, 우주에 가득 찬 바람이
우리의 얼굴을 때릴 때, 누구에겐들 밤이 남지 않으리, 그리워하던 밤,
부드러이 기만하며, 홀로 있는 가슴에
힘겹게 다그쳐 온 밤? 연인들에게는 밤이 더 수월할까?
아, 그들은 그저 자신들의 운명을 서로 가릴 뿐이네.

그대 아직도 모르는가? 우리 숨 쉬는 공간에
공허를 뿌리쳐 던지라. 어쩌면 새들이 더욱
친숙히 날며 넓어진 대기를 느끼리니.

…

『두이노의 비가』의 첫번째 비가는 이 시집이 일상적 현존재의 관점에서 출발한다는 것을 알려 준다. 천사는 인간적인 것의 한계를 무한히 초월하는 근원적 존재의 이름이고, 바로 그 때문에 천사의 아름다움은 일상적 현존재인 우리에게 무섭다. 그 아름다움을 직시하려면, 그 아름다움의 의미를 올바로 이해하려면, 그 아름다움을 향해 나아

가려면, 우리의 일상세계는, 우리의 일상적 현존은 파괴되어야 한다. 『두이노의 비가』라는 제목은 이 시집이 자신의 일상적 현존이 천사의 아름다움으로 인해 파괴될 것임을 예감하고 두려워 떨며 비통해하는 자의 시선에서 쓰인 시들의 모음이라는 것을 알린다.

하지만 릴케 자신이 일상세계의 한계 안에 머물고 있는 범속한 정신의 소유자에 불과했다는 식으로 오해해서는 곤란하다. 릴케가 독자를 향해 묻지 않는가?

> '그대 아직도 모르는가?'

릴케는 다만 일상적 삶을 향한 집착으로부터 벗어나지 못하는 대다수 인간들에게 말을 걸기 위해 스스로 두려워 떨며 비통해하는 자의 관점을 취했을 뿐이다. 그 때문에 시인은 비가를 노래하다 말고 불현듯 독자에게 권유한다.

> '우리 숨 쉬는 공간에 공허를 뿌리쳐 던지라. 어쩌면 새들이 더욱 친숙히 날며 넓어진 대기를 느끼리니.'

릴케는 〈곡예사 가족〉을 정주하지 못하는 자의 슬픔을 노래한 것으로 설명한다. 그러나 그것은 결코 릴케의 최종적인 해석이 아니다. 아직 일상세계에의 집착으로부터 온전히 벗어나지 못한 자에게 천사의 아름다움을 예감함은 두렵고 슬픈 일이다. 여전히 일상세계 안에서 정주하고 싶기 때문이다.

일상적이지 않은 모든 아름다움은, 아름다움이란 언제나 긍정적이고도 최종적인 감각의 이름임에도 불구하고, 낯설고 두려운 예감에 시달리게 한다. 그 때문에 일상세계 안에 머물기를 원하면서 동시에 곧잘 일상적이지 않은 아름다움을 발견하고 놀라워하는 자는 세상이 불가해하다고 느끼게 된다. 친숙하게 이해된 일상세계의 안정을 뒤흔드는 미적 체험이 끝없이 반복되기 때문이다.

그는 자신이 줄곧 어떤 미지의 의지에 의해 장난감처럼 내몰리며 살아왔노라고 생각한다. 때로는 일상적인 것이 그를 이끌고, 때로는 비일상적인 아름다움이 그를 이끈다. 어떤 이끎도 편치 않다. 일상적인 것에 의해 이끌릴 때조차 비일상적인 아름다움이 기어이 자신을 되찾을 것이라는 예감을 지울 수 없다. 아름다움이란 자신에게서 일어난 어떤 신비로운 변화로서의 감각, 자신이 아닌 그 어떤 것을 향해 기어이 나아갈 것을 청유하는 동경과 소망의 운동이기 때문이다.

왜 릴케는 독자에게 공허를 뿌리쳐 던지라고 권유하는가? 비일상적인 아름다움을 향한 동경과 소망을 지닌 자는, 설령 어린아이처럼 맹목적으로 일상세계에 집착한다고 하더라도, 자신의 일상적 현존을 공허하고 무의미한 것으로 느낄 수밖에 없기 때문이다. 그 때문에 공허를 뿌리쳐 던지라는 릴케의 권유는 모든 인간적인 것의 한계를, 일상세계가 우리에게 끝없이 암시하는 인간적 삶의 한계를, 무한히 초월하라는 권유일 수밖에 없다.

오직 이러한 초월을 통해서만 우리는 새들의 낢을 친숙하게 느낄

파블로 피카소, 〈아비뇽의 처녀들〉, 1907, 뉴욕 현대미술관(MoMA)

수 있다. 새들의 낢이 친숙해지면, 우리는 자신의 삶을 한곳에 정주하지 못하고 표류하는 것으로 여기지 않게 된다. 까닭은 실제로 표류하지 않기 때문이 아니다. 다만 넓어진 대기를 느끼며 자신이 표류하며 당도하는 모든 것에서 친숙함을 느끼게 되었기 때문이다. 드높은 창공이, 광활한 대기가, 온 우주가, 집이 되는 것이다.

입체주의 운동의 출현을 알리는 피카소의 〈아비뇽의 처녀들〉은 원래 〈아비뇽의 매음굴〉이라는 제목을 가지고 있었다. 이 작품이 처음 전시된 것은 1916년이었다. 제목 때문에 그림은 매우 비도덕적인 느낌을 풍겼다. 전시를 기획했던 시인 앙드레 살몽은 '매음굴'이라는 말을 우리말 아가씨에 해당하는 '드모아젤'로 바꾸어 버렸다. 피카소는 바뀐 제목을 마음에 들어 하지 않았다. 원래 그림 제목의 아비뇽은 프랑스의 도시 아비뇽이 아니라 바르셀로나의 칼레 다비뇽이라는 거리의 이름으로부터 따온 것이었다. 그림 속에 등장하는 창녀들은 칼레 다비뇽 거리에 있는 어느 업소의 여자들이었고, 피카소는 그 업소를 '나의 매음굴'이라고 불렀다.

피카소가 〈아비뇽의 처녀들〉을 그린 것은 1907년이었다. 당시로서는 너무나도 낯선 양식의 이 그림을 환영한 사람은 아무도 없었다. 심지어 피카소와 가까웠던 화가들과 시인들마저도 이 그림을 역겨워했다. 하지만 〈아비뇽의 처녀들〉은 피카소야말로 진정으로 현대적인 예술의 출발점이라는 것을 알리는 어떤 전조와도 같았다. 당시 전위적인 예술가들에게 가장 강력한 영향력을 행사했던 인물은 야수파 화가 앙리 마티스였다. 〈아비뇽의 처녀들〉은 마티스가 아니라 피카소가 실은 현대 예술의 진정한 출발점이라는 것을 드러냈다.

잘 알려져 있는 것처럼, 입체주의 운동의 두 선구자는 바로 피카소와 브라크이다. 〈아비뇽의 처녀들〉을 싫어하기는 브라크 역시 마찬가지였다. 하지만 그는 이 작품을 세세하게 연구했고, 그 결과 피카소와 함께 입체주의 운동을 시작할 수 있게 되었다.

모든 걸작이 다 그렇듯이 〈아비뇽의 처녀들〉 역시 다른 걸작들의 영향을 드러낸다. 우선 고대 이집트 예술과 아프리카 예술의 흔적이 발견된다. 다섯 명의 여자들 중 가장 왼쪽에 있는 여자는 이집트 예술을 연상시킨다. 오른쪽의 두 여자들은 아프리카 예술과 같은 인상을 풍긴다. 가운데의 두 여자는 보통 이베리아 스타일로 평가된다.

서양의 화가들 가운데서도 〈아비뇽의 처녀들〉에게 영향을 남긴 것으로 평가되는 이들이 있다. 엘 그레코, 폴 세잔, 앙리 루소 등이 그들이다. 특히 폴 세잔이 피카소의 입체주의에 매우 큰 영향을 끼쳤다는 것은 잘 알려져 있다. 피카소 역시 그렇다는 것을 부정하지 않았다. 다만 그는 입체주의의 진정한 기원은 스페인 예술이라고 주장했다. 피카소에 따르면, 세잔 역시 스페인 예술의 영향을 받았을 가능성이 크다.

입체주의의 진정한 기원이 스페인 예술이라고 주장하며 피카소가 특히 염두에 두었던 것은 엘 그레코의 회화였던 것으로 보인다. 〈아비뇽의 처녀들〉을 그리기 전 피카소는 엘 그레코의 회화를 매우 세심하게 연구했다. 특히 엘 그레코의 〈다섯 번째 봉인의 개봉〉이 〈아비뇽의 처녀들〉에 큰 영향을 끼쳤을 것이다. 피카소는 〈아비뇽의 처녀들〉 이전에 〈다섯 번째 봉인의 개봉〉을 연상시키는 스케치를 그리기도 했다. 〈다섯 번째 봉인의 개봉〉에 그려진 나체들은 마치 단순한 도형들로 구성된 것처럼 보인다.

아마 피카소는 사물과 풍경의 이미지가 구형, 원추형, 원통형으로 구성될 수 있다고 본 세잔의 아이디어가 엘 그레코에게서 나온 것이라고 여겼던 것 같다. 실제로 〈다섯 번째 봉인의 개봉〉의 인체들은 세잔의 〈대수욕도〉의 인체들을 연상시키기도 한다.

인상주의에서 세잔, 세잔에서 입체주의로 이어진 일련의 미술사적 흐름을 살펴보면, 피카소의 주장을 모두 인정하기는 어렵다. 〈아비뇽의 처녀들〉을 포함해서 피카소와 브라크가 그린 모든 입체주의 회화의 입체성은 통념적 의미의 입체성이 아니다. 그것은 작은 평면적 인상들로 구성된 입체들이며, 그런 점에서 사물과 풍경이 우리에게 남기는 인상은 근원적으로 평면적이라는 인상주의의 근본 아이디어가 입체주의의 형성과 발전에 결정적인 영향을 끼쳤다고 보는 것이 타당할 것이다.

비록 피카소 본인은 엘 그레코를 비롯한 스페인의 거장들에 대한 존중심 때문에 자기 예술의 진정한 기원을 스페인 예술에서 발견하고 싶어했다고 하더라도 말이다. 그런 점에서 어쩌면 피카소는 세잔이 자신의 회화에 끼친 영향을 무의식적으로 과소평가하게 되었는지도 모른다.

누군가는 모든 인간적인 의미들이 다 사상되어 버린 듯한 입체주의 회화를 보면서 입체주의의 진정한 기원은 마네일 것이라고 생각할지도 모른다. 〈풀밭 위의 점심〉이나 〈올랭피아〉에 등장하는 빅토린 뫼랑의 누드처럼 〈아비뇽의 처녀들〉의 누드 역시 누드화에게서 전통적인 예술 애호가들이 기대할 수 있는 의미는 조금도 드러내지 않는다. 마네의 누드화나 피카소의 누드화는 심지어 특별히 외설적이거나 야하지도 않다. 다만 모든 인간적인 의미들이 다 사상되어 거의 단순한 사물처럼 보이는 여자의 육체가 표현되어 있을 뿐이다.

마네에게 그 사물성은 의미의 구속으로부터의 자유를 뜻했다. 마네는 보들레르와 사적으로 교유하는 가운데 보들레르 시 정신의 영향을 받은 특별한 이력이 있는 화가이다. 그저 날 수 있는 자신의 역량을 최대한 발휘해 드높은 창공으로 날아오르는 알바트로스의 자유, 일상세계에 구속됨 없이 여기저기 표류하는 구름의 자유를 얻기 위해서는 우선 모든 인간적인 의미들이 다 사상되어 버려야 한다.

반면 엘 크레코의 예술을 경탄스러워했던 피카소에게 사물성은 모든 인간적인 의미들을 초월하는 존재의 근원적 성스러움의 탈은폐이자 은폐이다. 그것이 탈은폐인 까닭은 의미로 한정될 수 없는 존재 자체의 드러남이기 때문이다. 그것이 은폐인 까닭은 인간이란 본래 성스러운 것을 직시할 수 없는 존재자이기 때문이다.

릴케가 노래하지 않는가. 설령 천사가 우리를 껴안아도 우리는 그 강렬한 현존으로 인해 곧 스러져 버릴 운명에 처해 있다. 삶과 존재의 근원적 성스러움을 드러내는 아름다움은 일상적 현존재에게 불안과 두려움을 일깨운다. 그 때문에 성스러움이란 우선 사물성의 현상을 통해 고지될 수밖에 없는 것이다.

〈아비뇽의 처녀들〉의 여자들은 본래 세상에서 가장 멸시받는 여자들이었다. 그 점에서는 마네의 빅토린 뫼랑도 크게 다르지 않았다. 그러나 피카소와 마네는 자신의 모델을 멸시하지도 않았다. 그렇다고 특별히 연민한 것도 아니었다. 그들은 모든 인간적인 의미들을 초월하려 애쓰는 자들이었다. 이러한 사람은 누구도 특별히 우러르지 않고 누구도 특별히 내려다보지 않는다. 그는 일상세계가 알고 있는 사람됨의 서열로부터 자유로운 채 모든 사람에게서 순수한 삶과 존재를 발견하고 직시할 뿐이다.

하이데거와 피터르 브뤼헐

피터르 브뤼헐의 일상성 회화와

하이데거의 일상세계 개념

피터르 브뤼헐, 〈갈보리 언덕으로의 행진〉, 1564, 빈 미술사 박물관

지금부터 살펴볼 피터르 브뤼헐은 보통 대大, elder 피터르 브뤼헐로 표기되는 화가이다. 이름 앞에 '대'라는 수식어가 붙는 까닭은 그의 가족에 속한 여러 화가들로부터 그를 구분하기 위해서다. 그중에는 소小 피터르라 불리는 그의 장남도 포함되어 있다. 소 피터르는 전통적으로 '지옥의 브뤼헐'이라 불려 왔다. 귀신, 불, 기이한 생김새의 인물 등 그로테스크하고 공상적인 세계를 묘사한 몇몇 그림들이 그의 작품이라 여겨졌기 때문이다. 하지만 지금은 그의 형제인 대 얀 브뤼헐의 작품으로 재평가되었다. 대 얀 브뤼헐이 꽃과 식물을 섬세하게 그려 '꽃 브뤼헐', '벨벳 브뤼헐', '천국 브뤼헐' 등의 별칭으로 불린다는 점을 고려해 보면, 아이러니한 느낌이 든다.

브뤼헐의 그림들은 대체로 풍경화와 농부들의 일상을 다룬 일종의 풍속화가 주류이다. 그는 최초의 순수 풍경화가 중 하나로 분류되기도 한다. 그러나 그의 풍경화와 풍속화는 마땅히 일상성 회화라는 보다 상위의 명칭으로 통합되어야 한다. 두 가지 이유 때문이다. 첫째, 브뤼헐의 풍경화는 대개 일상세계의 일상성을 드러내는 풍경을 담고 있다. 둘째, 브뤼헐의 풍속화 역시 대개 일상세계의 일상성을 드러내는 풍속을 담고 있다.

풍속의 사전적 의미는 '옛부터 한 사회에 전해 오는 생활 전반에 관한 습관'이고, 풍속화는 보통 화가 당대의 세정世情과 풍습을 그린 그림을 뜻한다. 즉 풍속화란 특정한 시대의 세정과 풍습을 묘사함으로써 화가 당대의 생활상과 그 역사성을 드러내는 그림을 가리키는 말이다. 브뤼헐의 풍속화는 대개 이러한 정의에 잘 들어맞는다. 그러나 동시에 이러한 정의만으로는 설명할 수 없는 어떤 근원성을 담고 있기도 하다. 그것은 아마 인간 현존재의 근원적 존재방식으로서의 일상성이라는 말로 가장 잘 표현될 수 있을 것이다.

하이데거의 철학에서 일상세계 및 일상성 개념만큼 많은 오해를 불러일으킨 개념은 아마 없을 것이다. 하이데거는 인간 현존재의 일상적 자기를 비본래적 자기라고 부른다. 거칠게 말해, 일상적이고 비본래적인 자기는 일상세계를 지배하는 도구적 의미 연관에 잠식된 의식을 지니고 있다. 하이데거에 따르면, 우리로 하여금 일상적 자기의 비본래성을 깨닫게 하는 것은 죽음의 선구성이다. 우리는 자신이 죽을 자로 여기 있다는 것, 그 때문에 자신의 존재는 본래 세계와 근원적으로 무-연관적이라는 것 등을 자각함으로써 일상적 자기가 비본래적이라는 것을 깨닫게 된다는 것이다.

우리의 일상적 자기가 일상세계를 지배하는 도구적 의미 연관에 의해 잠식된 의식을 지니고 있다는 설명은 일상세계를 부정적으로 묘사하는 것처럼 여겨지기 쉽다. 이러한 설명이 맞는다면, 결국 일상세계란 존재자가 고유함을 잃어버리고 도구로서 존재하도록 몰아세워지는 자리라는 결론이 따라 나오기 때문이다. 그러나 존재자를 도구로서 해석하고 이해함이 인간적인 삶을 가능하게 하는 것이라는 점을 생각해 보면, 선뜻 그러한 결론을 내리기 어렵다.

살기 위해 우리는 살면서 만나는 이런저런 존재자를 삶에 필요한 도구로서 해석하기를 그칠 수 없다. 그러니 도구적 의미 연관이 지배하는 일상세계가 부정적인 세계라면, 그 안에서 삶을 영위하는 비본래적 자기로서의 나 역시 부정적인 존재자일 수밖에 없고, 결국 긍정적인 존재가 되기 위해서는 삶을 포기할 수밖에 없는 셈이다.

이런 식의 생각은 기본적으로 일종의 염세주의의 표현이다. 철저한 염세주의자가 취할 수 있는 선택지는 두 가지밖에 없다. 하나는 최대한 현세 부정적이고 금욕적으로 사는 것이다. 또 다른 하나는 아예 죽는 것이다. 둘 다 하이데거의 생각과는 거리가 멀다. 죽음의 선구성, 불안 등에 대한 하이데거의 존재론적 언명은 염세주의적 세계관에 바탕을 두고 있는 것이 아니라는 뜻이다.

하이데거의 존재론적 개념인 일상세계 및 일상성이 많은 오해를 불러일으킨 근본 원인은 기본적으로 하이데거의 저술 어디에도 이와 관련된 속 시원한 설명이 없다는 점에 있다. 그래도 하이데거의 저술에 대한 연구를 바탕으로 일상성 개념에 대한 여러 오해를 풀 수 있는 가능성을 발견할 수는 있다.

하이데거는 일상세계를 두 가지 가능성이 역동적으로 뒤얽혀 있는 곳으로 보는 듯하다. 하나는 존재자를 도구로서 존재하도록 몰아세우는 경향이 강화될 가능성이다. 하이데거의 주저 『존재와 시간』에 따르면, 죽음의 선구성 및 불안은 인간 현존재로 하여금 더욱더 강한 정도로 일상세계 안으로 빠져들게 하는 경향이 있다.

죽음의 선구성이 일깨우는 불안으로 인해 현존재는 자신의 일상적 자기가 비본래적이라는 것을 인정하기는커녕 도리어 망각하기를 원하게 되고, 그럼으로써 도구적 의미 연관이 지배하는 친숙한 일상세계에 안주하게 된다는 것이다. 또 다른 하나는 존재자의 존재는 결코 도구적인 것으로 환원될 수 없는 것임을 긍정함으로써 존재자의 도구성을 존재 자체로부터 현존재에게 주어지는 일종의 선물로 이해하게 될 가능성이다.

하이데거는 —반 고흐의 〈신발〉에 대한 존재론적 분석으로 특히 유명한— 『예술 작품의 근원』에서 도구의 도구성을 '존재의 열린 장'과의 관계 속에서 고찰한다. 하나의 도구인 한에서, 농부의 신발은 하나의 존재자가 그 자신을 일상세계에서 삶을 꾸려 가는 우리에게 적합한 방식으로 열어 보여 줌(탈은폐함)을 뜻한다. 그러나 존재의 열린 장은 고립된 체계와 같은 것이 아니다. 존재자가 하나의 도구로서 드러나도록 하는 일상세계는 하늘과 대지 사이에 열려 있는 삶의 자리이다.

그 열려 있음을 통해 우리는 도구로서 해석되는 모든 존재자가 그 자신의 도구성을 통해 존재의 진리를 탈은폐함과 동시에 은폐함을 발견하게 된다. 그 무엇이 우리에게 도구적 의미를 지닌다는 것은 그것이 단순한 도구로서만 존재함을 뜻할 수 없기 때문이다. 바로 이 지점에서 한 존재자의 도구성에 대한 이해는 그 자체로서 우리의 삶을 가능하게 하는 존재의 근원적 성스러움에 대한 자각의 근거가 된다. 본래적으로 도구 아닌 존재자가 자신을 도구로서 열어 보여 줌이 우리로 하여금 성스러움을 존재의 근원적 의미로서 발견하도록 한다는 뜻이다.

비유적으로 말하자면, 그것은 마치 자신을 빵과 포도주로서 우리에게 내어 주는 그리스도의 몸과 같다. 빵과 포도주라는 점에서, 그리스도의 몸은 우리의 삶에 필요한 도구로서의 성격을 지닌다. 그러나 신실한 자는 빵과 포도주로서 선사된 그리스도의 몸이 도구로 환원될 수 없는 근원적으로 성스러운 것임을 안다.

그리스도의 몸이 상징하는 존재의 근원적 성스러움을 우리에게 일깨우는 것은 바로 내어 줌, 즉 선사함이다. 자신의 존재를 빵과 포도주로서 내어 주는 그리스도의 몸을 통해, 이 근원적 선사함과 선사받음의 경험을 통해, 우리는 성스러움을 존재의 근원적 의미로서 발견하는 법을 비로소 배우게 된다. 도구란, 그 근원적이고 본래적인 의미에서 보면, 존재의 근원적 성스러움의 표지이다. 바로 그렇기에 일상세계를 지배하는 도구적 의미 연관은 존재자를 도구로서 존재하도록 몰아세우는 강압적 폭력의 표지로서만 해석될 수 없다.

유감스럽게도 일상세계 안에는 도구를 존재의 근원적 성스러움의 표지로서 발견하게 하기보다 존재자를 도구로서 존재하도록 몰아세우는 강압적 폭력의 표지로서 발견하도록 하는 경향이 더 많고 강하다. 그 이유는, 비록 하이데거 본인은 명시적으로 주제화하지 못했지만, 간단하다. 결국 대다수 사람들은 성인군자가 아니고, 그렇기에 사익을 추구하는 마음을 버리기 어렵다. 사익을 잘 추구하려면, 존재자를 이익의 관점에서 해석하고 이해하는 법을 익혀야 한다. 즉 대다수 사람들에게 존재자는 이익을 실현하는 데 필요하거나 혹은 반대로 방해가 되는 도구로서 해석되기 마련이다.

존재론적 관점에서 보았을 때, 성스러움이란 대체 무엇을 뜻하는 말일까? 이러한 물음을 잘 이해하려면 우선 존재론적 의미의 성스러움이란 일상세계를 지배하는 규범적 도덕과 대립의 관계를 형성하는 것일 수밖에 없다는 점을 먼저 분명히 해 둘 필요가 있다. 하이데거는 존재론과 규범적 도덕의 관계에 대해 아무런 구체적 설명도 남기지 않았다. 일상세계의 일상성이 규범과 무관할 수 없다는 점을 고려해 보면, 매우 유감스러운 일이다. 다만 일상세계가 도구적 의미 연관에 의해 지배되는 세계라는 점, 그리고 그 안에서 존재자를 도구로서 존재하도록 몰아세우는 경향이 크다는 점 등에 착안해서 규범적 도덕에 대해 존재론이 어떤 입장을 취해야 하는지 생각해 볼 수는 있다.

결론부터 말하자면, 존재론적으로 규범이란 존재자를 도구로서 존재하도록 몰아세우는 강압적 폭력 외에 다른 아무것도 아니다. 물론 겉으로 보기에 존재자를 도구로서 이해하지 말 것을 요청하는 것처럼 보이는 규범이 없는 것은 아니다. 예컨대, '사람을 수단으로 대하지 말고 자체 목적으로 대하라!'라는 식의 규범이 그것이다.

그러나 사람을 수단으로 대하지 않고 자체 목적으로 대할 수 있는 사람은 덕 있는 사람이며, 바로 그러한 존재로서 덕 없는 사람보다 사회에 더 많이 쓸모 있는 사람이다. '사람을 자체 목적으로 대하라!'라는 도덕적 규범은 사회를 위해 유용한 존재가 되도록, 즉 도구로서 존재하도록, 모든 인간을 몰아세우는 강압적 경향들 가운데 하나라는 뜻이다.

말하자면, 그것은 근원적으로 자가당착적인 규범이다. 사람이라는 이름의 존재자를 자체 목적으로 규정함으로써 도리어 모든 사람이 모든 사람을 위한 도구가 되도록 한다. 사람이 자체 목적이 되어야 함을 내세우지만, 실은 그럼으로써 은밀하고도 철저하게 사람을 도구적 존재자의 지위로 격하시켜 버리는 것이다.

아마 누군가는 이렇게 반문할 것이다. '사람을 자체 목적으로 대하라!'라는 도덕적 규범이 사람을 도구적 존재자로 격하시켜 버린다니, 그렇다면 반대로 '사람을 도구로 대하라!'라고 요구해야 한다는 말인가? 이러한 물음은 형식논리에 빠져 문제의 핵심을 완전히 비껴가고 있다. 중요한 것은 본래 도덕적 규범이란, '사람을 자체 목적으로 대하라!라는 규범까지 포함해서, 사람들 사이의 공존을 위해 필요한 것으로 상정된 일종의 명령이라는 점이다.

공존을 위해 필요한 명령으로서, 모든 도덕적 규범은 본질적으로 명령을 수령하는 자로 하여금 사회적 공존을 위한 도구로서 존재하도록 강압적으로 몰아세우는 것일 수밖에 없다. 즉 규범 도덕을 통해 인간은 사회적 존재자로서, 더 정확히 말해 자신을 사회적 존재자로 해석해야만 하는 그러한 존재자로서, 존재하도록 몰아세워진다.

물론 도덕은 인간의 자발성에 호소한다. 그렇다고 사정이 바뀌는 것은 아니다. 규범 도덕은 인간이 자발적으로 자신을 사회적 존재자로, 오직 그러한 존재자로만, 해석하려 애쓰는 존재자가 되도록 몰아세운다. 인간의 자발성 내지 자유 자체가 규범 도덕이 요구하는 방향으로만 행사되도록 인간을 몰아세움이 규범 도덕의 근본 특징인 것이다.

보통 르네상스는 14세기 후반부터 15세기 전반에 걸쳐 이탈리아에서 시작된 문화 운동으로 정의된다. 브뤼헐이 1525년 태어난 것으로 추정되고, 또 1569년에 죽었으니 그는 이탈리아 르네상스의 전성기가 지나갈 무렵을 살았던 셈이다. 르네상스 전성기를 이끌었던 위대한 삼대 거장은 미켈란젤로 부오나로티, 레오나르도 다빈치, 라파엘로 산치오이다. 그중 하나인 미켈란젤로는 1475년에 태어나 1564년까지 살았다. 다빈치는 1452년에 태어나 1519년까지, 라파엘로는 1483년에 태어나 1520년까지 살았다.

당시 대다수 유럽 화가들은 이탈리아 양식을 따랐다. 이탈리아는 예술가들이 동경하는 곳이었고, 브뤼헐 역시 1552-1553년 동안 이탈리아에서 지냈다. 하지만 브뤼헐은 이탈리아 양식을 따르지는 않았다. 여러 가지 이유가 있겠지만, 그중 하나는 브뤼헐 당대의 이탈리아가 쇠락의 길에 접어들었다는 점일 것이다.

16세기에 접어들자 이탈리아는 프랑스, 합스부르크, 스페인 같은 유럽의 강대국들에게 시달리기 시작했다. 1494년에서 1559년까지 총 여덟 차례에 걸쳐 이탈리아 패권을 둘러싼 전쟁이 벌어졌다. 그 결과 이탈리아 르네상스는 거의 파탄이 날 지경에 이르렀다. 16세기 이탈리아의 난맥상은 니콜로 마키아벨리의 『군주론』이 집필된 시대적 배경이기도 했다. 『군주론』의 집필 시기는 1513년이고, 당시는 1508년에서 1516년 사이에 일어난 제3차 이탈리아 전쟁 중이었다.

그러나 이탈리아 르네상스의 파탄만으로 왜 브뤼헐이 이탈리아 양식을 따르지 않았는지 설명하기는 어렵다. 이탈리아 르네상스를 통해 고대 그리스·로마 문화의 인문주의 정신이 되살아난 이후 유럽의 주류 사상가들과 문인들, 예술가들은 16세기뿐 아니라 그 이후에도 인문주의 정신에 충실하려 애썼기 때문이다. 브뤼헐이 이탈리아 양식을 따르지 않은 가장 근본적인 이유는 아마 브뤼헐의 냉철한 현실주의적 예술관에서 찾아야 할 것이다.

전통적으로 예술가들은 예술이란 어떤 이상적 아름다움을 표현하는 것이어야 한다는 강박관념에 시달려 왔다. 예술이 표현해야 하는 이상적 아름다움의 근거는 플라톤의 이데아일 수도 있고, 아리스토텔레스의 형상일 수도 있으며, 중세 시대를 지배한 기독교적 교의와 무한자인 신 이념일 수도 있다. 그것은 17-18세기 영국 도덕학파의 중심 인물이자 이신론자理神論者인 섀프츠베리가 말하는 선善과 미美의 조화일 수도 있고, 그림 남작, 라퐁드 생옌 등의 영향 아래 예술 비평의 문을 연 18세기 프랑스 계몽주의자 디드로가 역설한 '자연에 대한 훌륭한 모방과 번역'일 수도 있다.

유럽의 역사에서 르네상스란 결코 전통과의 단순한 단절 같은 것을 의미하는 것일 수 없다. 현실이 아니라 어떤 이상을 추구해야만 한다는 전통적 사상가들과 예술가들의 강박관념은 르네상스를 통해 도리어 더욱 증폭되었다. 르네상스는, 중세 시대를 지배하던 기독교적 교의의 불합리한 측면과 신비주의적인 측면을 걷어 내거나 이성적으로 합리화함으로써, 있는 그대로의 현실세계가 아니라 이상세계를 학문적 탐구와 예술적 형상화의 대상으로 삼아 온 오랜 전통을 보다 세련되고 교묘한 방식으로 계승한 시대인 것이다.

앞서 언급된 마키아벨리는 이러한 전통에 큰 균열을 가져온 최초의 사상가라 할 만할 것이다. 비록 그가 살아 있을 때 그의 냉철한 현실주의 정신이 존중받지는 못했을지라도 말이다. 예술에서 같은 일을 수행한 인물은 바로 브뤼헐이다. 그러나 이 말은 브뤼헐이 현실세계를 단순한 힘의 논리에 입각해서 고찰했다는 식으로 오인되어서는 안 된다. 브뤼헐의 예술 정신은 보다 근본적인 것을 향해 있다. 그것은 모든 존재자로 하여금 도구로서 존재하도록 몰아세우는 일상세계의 근원적 경향성이다.

브뤼헐의 1564년 작품인 〈갈보리 언덕으로의 행진〉은 제목 그대로 십자가를 짊어지고 갈보리를 향해 가는 예수를 묘사한 그림이다. 그런데 그림이 조금 이상하다. 유럽의 역사에서 예수가 얼마나 중요한 인물인가? 기독교 신앙을 중심으로 삶을 꾸려 온 유럽인들의 관점에서 보면, 예수가 갈보리 언덕에서 십자가에 달려 죽은 일이야말로 인류의 운명을 결정적으로 바꾸어 놓은 가장 중요한 사건이다. 원죄로 인해 지옥에 떨어질 운명을 안고 있었던 인간들이 예수의 십자가 죽음을 통해 비로소 구원받을 수 있게 된 것이다.

그럼에도 〈갈보리 언덕으로의 행진〉에서 주인공 예수는 잘 보이지 않는다. 예수의 이미지가 너무 작을 뿐 아니라, 예수가 입고 있는 옷이 칙칙한 초록색이라, 그림의 상당 부분을 덮고 있는 초록색 나무 및 풀 이미지와 잘 구분되지 않기 때문이다.

사실 이 그림의 주인공은 예수가 아니라 다양한 계층 출신의 군중이다. 십자가를 짊어진 예수는, 그리고 곧 예수가 십자가에 달릴 곳의 다소 음산한 분위기는, 군중의 본성을 적나라하게 드러내는 데 사용된 보조적인 장치일 뿐이다. 여기서 본성이란 전통 철학적 의미의 어떤 불변하는 속성 같은 것을 가리키지 않는다. 그것은 다만 '일상세계 안에 빠져 있음'이라고 하는 존재론적 의미의 실존성을 표현하는 말일 뿐이다.

하이데거에 따르면, 인간 현존재는 누구나 일상세계 안에 빠져 있는 존재자이다. 인간 현존재는 모든 것을 일상적인 것으로, 일상세계를 지배하는 도구적 의미 연관에 따라 도구적 쓰임새를 통해 해석되어야 하는 것으로, 발견한다. 〈갈보리 언덕으로의 행진〉은 예수의 십자가 죽음조차도 인간 현존재의 이러한 경향을 되돌리는 데 무력할 뿐이라는 것을 웅변하는 듯하다. 그림 속에 등장하는 군중의 대부분은 십자가의 무게에 짓눌려 쓰러져 버린 예수에 대해 무관심한 것처럼 보인다.

한마디로, 〈갈보리 언덕으로의 행진〉은 예수가 등장하되 별로 중요하지 않은 그림이다. 그림의 실질적인 주인공이 군중이기 때문이다. 브뤼헐 외에도 플랑드르 미술의 전통에 속한 화가들 가운데는 이런 유형의 그림을 그린 이들이 여럿 있다. 예컨대, 벨기에 화가 제임스 엔소르의 1888년 작품인 〈1889년 브뤼셀에 입성하는 그리스도〉는 이러한 전통을 현대적으로 되살린 것이다. 이 작품 속에서도 주인공은 예수가 아니라 군중이다. 이 작품에서도 예수는 작고 초라한 이미지로 그려져 있으며, 다소 사악한 느낌을 풍기는 표정의 군중은, 예루살렘으로 입성하던 예수를 향해 호산나를 외치던 2천여 년 전의 군중과 달리, 예수에 대해 아무런 관심도 없는 것으로 보인다.

〈갈보리 언덕으로의 행진〉에서 특별한 점은 군중의 다양한 일상사가 묘사되었다는 것이다. 드잡이를 하는 아낙네가 있고, 아낙네에게

창을 겨눈 병사가 있는가 하면, 그런 모습을 한가로이 구경하는 사람들도 있고, 흰 자루를 짊어지고 가는 남자들도 여럿 있는데, 그중 하나는 아마 자루를 훔친 모양으로 황급히 도망가듯 달리고 있다. 붉은 물동이를 머리에 인 여자와 흰 자루를 머리에 인 여자는 예수와 반대 방향으로 걷고 있다. 함께 노는 것처럼 보이기도 하고 주먹다짐을 하며 싸우고 있는 것처럼 보이기도 하는 소년들도 여럿 보인다.

인류의 죄를 대속하기 위해 예수가 십자가를 짊어지고 갈보리 언덕으로 향해 가건만, 사람들은 그저 일상세계 속에 빠진 채로 있을 뿐이다. 그들은 예수가 세상에 오기 전에도 그랬고, 예수가 십자가에 달린 뒤에도 그랬으며, 아마도 지구의 종말이 찾아올 때까지도 계속 그럴 것이다.

게다가 저 멀리 성으로 둘러싸인 마을을 보니 중세풍이다. 사람들의 옷차림을 보아하니 그것 역시 예수의 당대가 아니라 브뤼헐이 살던 16세기의 것인 듯하다. 이 시대착오적인 요소들을 대체 어떻게 이해해야 할까? 브뤼헐은 혹시 예수 당대의 복식이나 주거 양식을 잘 알지 못해서 그냥 대충 자기 시대의 이런저런 모습들을 그림 속에 그려 넣은 것일까? 정확한 고증까지는 아니어도 예수가 살던 당대의 분위기를 대강이나마 자아낼 생각도 하지 못할 만큼 화가는 게을렀던 것일까?

이러한 의문들을 풀려면 16세기 유럽에 공개처형이 결코 드물지 않았다는 점을 먼저 분명히 할 필요가 있다. 이 점에서는 플랑드르 지역 역시 예외가 아니었다. 그렇다, 브뤼헐의 〈갈보리 언덕으로의 행진〉

은 예수의 죽음을 묘사한 그림이 아니다. 예수 이미지는 브뤼헐 동시대의 일상성을 극적으로 표현하는 데 필요한 시대착오적 소품으로 사용되었을 뿐이다.

바야흐로 누군가 끔찍스럽고 비참한 죽음을 맞이하게 될 것이다. 그러나 일상세계에 빠져 있는 사람들에게 공개처형은 이따금 일어나는 일상사 가운데 하나일 뿐이다. 처형을 당하는 자가 성인인지 악인인지, 누명을 쓴 자인지 아니면 실제로 죄를 지은 자인지 등은 별로 중요하지 않다. 중요한 것은 하루하루 먹고살기 위해 해야만 하는 이런저런 일들이다.

남을 위해 애통해한들 빵 한 조각이라도 더 생기는 것도 아니지 않은가? 그러니 어차피 죽을 자는 그냥 죽게 내버려 두고 하던 일을 계속하는 것이 현명하다. 게다가 죽을 자를 위해 애통해하는 일은 결국 타인의 죽음을 자신의 일처럼 받아들이는 일이다. 얼마나 어리석은 일인가? 타인의 죽음을 자신의 일처럼 받아들이는 일은 자신의 일상세계에 스스로 죽음의 그림자를 짙게 드리우는 것이나 마찬가지 아닌가?

미셸 푸코는 자신의 대표 저술들 가운데 하나인 『감시와 처벌』을 다미앵이라는 이름의 사내가 얼마나 무시무시한 고문을 받으며 공개적으로 처형되었는지 묘사하면서 시작한다. 그는 루이 15세를 살해하려다 실패하고 붙잡힌 자였다. 그에게 유죄판결이 내려진 날은 1757년 3월 2일이었다.

권력자는 왜 수많은 사람들이 그토록 끔찍스러운 공개처형 장면을 바라보도록 했을까? 푸코에 따르면, 두 가지 목적 때문이다. 하나는 겁주기이다. 감히 권력에 반항하는 자는 무시무시한 고통 속에 죽게 될 것이라는 것을 널리 알리는 것이다. 또 다른 하나는 내 편 만들기이다. 군중이 권력의 편에 서서 처형당하는 자를 모욕하고, 그가 참혹한 고통 속에 죽어 가는 과정을 마치 흥미진진한 구경거리처럼 즐기게 함으로써, 군중과 권력 사이에 일체감이 형성되도록 하는 것이다.

18세기 후반 공개처형이 사라진 것은 인도주의적 사상이 대중 사이에 퍼져 나간 탓도 있지만 공개처형의 효과가 종종 권력자의 희망과 어긋났기 때문이었다. 권력은 응당 처형대 위의 죄인이 벌벌 떨며 참회하는 모습을 보이기를, 권력자에게 용서를 빌기를 원했다. 하지만 기대와 달리 죄인이 큰 소리로 권력자를 저주하는 일도 종종 일어났다.

어차피 비참한 죽음을 당하게 될 것이라는 것을 알고 이판사판의 심정으로 마지막 용기를 발휘했던 것이다. 그러면 사람들은 대번, 자신들이 평소 권력에 의해 억압당해 왔음을 떠올리고, 죽음 앞에서도 용기 있게 권력자를 크게 꾸짖는 죄인을 영웅처럼 받아들였다. 공개처형을 구경하려고 모여든 군중이 권력이 아니라 권력의 비판자와 일체감을 형성하게 된 것이다. 물론 권력의 유지에 이보다 위험한 일은 없다.

푸코는 바로 이러한 이유로 계몽주의가 바야흐로 결정적인 승리를 거두기 시작한 18세기 후반에 공개처형이 사라지게 되었다고 본다. 물론 바로 얼마 전까지만 해도 한 인간의 끔찍스러운 고통과 죽음을 축제의 순간으로 받아들였던 인간들이 갑자기 착해졌을 리는 만무하다. 1789년 프랑스혁명이 일어난 뒤 권력을 잡은 자코뱅당의 테러 독재에 수많은 사람들이 처형되었을 때 군중이 보인 열광적인 반응이 그 생생한 증거이다.

푸코는 공개처형을 권력과 그 적대 세력, 그리고 민중 사이의 팽팽한 긴장 관계가 극적으로 드러나는 사건으로 바라보았다. 아마 특정한 시기에는 실제로 그러했을 것이다. 하지만 브뤼헐의 관점은 다르다.

〈갈보리 언덕으로의 행진〉은 공개처형이 진부한 일상사에 지나지 않을 수 있음을 강력하게 암시한다. 어떻게 한 인간의 처참한 고통과 죽음이, 그것이 수많은 사람들에 의해 목도됨에도 불구하고, 진부한 일상사에 불과할 수 있을까?

가장 손쉬운 대답은 '종종 일어나니까'이다. 아주 가끔 일어나는 것이면 누군가 공개적으로 처형될 것이라는 소식이 사람들에게 큰 흥미를 유발할 것이다. 일상의 권태를 물리치는 데 유혈이 낭자한 처형 장면을 구경하는 것보다 더 효율적인 것은 없을 테니 말이다. 하지만 아무리 자극적인 사건이라도, 되풀이되면, 사람들은 결국 무덤덤해지게 된다. 또 다른 이유도 있다. 그것은 대다수 사람들이 자기 사는 데 바쁘다는 것이다. 아마 이것이 더 근본적인 이유일 것이다.

하이데거가 『예술 작품의 근원』에서 암시한 것처럼, 살아가는 데 필요한 도구에서 존재의 근원적 성스러움을 발견할 수 있는 자의 삶은 참되고 아름답다. 그는 살면서 만나는 모든 것을 자신의 삶을 위해 존재로부터 선사되는 은총으로 받아들이는 자이다. 이러한 자는 존재

피터르 브뤼헐, 〈추락하는 이카로스가 있는 풍경〉(브뤼헐 원작의 복사본으로 추정됨),
1560년경, 브뤼셀 왕립 미술관

자의 존재를 도구적 존재로 환원하려는 일상세계의 경향으로부터 자유로울 수 있다. 은총의 근원지인 존재란 본디 성스러운 것이기 때문이다.

그러나 먹고살기 힘들고, 바빠 죽겠는데, 도구적 존재자에서 성스러움을 발견할 마음의 여유가 대체 어디 있겠는가? 나는 살기 위해 한사코 도구적 의미 연관이 지배하는 일상세계 안으로 들어가야 하는 자이다. 편하게 살기 위해, 일상세계에 안주하기 위해, 나는 존재자의 도구성에 악착같이 매달려야 한다. 나는 나 자신의 죽음의 가능성마저 한사코 외면하고 불안을 떨쳐 내야 한다. 나는 내가 일상세계와 근원적으로 무-연관적인 존재자로서만 본래적일 수 있다는 존재론적 진실을 안간힘을 써서 덮어 버려야 한다.

그러니 타인의 죽음에 진지하게 마음 쓸 마음의 여유도, 이유도, 일상적 존재자인 나에게는 없는 셈이다. 모든 종류의 죽음은, 그것이 끔찍스러운 고통과 결부된 것이면 더욱더 강한 정도로, 나의 일상과 무관한 것이어야 한다. 무시무시한 공개처형의 장면조차 나에게는 일상의 권태를 이겨 내는 데 필요한 만큼만 즐거움을 안겨 주면 족하다. 타인의 참혹한 비극조차도 일상의 적당한 행복을 유지하는 데 이바지하는 방향으로만 수용되어야 한다. 그러니 어떤 경우에도 크게 흥분하면 안 될 일이다. 고통과 죽음이 불러일으키는 흥분은 나 자신의 죽음의 가능성을 분명하게 일깨울 것이므로.

〈추락하는 이카로스가 있는 풍경〉은 오랫동안 브뤼헐의 원작으로 통했다. 하지만 지금은 1558년경에 그려진 원작을 누군가 1560년경에 복제한 작품으로 평가된다. 얼마나 원작에 충실한지는 확인할 수 없지만, 아무튼 〈추락하는 이카로스가 있는 풍경〉은 브뤼헐의 미술세계가 일상화라는 말로 잘 규정될 수 있음을 알리는 데 손색이 없다. 연구자들은 대개 이 복제품이 원작의 기본 구도에 충실할 것이라고 여긴다.

얼핏 이 그림은 평범한 풍경화처럼 보인다. 그림 제목에 '풍경'이라는 말이 붙어 있으니 그냥 풍경화라고 해도 별 상관은 없을 것 같다. 그런데 자세히 보면 그림 오른쪽 아랫부분에 바닷속에 빠진 한 인간의 이미지가 있다. 상체는 보이지 않고 버둥거리는 다리만 보인다. 그림 제목이 〈추락하는 이카로스가 있는 풍경〉이니, 바닷속에 빠진 이는 분명 그리스 신화에 나오는 이카로스이다.

잘 알려져 있듯이, 이카로스에 관한 이야기는 매우 극적이다. 그런 점에서 이 그림이 한가로운 풍경화처럼 보인다는 것은 결코 당연하지 않다. 실은 그림의 제목 자체가 기이하다. 추락하는 이카로스라는 극적인 소재를 다루면서도, 화가는 처음부터 그림을 한가로운 풍경화처럼 보이게 하려는 의도를 가지고 있었던 것 같다. 그렇지 않다면 '풍경'이라는 말은 빼고 그냥 〈추락하는 이카로스〉라고 제목을 정했을 것이다.

이카로스는 고대 그리스 신화의 천재적인 장인匠人인 다이달로스의 아들이다. 물론 다이달로스와 마찬가지로 이카로스 역시 신화에서만 등장하는 허구적 인물이다. 크레타섬을 방문한 다이달로스는 처음에는 미노스 왕의 환대를 받았다. 이카로스는 다이달로스가 왕의 시녀와 관계를 맺고 낳은 자식이었다. 비극의 서막은 크레타의 왕비 파시파에가 바다의 신 포세이돈이 보낸 황소와 간음해서 미노타우로스를 낳으면서 시작되었다.

미노스 왕은 황소 머리에 사람 몸을 가진 이 괴물이 영영 빠져나올 수 없는 미궁을 만들도록 다이달로스에게 명했다. 하지만 파시파에의 간음을 방조한 것은 바로 다이달로스였다. 이 사실을 알게 된 미노스 왕은 다이달로스와 이카로스를 미궁에 가두어 버렸다.

다이달로스는 탈출할 계획을 세웠다. 그는 미궁의 창으로 날아드는 새의 깃털을 모아 거대한 날개를 만들었다. 자신과 아들의 몸에 밀랍으로 날개를 달고 그는 아들과 함께 연습 삼아 미궁에서 날아 보았다. 새처럼 가볍게 날 수 있다는 것을 확인한 그는 마침내 탈출할 결심을 했다.

다이달로스는 이카로스에게 바다와 태양 중간쯤의 적당한 높이에서 날도록 당부했다. 너무 낮게 날면, 바다의 습기로 인해 날개가 젖어 무거워지고, 너무 높게 날면, 태양열로 인해 밀랍이 녹을 것이라는 것이 그 이유였다. 두 사람은 미궁을 빠져나와 하늘로 날아올랐다. 불행하게도 이카로스는 너무 높이 날지 말라는 아버지의 당부를 잊고 말았다. 새처럼 자유롭게 하늘을 나는 것이 너무 기쁘고 신기해서 크게 흥분해 버린 것이다. 결국 태양과 지나치게 가까워진 이카로스는 에게해로 추락해 버렸다. 그 모습을 다이달로스는 물끄러미 바라볼 수밖에 없었다.

이카로스에 관한 이야기는 이처럼 흥미롭고 비극적이다. 그럼에도 〈추락하는 이카로스가 있는 풍경〉은 한가한 풍경화처럼 보일 뿐이다. 그런 점에서 이 그림은 분명 〈갈보리 언덕으로의 행진〉과 닮았다. 예수가 십자가를 짊어지고 고통스러운 죽음을 맞이하려고 행진하고 있음에도 불구하고 주변의 군중은 일상사에 매몰되어 있을 뿐이다.

〈추락하는 이카로스가 있는 풍경〉 역시 마찬가지이다. 이카로스의 추락에도 불구하고 밭에서 일하던 농부는 쟁기질을 계속하고 있고, 낚시꾼은, 심지어 자신이 앉아 있는 곳에서 얼마 떨어지지 않은 바다에 이카로스가 추락했음에도 불구하고 낚시질에 여념이 없다. 양을 치던 목동은 하늘을 쳐다보고 있다. 아마 그는 이카로스의 아버지 다이달로스가 하늘을 날고 있는 것을 보고 있을 것이다.

1590년대에 제작되었을 것으로 추정되는 또 다른 복제품에는 날개를 단 채 하늘을 날고 있는 다이달로스 이미지가 있기도 하다. 하지만 목동의 표정조차 무심하고 한가로워 보일 뿐이다. 한 인간이 하늘을 날고 있다는 사실도, 아들의 비극적인 추락에 그가 겪고 있을 무시무시한 고통과 슬픔도, 목동의 평온한 일상을 깨트리기에는 너무나도 미약할 뿐이다. 거울처럼 잔잔하게 그려진 바다처럼 일상 역시 잔잔하게 이어질 뿐이다. 한 인간의 비극 따위는 일상의 바다 한구석에 작디작은 일렁임이나 일어나게 할 뿐이다.

살고 싶으면 지나치게 높아지지도, 낮아지지도 말 것— 이카로스 신화가 암시하는 바는 바로 이것이다. 물론 사람들 중에는 사회적 신분이나 지위가 매우 높은 사람도 있고, 낮은 사람도 있다. 그래도 모든 사람들에게는 제각각 지켜야 할 분수가 있는 법이다. 너무 높아지려 하는 귀족은 다른 귀족이나 왕의 미움을 살 것이며, 너무 높아지려 하는 왕 또한 신하나 백성의 미움을 살 것이다.

귀족이나 왕에게도 넘지 말아야 할 선이 있고, 선을 넘는 자는 교만하고 분수 모르는 자로 비난받기 마련이다. 물론 귀족과 왕은 정도 이상으로 너무 낮아져서도 안 된다. 아랫사람들이 우러를 만큼 위엄을 갖추지 않으면 결국 조롱거리가 될 것이기 때문이다. 평범한 백성도 이 점에서는 다르지 않다. 너무 높아지려 하는 백성은 결국 벌을 받게 될 것이다. 하지만 왕과 귀족이 마구 짓밟아도 좋다고 생각할 만큼 비천한 존재로 사는 것에 만족해서는 안 된다. 지렁이도 밟으면 꿈틀거린다고 하지 않던가. 왕과 귀족이 꿈틀거릴 수도 없을 만큼 무기력한 존재로 여기게 된 백성은 그저 노예일 뿐이다.

이상하게 들릴지 모르지만, 사람이란 모름지기 분수를 지켜야만 한다는 생각은 죽음과 고통의 가능성이란 적당한 정도로 망각되어야 하는 것이라는 생각과 같다. 자신이 죽을 수도 있고, 큰 고통을 겪을 수도 있다는 것을 완전히 망각한 자는 두려움을 모르게 되고, 결국 경거망동하게 된다. 제 분수를 모르고 지위가 높고 힘센 자조차 함부로 대하다가 화를 자초할 수도 있다.

반대로 죽음과 고통의 가능성에 대해 너무 골똘하게 생각하고 염려

하는 자는 크나큰 불안과 두려움에 시달리게 될 것이며, 나약하고 비겁한 정신의 소유자가 될 것이다. 물론 이러한 자는 이미 노예화된 인간이다. 자유란 자유를 향해 도약할 용기를 요구하는 것이기 때문이다. 권력자의 관점에서 보면 노예화된 인간만큼 심심풀이 삼아 짓밟기 좋은 인간은 없다.

일상세계를 지배하는 이런저런 규범들은 대개 사람이란 모름지기 분수를 지켜야만 한다는 생각에 그 근거를 두고 있다. 언뜻 '모든 인간에게는 천부인권이 있다'거나, '모든 인간은 자체 목적으로 존재하는 것이기에 단순한 수단으로 여겨져서는 안 된다'라는 식의 규범은 분수를 지키라는 요구와는 무관한 것처럼 보이기 쉽다. 절대적이고 보편타당한 규범은, 분수를 지켜야만 한다는 생각이 요구하는 어떤 적당한 태도가 아니라, 철저한 복종의 태도를 요구하는 것이기 때문이다.

사실 소위 보편타당한 규범만큼 역설적인 개념도 찾기 어렵다. 보편타당한 규범이란 모든 인간의 존엄성 및 신성한 권리라는 관념에 토대를 두고 있기 마련이다. 존엄한 존재만이 누구도 침해해서는 안 되는 신성한 권리를 가질 수 있고, 이러한 권리를 지키려는 규범만이 보편타당할 수 있기 때문이다. 그런데 규범이란 규범에 대한 복종을 요구하는 것일 수밖에 없다. 안 지켜도 되는 것이면, 규범으로서의 효용성이 없을 테니 말이다.

그러니 보편타당한 규범은 모든 사람이 언제 어디서나 반드시 복종해야만 하는 규범인 셈이다. 바로 이러한 이유로, 보편타당한 규범은 인간을 해방하는 방향으로 작용할 수도 있지만, 반대로 억압하는 방향으로 작용할 수도 있다. 보편타당한 규범을 내세우는 자는 오직 자의적이고 부당한 권력에 대해 투쟁하는 경우에만 억압받는 인간의 해방자일 수 있다. 하지만 그 외의 경우는 간교한 억압자에 불과할 뿐이다.

설령 그가 선의를 가지고 자신이 보편타당하다고 믿는 규범을 사람들에게 알리려고 하는 경우에도, 부당한 권력에 대한 투쟁이라는 명확한 목적을 추구하지 않는 한에서는 그러하다. 그는 모든 인간이 신성한 권리를 지니고 있음을 내세운다. 오직 이러한 주장에 입각한 경우에만 보편타당한 규범이라는 관념이 타당할 수 있기 때문이다. 하지만 이러한 주장은 모든 인간을 복종적인 인간으로 만들고자 하는 의지의 표현일 뿐이다. 보편타당한 규범은 모두가 복종해야만 하는 규범이기 때문이다.

보편타당한 규범을 내세우는 자는 자신이 옳다고 믿는 바를 관철하기 위해 만인 위에 군림하고 싶다는 유혹에 시달리기 마련이다. 이러한 유혹은 곧잘 만인에 대해 가혹하고 끈질긴 폭력을 행사하고 싶은 의지로 이어진다. 자신이 보편타당하다고 믿는 규범을 받아들이려 하지 않는 자는 분명 잘못된 인간이고, 따라서 교정되어야 한다는 생각을 뿌리칠 수 없기 때문이다.

물론 이러한 생각은 획일화에의 의지일 뿐이다. 다양한 가치관은 원칙적으로 허용되지 않는다. 모두가 자발적으로 보편타당한 규범을 따르면 좋겠지만, 그렇지 않은 경우 규범을 함부로 무시하지 못하게

끔 사람들 마음속에 두려움을 심어 놓아야 한다. 한 인간이 착한지 악한지는 별로 중요하지 않다. 착한 자가 저지른 것이어도 살인이 죄인 것과 마찬가지로, 보편타당한 규범을 어기는 자는 설령 천사의 마음을 가진 자라도 벌을 받아야 하기 때문이다.

선의를 가진 자라도 보편타당한 규범의 존재를 믿는 경우 억압적이 되기 쉬운 이유 중 하나는 규범을 지키기는 어려워도 어기기는 쉽다는 것이다. 사실, 규범을 지키도록 사람들을 강제할 권위와 권력이 부재하는 경우, 규범을 어기는 것만큼 손쉬운 일도 없다. 소위 절대적이고 보편타당한 규범조차 마음만 먹으면 쉽게 어길 수 있다. 특히 나쁜 일을 마음껏 저질러도 남들로부터 벌을 받지 않을 만큼 강한 자라면 더욱더 그러하다.

실제로 인간의 역사 속에서는 아무 정당한 이유도 없이 수많은 사람들을 제멋대로 학살한 독재자들이 얼마든지 발견되지 않는가. 독재자가 끔찍스러운 악행을 마음껏 저지르는 일이 자꾸 반복되는 근본 이유는 다른 모든 사람을 무시해도 좋을 만큼 힘 있는 자가 규범을 지키도록 강제할 방법이 없기 때문이다.

규범이란 사회에서 제 세력들 간의 힘의 균형이 무너지면, 규범을 지키고자 하는 성실한 마음이 사람들에게 없으면, 곧바로 무기력해지는 것이다. 그러니 규범이란 결국 일상세계에서 공존하는 사람들이 서로에게 한 인간으로서 분수를 지키라고, 넘지 말아야 할 선을 넘지 말라고, 경고해야 할 필요성을 안고서 살아가기 때문에 생겨나는 것이다.

누구도 자신을 너무 높이 여기면 안 된다. 이러한 자는 남들의 경고를 가벼이 여길 것이고, 바로 이러한 이유로 규범을 어기기도 쉬운 자이다. 누구도 자신을 너무 낮게 여기면 안 된다. 이러한 자는 남들에게 경고할 수 없을 것이고, 바로 이러한 이유로 남들이 규범을 지킬 이유를 무화시켜 버리는 자이다.

이렇게 보면, 억압적인 권력에 맞서 투쟁할 필요가 없는 경우에도, 자신이 보편타당하다고 믿는 규범을 모든 사람들이 받아들이도록 하려고 시도하는 인간은 본래 분수를 모르는 주제 넘은 인간일 뿐이다. 이러한 자의 시도는 모든 인간 위에 군림할 권력에의 의지를 수반하기 마련이다. 그는 모든 인간이 자신에게 경고할 수 없을 만큼 비천해지기를 원한다. 물론 모든 인간이 비천해지면, 그가 지켜야만 하는 규범 같은 것은 없게 된다. 그는 군림하려 할 것이고, 군림하는 자로서, 규범의 수호자로서, 규범 위에 설 예외적이고 특별한 권리가 자신에게 있다고 믿게 될 것이다.

결국 규범이란 모든 인간을 사회적 공존을 위해 쓸모 있는 자로 만들고자 하는 사회구성원들의 관심과 의지에 의해 만들어지는 것이다. 물론 인간들 가운데는 시인도 있다. 세련된 말로 동류의 인간들에게 교묘하게 훈계질이나 하는 사이비 시인 말고, 밤하늘의 별을 우러르는 마음으로, 모든 살아 있는 것을 그 근원적 무구함 가운데서 발견할 수 있는 진짜 시인 말이다. 아마 시인에게 참된 의미의 규범은 온전하고 순수한 사랑에의 다짐과 같을 것이다. 모든 살아 있는 것을 사랑하겠노라는 다짐, 고통을 당하는 모든 자를 위해 애통해하겠노라는 다짐 말이다.

물론 우리 중 시인은 너무도 적다. 아니 누구나 마음 가장 깊은 곳에는 시인의 천성이라 할 만한 것이 조금은 감추어져 있을지도 모른다. 밤하늘의 별을 보며 그 맑은 아름다움에 감탄하지 않을 자는 없을 테니 말이다. 유감스럽게도 일상세계란 곧잘 투쟁이 벌어지는 곳이고, 증오와 분노가, 무시무시한 폭력에의 의지가, 자라나기 쉬운 곳이다. 규범에 대한 집착은 바로 이러한 진실, 즉 자신을 포함한 거의 모든 인간들이 증오, 분노, 폭력에의 의지로부터 온전히 자유로울 수 없다는, 그렇기에 서로가 서로에게 끝없이 분수를 지키라고 경고하지 않으면 안 된다는, 진실로부터 생겨난다.

바로 여기에 근원적으로 규범적인 일상세계에서 살아가는 인간들이 타인의 고통과 죽음에 냉담할 수 있는 이유가 있다. 도둑질을 당하거나 사기를 당한 자, 폭력에 시달리거나 심지어 죽임까지 당한 자에 관한 소식은 우리 마음속에 큰 분노를 불러일으키고, 우리는 곧잘 이러한 분노를 자신이 정의로운 자라는 표지로 받아들인다.

하지만 브뤼헐의 그림들은 불의를 향한 우리의 분노가 정의를 사랑하는 마음으로부터 비롯된 것이 아닐 수 있음을 강력하게 암시한다. 예수의 수난에, 이카로스의 추락과 죽음에, 자식을 잃은 다이달로스의 슬픔에, 사람들은 무관심하고 냉담하다. 왜 그러한가? 예수와 이카로스, 다이달로스 같은 자는 일상적이라고 하기 어려운 유별난 인간이기 때문이다.

도둑질, 사기, 폭력 등은 일상세계에서 다반사로 일어나는 일이고,

그러한 일을 당한 자는 결국 나와 같은 일상적인 인간이다. 즉 그의 고통과 죽음은 일상세계가 나를 위해 위험한 세계일 수 있다는 사실을 드러낸다. 바로 여기에 내가 분노하고 슬퍼하는 이유가 있는 것이다. 그러나 유별난 인간의 고통과 죽음은, 설령 예수의 경우처럼 그것이 어떤 궁극의 불의에 의해 일어난 것이라고 해도, 한 일상적인 존재자로서의 나와는 본래 무관하다. 그 때문에 나는 유별난 인간의 고통과 죽음에 대해서는 분노하고 슬퍼할 이유를 알지 못하게 되는 것이다.

일상적이지 않은 인간의 고통과 죽음은, 적어도 그의 삶이 내 일상적 삶에 체감할 수 있는 영향을 남기지 않는 한에서는, 나와 무관하다. 그러니 나는 그에 대해 관심을 기울일 이유가 없고, 따라서 그가 겪을 고통과 죽음 역시 내 알 바 아니다. 결국 규범적 일상세계에서 제법 정의로운 척 자기를 기만하던 나는 예수나 이카로스처럼 유별난 인간의 죽음의 사건을 통해 냉담하고 자기중심적인 끝물 인간으로 폭로되는 셈이다.

결국 유별난 인간의 고통과 죽음에 대한 사람들의 무관심은 부정하기 힘든 존재론적 진실을 하나 드러낸다. 그것은 일상세계의 근원적 규범성이 그 자체로 도구적 일상성의 한 가지 양태에 불과할 수 있다는 진실이다.

정의와 그 참된 근거로서의 사랑조차 도구적 의미 연관 속에서 시달리다 이울도록 하는 곳— 일상세계란 바로 그러한 곳이다. 나는 너를 한 인간으로서 사랑하고 존중하며, 그 때문에 네가 불의를 당하는 경우, 분노한다. 그러나 그 까닭은 너의 운명이 나의 운명과 무관할 수 없기 때문이다. 나를 지키려면 나는 너를 지키려 애쓰지 않으면 안 된다. 너와 똑같이 나 역시 언제고 불의를 당할 수 있기 때문이다. 바로 이러한 점에서, 너를 향한 나의 사랑조차 실은 나의 삶을 위한 도구적 의미 연관 속에 언제나 이미 포섭되어 있다.

하이데거는, 일상성이 인간 현존재의 근원적 존재방식의 하나라는 것을 주장하면서도, 일상세계의 가장 핵심적인 요소인 규범과 권력에 대해서는 거의 아무 말도 하지 않았다. 하이데거가 20세기 최대의 철학자로 평가된다는 점을 고려해 보면, 이상하기 짝이 없는 일이다. 하이데거처럼 심오하고 냉철한 철학자가 규범과 권력의 문제에 무관심했던 것을 어떻게 이해해야 할까?

그가 짧은 시간 동안이나마 나치에 부역했었다는 점을 생각해 보면, 의문은 더욱 커질 수밖에 없다. 혹시 그는, 부당하고 억압적인 권력에 빌붙는 자가 대개 그러하듯, 권력의 문제를 정면으로 다루기를 부담스러워했을까? 그렇다고 보기는 조금 어려울 것 같다. 규범과 권력은 항상 불가분의 관계를 맺기 마련이다.

특정한 권력을 지지하는 자는 자신의 입장을 윤리적으로 정당화할 필요성을 강하게 느낄 수밖에 없다. 윤리적 정당성을 확보하지 못하면, 사람들로부터 비난을 받게 되기 때문이다. 그러니 하이데거가 일상세계의 규범성에 대해 무관심했다는 점은 그가 자신의 철학을 현실

권력의 입맛에 맞게 수정하려는 마음을 품지 않았다는 것을 방증할 것이다. 적어도 그가 공식적으로 출판한 저술들만 놓고 보면 그러하다.

규범과 권력의 문제에 대한 하이데거의 무관심을 오히려 그를 의심할 이유로 간주하는 사람도 있을 법하다. 규범과 권력에 대한 나치즘적 관점을 당연시하고 별도로 논의할 필요를 느끼지 못했다는 식으로 말이다. 잘 알려져 있듯이, 나치즘은 진화론을 이론적 근거로 삼았다. 진화론에 입각해서 보면, 세계는 힘과 생존경쟁의 논리에 의해서 움직일 뿐이다.

혹시 하이데거는 규범이란 사회의 강자가 자의적으로 만든 것에 불과하다고 보았을까? 그가 나치즘에 한때 동조했다는, 그럼에도 자신의 과오에 대해 진지하고 엄숙하게 반성한 적이 없다는 사실은 그의 존재론이 나치즘과 마찬가지로 윤리란 본래 무근거한 것이라고 간주한다는 것을 방증하는 것일까?

그러나 나치즘을 포함해 모든 전체주의적인 이념은 국가를 위한 유용성의 관점에서만 인간의 존재 의의를 고찰한다는 점을 기억해 둘 필요가 있다. 국가를 위해 유용한 존재가 되도록 국민을 몰아세우는 경향이야말로 전체주의의 근본 특성이다. 자신을 국가의 영광과 번영에 이바지할 순연한 도구로만 바라보는 자야말로 전체주의 국가의 가장 이상적인 국민이다. 즉 전체주의는 인간 현존재가 국가를 위한 순연한 도구로서 존재해야 한다고 전제한다. 물론 이보다 하이데거의 관점과 동떨어진 생각도 찾기 어렵다.

하이데거에 따르면, 존재자를 도구로서 해석함은 일상적이고 비본래적인 자기의 특성이다. 존재론적으로 본래성이란 존재를 도구로 환원될 수 없는 존재 자체로서 발견하고 해석할 수 있음을 지시하는 말일 뿐이다. 이런 점에서 보면, 하이데거가 나치즘에 환멸을 느낄 수밖에 없었다고 보아야 마땅할 것이다.

하이데거는 인간 현존재의 고유하고 본래적인 자기를 도구로 환원될 수 없는 존재의 고유한 의미를 발견하고자 하는 결의를 통해 규정한다. 반면 나치즘은, 일종의 전체주의적 이데올로기로서, 각각의 존재자가 전체를 위한 도구로서 존재하도록 몰아세우는 폭력적 이념일 뿐이다.

비단 전체주의뿐이었으랴! 하이데거는 존재자를 도구로 존재하도록 몰아세움이 근현대 세계의 근본 특성이라고 본다. 물론 나치즘은 이러한 폭력성을 가장 노골적이고 집요하게 드러낸다. 그러나 아무튼 나치즘은 존재자를 도구로 존재하도록 몰아세우는 다양한 경향들 중 하나일 뿐이다. 나치즘만이 몰아세움의 폭력이고, 나치즘과 대립적이었던 다른 정치적 이념들은 몰아세움의 폭력이 아니라는 식으로 생각해서는 안 된다는 뜻이다.

연구자들 가운데는 하이데거의 역사적 과오를 문제 삼아 그의 철학 자체를 금기시해야 한다고 주장하는 자들이 있다. 이 얼마나 우스꽝스럽고, 야만적이며, 자가당착적인 발상인가? 마치 플라톤이 민주주의에 반대했으니 플라톤의 철학을 공부해서는 안 된다는 식이다. 물론 이러한 주장은 온당할 수 없다. 플라톤의 철학이 서구의 역사 속에서 매우 큰 영향력을 행사해 왔기 때문이다.

연구자들 가운데는 플라톤의 철학이 서구 문화의 형성에 대체로 긍정적으로 작용했다고 보는 이도 있고, 부정적으로 작용했다고 보는 이도 있다. 어떤 경우든 플라톤에 대한 연구는 반드시 필요하다. 플라톤의 철학이 긍정적으로 작용했다면, 그 이유를 발견하고 플라톤 철학의 장점을 잘 살려야 한다. 반대로 부정적으로 작용했다고 판단되는 경우에도, 역시 그 이유를 철저하게 밝혀내서 플라톤 철학을 철저하게 비판해야 한다.

똑같은 이야기를 하이데거의 철학에 대해서도 할 수 있다. 하이데거의 철학이 20세기 이후의 문화와 사상에 지대한 영향을 끼쳤음을 생각해 보면, 그것이 긍정적인 것이든 부정적인 것이든 상관없이, 하이데거의 철학에 대한 연구를 포기할 수는 없는 일이다.

분서갱유라도 불사할 듯 하이데거에 대해 적개심을 드러내는 자들은 영국이나 프랑스 같은 국가들의 역사적 과오에 대해서는 대체로 별말이 없다. 제2차 세계대전에서 독일과 맞서 싸운 유럽 국가들은 민주주의와 자유를 지지하는 좋은 나라들이었다는 식이다. 그러나 전체주의 대 자유주의라는 식의 이분법적 도식이야말로 얼마나 가증스럽고 기만적인가?

나치가 독일의 권력을 장악하기 전에도, 1917년 러시아혁명이 일어나기 전에도, 서구식 자본주의는 그 폭력성과 야만성을 이미 유감없이 드러내었다. 수많은 나라가 수탈을 당했고, 수많은 사람들이 이루 말할 수 없이 참혹한 고통에 시달렸다. 모두 알고 있듯이, 서구의 자본주의 국가들은 제국주의적이었다.

서구식 자본주의가 미치는 곳에서는 어디서나 인간을 순연한 생산의 수단으로서만 존재하도록 몰아세우는 경향이 강하게 일어났다. 이 모든 과오들이 나치 독일과의 전쟁을 통해 갑자기 없었던 것이 될 리는 만무하다. 자신의 과오에 대해 진지하게 반성하지 않는 나라가 이전과 근본적으로 다른 나라가 되었다고 믿을 수도 없다. 설령 겉으로는 그렇게 보인다 하더라도, 반성을 모르는 나라는 똑같은 과오를 결국 되풀이하기 마련이다.

자본주의에 대한 맹목적인 비판은 매우 위험하다. 싫든 좋든, 우리 시대에 대다수 국가의 경제적 토대는 자본주의이기 때문이다. 구체적이고 실현 가능한 대안도 없이 섣불리 자본주의를 무너뜨리려 하는 자는 참혹한 비극을 예비하는 무책임한 자일 뿐이다. 그러나 맹목적으로 자본주의를 옹호하는 자도 무책임하기는 마찬가지다. 자본주의와 자유주의가 같은 편이고, 자유주의는 자유의 증진을 최우선시하는 이념이며, 그 때문에 자본주의를 지지하는 것은 자유를 증진하고자 하는 의지의 표현이라는 식으로 생각하는 자는 최악의 기망에 사로잡힌 자이다.

자본주의는 모든 것이 돈으로 환산되는 사회이다. 돈으로 환산되는 한에서, 모든 것은 쓸모와 가치의 관점에서 해석될 뿐이다. 물론 자본주의에서 쓸모란 삶을 보존하고 증진하는 데 실질적으로 좋음이라는 뜻을 지니지 않는다. 그것은 다만 교환가치인 돈을 축적하는 데 효과적이라는 의미의 쓸모일 뿐이다. 소위 자유조차도 자본주의에서는 경쟁에 뛰어들 자유를 뜻할 뿐이다.

각자는 자신을 위해 최대한 많은 돈을 축적할 수 있는 방법이 무엇인지 물어야 하고, 이러한 물음은 근본적으로 남들과의 경쟁에서 이기기 위해 무엇을 어떻게 해야만 하는가 하는 물음과 같다. 그러니 자본주의와 동일한 것으로서 파악될 소위 자유주의란, 설령 이러한 의미의 등식이 타당하다고 전제하더라도, 교환가치를 축적하는 데 최적화된 도구가 되도록 자기 자신을 몰아세우는 자가 빠져 있는 일종의 자기기만의 표현일 뿐이다. 이러한 자는 자신이 자유롭다고 생각한다. 남들에 의해 강제됨 없이, 자발적으로, 남들과 경쟁할 수 있기 때문이다. 그러나 그는 가장 희망 없는 노예일 뿐이다. 그는 자신이 노예화되었다는 사실을 발견할 수조차 없는 것이다.

경쟁의 논리는 자신을 순연한 도구로 만들고자 하는 자발적 의지로 이어지기 마련이다. 경쟁이란 경쟁에 참여하는 자들이 공통적으로 추구하는 어떤 가치를 전제로 하는 것이기 때문이다. 불행하게도 세상에는 진 자에게 비참한 운명을 예비하는 경쟁이 적지 않다. 그리고 바로 이 때문에 사람이 자발적으로 도구로서 존재하도록 하는 두 가지 경향이 생겨난다.

하나는 승리를 향한 경향으로서, '경쟁에서 이기려면 승리에 최적화된 도구가 되도록 자신을 몰아세워야 한다'라는 신념의 형태로 나타난다. 또 다른 하나는 재건을 향한 경향으로서, '패배가 안겨 준 비참한 운명으로부터 벗어나려면 재건에 최적화된 도구가 되도록 자신을 몰아세워야 한다'라는 신념의 형태로 나타난다. 양자에게서 공통되게 발견되는 것 중 하나는 정의라는 관념을 내세워 자신의 입장을 정당화하고자 하는 의지이다.

왜 이러한 의지가 생겨날까? 상대를 악한 자로 규정할수록 자신이 반드시 이겨야 한다는 신념을 더 강하게 지닐 수 있기 때문이다. 정의의 실현을 위해 반드시 이겨야 하는 자로서, 나는 자신을 승리하는 데 최적화된 일종의 무기가 되게끔 강하게 단련해야 한다. 즉 경쟁이 격화될수록 내가 나 자신을 일종의 도구적 존재자로서 존재하도록 자발적으로 몰아세우는 경향이 강해진다. 이러한 점에서, 경쟁의 논리에 사로잡힌 자는 필연적으로 비본래적 자기로서 획일화된 자이다. 경쟁의 논리는 모두가 남들과 무차별적인 존재자가 되도록 하는 결과로 이어진다는 뜻이다.

브뤼헐의 〈베들레헴의 영아 학살〉은 이러한 진실을 놀라울 정도로 잘 포착해 낸다. 그림의 제목은 신약 성경에 나오는 헤롯 왕의 영아 학살에 관한 이야기를 가리킨다. 하지만 브뤼헐의 그림은 이 이야기를 16세기 네덜란드의 플랑드르 마을 이야기와 뒤섞어 버린다. 마을 풍경도, 마을 사람들이 입고 있는 옷도, 학살자인 병사들의 갑옷도, 예수가 태어날 당시의 것이 아니라 브뤼헐 당대의 것이다. 병사들이 입고 있는 제복은 그들이 스페인 병사들이라는 것을 드러낸다.

당시 네덜란드는, 1567년 3월부터 1648년 10월에 이르기까지 장장 80년 이상 지속된, 네덜란드 독립 전쟁(80년 전쟁)이 일어나기 직전의 혼

피터르 브뤼헐, 〈베들레헴의 영아 학살〉, 1565-1567, 영국 로열 컬렉션

란스러운 상황이었다. 그런 점에서 1565-1567년의 작품으로 추정되는 〈베들레헴의 영아 학살〉은 기본적으로 점령자인 스페인 군대의 야만성을 고발할 목적으로 그려진 것이라고 보아야 할 것이다.

하지만 브뤼헐은 네덜란드를 억압하던 적들을 특별히 잔인한 자들로 묘사하는 데는 별 관심이 없었던 것 같다. 아마 이 그림에 대해 잘 아는 사람이라면 이러한 추정이 잘못된 것이라고 여길지도 모른다. 작품이 변조變造되었기 때문이다. 신성 로마 제국의 황제 루돌프 2세는 1600년경에 이 그림을 획득했다. 그림이 잔혹하다고 생각한 그는 군인들에 의해 창에 찔려 살해당하거나 끌려가는 아이들 이미지 위에 거위, 칠면조, 양 같은 동물 이미지나 자루 이미지를 그려서 덮어 버리게 했다. 그 점은 브뤼헐의 장남이 그린 모사품을 통해 잘 확인된다. 모사품에서는 아이들 이미지가 그대로 남아 있기 때문이다.

물론 동류의 인간을 학살하는 자들은 잔인하다. 그 점을 어떻게 부정할 수 있을까? 하지만 거위, 칠면조, 양 같은 가축을 죽이는 자들도 잔인하다고 할 수 있을까? 물론 산 것을 죽이는 행위는 다 잔인하다고 여길 수 있다. 그러나 사람들은, 동류의 인간에 대해 적대적이지만 않으면, 가축을 죽이는 행위가 특별히 잔인하고 비도덕적인 행위라는 식의 생각은 잘 하지 않는다.

자신이 동류의 인간을 함부로 죽이는 학살자들을 어떻게 묘사할지 상상해 보라. 학살자의 표정은 사납고 잔인해 보이거나, 얼음처럼 냉담하게 묘사되기 마련이다. 만약 브뤼헐 역시 학살자들을 그렇게 묘사했다면, 아이 대신 가축들을 죽이고, 사람들에게서 자루를 빼앗아가는 학살자들의 모습은 무언가 이상해 보였을 것이다. 예컨대, 마을 사람에게서 자루를 빼앗거나 거위를 잡는 사람의 얼굴이 잔혹한 살해의 쾌감에 희번덕거리는 표정이라고 생각해 보라.

이러한 자는 분명 병적인 정신의 소유자이며, 그런 점에서 예외적인 인간이라는 느낌이 들 것이다. 그러나 브뤼헐의 변조된 그림에서 학살자들의 얼굴은 대체로 자연스럽다. 그들이 죽이는 것이 가축이든 인간의 영아이든 별로 상관은 없다. 그들은 가축을 죽이듯 자연스럽게 영아를 죽였을 뿐이다.

그 자연스러움은 학살자들이 학살을 일상적인 사건으로 받아들였음을 암시한다. 그들은 거위나 양을 찌르듯 영아들을 찌른 것이며, 자식이 살해당하는 장면을 보며 부모가 비통한 슬픔에 잠겨 지르는 비명 소리도 그들에게는 곧 저녁 식탁에 올릴 요리를 만들려고 죽이는 짐승의 울부짖음과 별로 다르지 않다.

물론 학살을 자연스러운 일상사로 받아들이는 자만큼 잔인한 자는 없다. 그런 점에서, 분명 브뤼헐은 학살자들을 잔인하게 묘사한 셈이다. 그러나 브뤼헐의 그림에는 학살자들은 잔인하고 사악하지만 학살당하는 조국의 백성들은 유순하고 선량하다는 식의 대조 같은 것은 조금도 없다. 학살자들도, 학살당하는 자들도, 브뤼헐의 그림 속에서는 그저 일상적인 존재자들일 뿐이다.

하이데거의 제자이기도 했던 한나 아렌트는 1963년에 출판한 『예루살렘의 아이히만』에서 '악의 평범성'에 대해 논한다. 이 책은 나치 전범인 아이히만이 예루살렘에서 받은 전범 재판을 기록하고 있다.

아렌트로 하여금 '악의 평범성'이라는 개념에 도달하도록 한 것은 아이히만이 출세를 위해 묵묵히 주어진 의무를 수행했을 뿐 특별히 잔인한 자도 아니었고, 반-유대주의에 광신적으로 빠져든 자도 아니었다는 사실이었다.

한마디로, 아이히만은 우리 주위의 평범한 이웃들과 별로 다르지 않은 인간이었다. 이러한 발견에 놀란 아렌트는 악이란 특별한 것이 아니라 일상세계 안에 일상적인 것 자체로서 녹아들어 있는 것이라는 것을 깨달았다.

스스로 생각하고 판단할 수 있는 능력의 부재— 바로 이것이 평범한 사람조차 끔찍스러운 악을 별다른 양심의 가책도 없이 저지를 수 있도록 하는 근본 원인 가운데 하나이다. 나날이 반복되는 일상사를 무의식적으로 해 나가는 가운데 인간은 자신의 행위에 대해 진지하게 성찰하고 책임을 질 능력을 상실하게 된다. 왜 이러한 일이 생길까? 하이데거식으로 말하자면, 일상사를 수행해 나가는 자기가 본질적으로 비본래적이기 때문이다.

일상적인 자기는 자신을 비롯한 모든 존재자를 도구로서 해석하는데 익숙하며, 바로 이러한 이유로 존재자를 그 고유함 가운데 발견하고 사랑하는 법을 모른다. 그렇기에 그에게는 인간을 포함한 모든 존재자가 근원적으로 무가치하다. 도구로 환원된 존재자는 도구적 효용성의 관점에서만 가치가 있을 뿐이며, 존엄하지 않고, 바로 이 때문에 근원적으로 무가치한 존재자인 것이다.

'악의 평범성'에 대한 아렌트의 철학적 성찰은 탁월하다. 그러나 온

전하지는 못하다. 아이히만은 직접 학살을 자행한 자는 아니었다. 아렌트는 바로 그 점에 주목한다. 아렌트가 보기에 아이히만은 매일 주어진 의무를 수행할 뿐, 자신이 한 일이 야기할 끔찍스러운 결과에 대해서는 별다른 생각을 하지 않는 인간이었다.

그렇다면 직접 학살을 목격한 자는 어떨까? 아이히만과 달리 유대인들이 학살당하는 현장을 직접 목격하거나, 심지어 그 자신이 학살을 자행한 자는? 이러한 자가 모두 자신의 경험에 대해 똑같은 반응을 보일 것이라고 생각할 필요는 없다. 누군가는 악몽에 시달릴 것이고, 또 누군가는 죄의식에 시달릴 것이다.

그러나 누군가는, 설령 다소 악몽이나 죄의식 같은 것에 조금 시달린다고 해도, 큰 고통 없이 이전과 별다를 바 없는 평범한 사람으로 남는다. 무엇이 이것을 가능하게 할까? 바로 정의라고 하는 관념이다. 나는 마땅히 해야 할 일을 하고 있으며, 나에 의해 죽임을 당한 자는 원래 죽어 마땅한 자였다고 믿으면, 마음이 편해질 뿐 아니라 심지어 긍지조차 느낄 수 있다.

기억하는가? 경쟁의 논리에 휘말린 자는, 그것이 개인적인 차원에서의 경쟁이든 아니면 집단적인 차원에서의 경쟁이든 상관없이, 정의라는 관념에 집착하기 마련이다. 자신이 승리를 거두는 것이 올바른 일이라는 신념이야말로 타자와의 경쟁에서 반드시 승리를 거두어야 할 이유와 동기를 안겨 주기 때문이다. 물론 일상세계는 다소간 경쟁의 논리에 의해 지배되는 세계이다.

불행하게도 근대의 출발과 더불어, 개인이라는 관념의 탄생과 더불어, 상업자본의 시대가 시작됨과 더불어, 자본주의의 태동과 더불어, 경쟁의 논리는 일상세계에서 그 유례를 찾을 수 없을 만큼 격심해지기 시작했다. 소수의 영웅들만이 아니라 모든 인간들이 각자의 삶 속에서 승리를 거두기 위해 무한경쟁을 벌여야 하는 새로운 시대가 열린 것이다.

이러한 시대에 정의라는 관념은 그 자체로 잔혹성의 표현이기 쉽다. 나와 경쟁하는 자는 모두 기본적으로 적이고, 나의 승리가 정의로운 일인만큼 적은 악인이어야 하며, 따라서 정의의 이름으로 벌을 받아야 한다. 이 얼마나 편리하고 기괴한 자기합리화인가? 하지만 우리 시대에는 이런 방식의 자기합리화가 도처에서 일어난다.

영화 속에서, 소설 속에서, 드라마 속에서, 만화 속에서, 게임 스토리 속에서, 그리고 매일같이 접하는 각종 뉴스 속에서, 명민한 정신의 소유자라면 정의의 이름으로 치장된 인간의 본성의 잔혹함을 어렵지 않게 간파해 낼 수 있다. 굳건히 정의를 믿는, 그리고 바로 그 때문에 자신이 실은 잔혹한 범죄자에 불과하다는 뻔한 사실을 외면하는 자야말로 우리 시대에 가장 흔히 발견되는 일상적 인간의 전형이다. 한마디로, 근대 이후의 시대는 참혹한 자기기만의 시대이다.

'악의 평범성'은 아렌트가 생각했던 것보다 훨씬 더 깊고 집요하게 일상세계를 파고 든다. 아이히만처럼 펜대만 굴리는 인간과 직접 창으로 찌르고 총을 쏘는 자 사이에는 어떤 본질적인 차이도 없다. 펜대만 굴리는 인간 역시 직접 학살을 자행하는 자와 조금도 다를 바 없이 철저하게 잔혹해진 자일 수 있다는 뜻이다.

예를 들어, 주식 투자에 관해 생각해 보자. 자본주의 사회에서 주식 투자는 허용되어야만 하는 일이며, 내가 사들인 군수산업체의 주식 시세가 오르기를 바라는 것은, 그리고 그 때문에 국가 간에 긴장이 높아지고 전쟁이 일어나기를 바라는 것은, 당연한 일이다. 나는 결코 잘못을 저지른 것이 아니며, 따라서 나를 비난하는 자는 다만 부당한 자일 뿐이다.

인간 세상에서 사람들이 경쟁을 벌이는 것은 당연한 일이다. 경쟁에서 이긴 자가 진 자보다 더 많이 차지하는 것도 당연한 일이다. 그러니 승자가 아닌 대다수 인간들이 빈곤에 시달리는 현실은 내 알 바 아니다. 불평등을 빌미로 삼아 승자독식의 논리가 지배하는 사회에 폭력적인 위해를 가하는 인간은 당연한 논리를 부정하는 범죄자일 뿐이며, 따라서 이러한 자를 처벌하는 것은 마땅하고 올바른 일이다….

이 모든 논리들에는 다 나름대로 이유가 있고, 또 정당성이 있다. 그러나 바로 이러한 이유와 정당성에 대한 확신이야말로 우리를 잠재적, 현실적 학살자로 만들어 버리는 근본 동인들 가운데 하나이다. 우리가 잠재적, 현실적 학살자로서 평범한 까닭은 직접 학살하지 않고 펜대만 굴리기 때문이 아니라, 실은 학살의 논리가 우리 모두의 마음 속에 이미 내면화되었기 때문이다.

화가 브뤼헐은 바로 이러한 진실을 직시하고 있었다. 바로 그 때문에 그는 그림 속에서 학살자에 대해 특별히 적개심이나 분노를 드러내지도 않았고, 학살당하는 자에 대해 특별히 공감이나 동정을 표하지도 않았다. 〈베들레헴의 영아 학살〉의 왼편 중간쯤에 갑옷을 입은

병사가 말에서 내린 채 어느 집 벽에다 대고 오줌을 싸고 있는 모습이 보인다.

서로 경쟁을 벌이도록 몰아세워지는 원자적 개인들의 일상세계에서는 학살의 논리를 따르고자 하는 충동이 오줌 싸고 싶은 충동만큼이나 흔하고 자연스럽다. 그러나 아무도 자신이 학살자라는 것을 자각하지 않는다. 누구나 그저 마땅하고 올바른 일을 하며 살 뿐이다. 더러 실수를 하기는 하지만, 그까짓 것 별로 문제가 되지는 않는다.

대체 흠 없는 영혼이 어디 있으랴. 성인군자조차도 밥은 먹어야 살고, 무한경쟁의 시대에 밥이라도 잘 먹으려면 경쟁에서 이기는 데 꼭 필요한 정의의 논리로 탄탄하게 무장하고 볼 일이다. 물론 정의의 논리로 무장한 자에게 자신과 경쟁하는 자는 모두 잠재적, 현실적 범죄자일 뿐이다. 그러니 내가 잠재적, 현실적 학살자로 존재하는 것도 어쩔 수 없는 일이고, 정의를 위해 마땅히 필요한 일이기도 하다….

〈맹인들의 우화〉는 1568년에 완성된 작품이다. 브뤼헐이 1569년에 죽었으니, 이 그림은 44년 남짓 짧은 생애를 보낸 화가의 말년 작품인 셈이다.

〈맹인들의 우화〉는 신약 성경 마태복음의 15장을 사상적 배경으로 삼고 있을 것으로 추정된다. 예수의 제자들 중 일부가 손을 씻지 않은 채 음식을 먹는 것을 보고, 바리새파 사람들과 율법학자들은 예수에게 "당신의 제자들은 어째서 전통을 깨트리는가?" 하고 따지듯 묻는다. 식사하기 전 반드시 손을 씻어야 하는 전통을 예수의 제자들이 지키지 않았다고 비난한 것이다.

예수의 반응이 다소 엉뚱하다. 이러한 비난에 대한 온당한 입장은 음식을 먹기 전 반드시 손을 씻어야 한다는 전통이 과연 올바른 것인지 잘 생각한 뒤에야 나올 수 있다. 전통이 올바른 것이라면, 전통을 지키지 않는 행위는 비난받아 마땅할 것이고, 전통이 올바른 것이 아니라면, 전통을 지키지 않았다고 해서 굳이 비난할 필요는 없을 것이다. 하지만 예수는 음식을 먹기 전 반드시 손을 씻어야 한다는 전통이 올바른 것인지 따지지 않는다. 대신 예수는 바리새파 사람들과 율법학자들에게 "너희는 어째서 전통을 빌미로 하나님의 계명을 어기느냐?"라고 대뜸 반문한다.

형식논리적으로 보면, 예수는 일종의 양비론을 펼친 셈이다. '우리도 잘못했지만, 너희도 잘못했으니, 너희에게 우리를 비난할 자격이 과연 있느냐' 하고 지적하는 것이 양비론의 특징이다. 그러나 예수가 단순한 양비론을 펼쳤다고 보기는 어렵다. 바리새파 사람들과 율법학자들이 하나님의 계명을 어겼다고 단정했기 때문이다. 하나님의 계명과 어긋나는 것은 물론, 설령 그것이 무수히 많은 사람들이 장구한 시간 동안 신성시해 온 전통이라고 할지라도, 올바르지 못한 것이고, 악한 것이다. 그러니 예수의 이야기는 양비론이 아니다. 그것은, 전통을 어긴 우리가 아니라, 전통을 빌미로 삼아 하나님의 계명을 지키지 않은 너희야말로 크나큰 죄인이라는 뜻이다.

피터르 브뤼헐, 〈맹인들의 우화〉, 1568, 카포디몬테 국립 미술관

바리새파 사람들과 율법학자들이 전통을 빌미로 삼아 지키지 않은 하나님의 계명은 과연 무엇일까? 예수의 전언에 따르면, 그것은 "네 부모를 공경하라!"라는 계명, "자기 부모를 저주하는 자는 반드시 죽여야 한다"라는 계명이다. 둘 다 모세가 전해 준 계명이다. 예수는 바리새파 사람들과 율법학자들이 "부모에게 드려야 할 것을 하나님께 드리기만 하면, 부모를 공경할 필요가 없다고 가르친다"라고 지적한다. 그들은 "하나님의 말씀을 헛되게 했다." 물론 하나님의 말씀을 헛되게 하는 것보다 더한 잘못은 없다. 예수의 말은 '전통을 내세워 내 제자들을 비난하는 너희야말로 죽어 마땅한 죄인'이라는 무시무시한 심판인 셈이다.

예수는 마침 그 자리에 있던 군중에게 "입으로 들어가는 것이 사람을 더럽히는 것이 아니라 입에서 나오는 것이 사람을 더럽힌다"라고 선언한다. 그때 제자들은 예수에게 "주여, 바리새파 사람들이 주님 말씀을 듣고 화가 났음을 아시나이까?" 하고 묻는다. 예수의 대답은 다음과 같았다.

> "하늘에 계신 내 아버지가 심으신 것이 아닌 나무는 모두 뽑힐 것이다. 그러니 내버려 두라. 그들은 눈먼 인도자들이다. 맹인이 맹인을 인도하면, 결국 둘 다 구덩이에 빠지고 말 것이다."

어떻게 보면, 예수가 참으로 까칠하다는 느낌이 들기도 한다. 사실 바리새파 사람들과 율법학자들은 음식을 먹기 전 반드시 손을 씻으라는 전통적 규범을 지키라고 따졌을 뿐이다. 그런데 예수의 대답은 마치 저주처럼 들린다. 음식을 먹기 전에 손을 씻는 것이 그렇게 하지 않는 것보다 물론 좋다.

입으로 들어가는 것이 사람의 마음을 더럽히지 않는다고 볼 수는 있을 것 같다. 하지만 청결히 하기를 게을리하면, 병에 걸리기 쉽고, 자칫 전염병이라도 돌면, 사회 전체가 낭패다. 그러니 예수는, 제자들의 건강을 위해서나 사회의 건전한 발전을 위해서나, 바리새파 사람들과 율법학자들의 비판을 받아들여, 제자들에게 "다음부터는 손을 씻고 나서 음식을 먹으라" 하고 권해야 하지 않았을까?

그러나 바리새파 사람들과 율법학자들이 실제로 부모를 공경하지 않았다면, 그랬을 뿐만 아니라 하나님을 핑계 삼아 부모를 잘 보살피고 공경하지 않아도 좋다는 식의 생각을 퍼뜨렸다면, 그들은 손을 씻지 않고 음식을 먹은 것과는 비교도 할 수 없는 죄를 저지른 셈이다. 적어도 '부모를 공경하라'라는 것이 하나님의 절대적인 명령이라고 전제하면 그렇다.

그런데 그들의 죄는 어떤 성격의 것일까? 이러한 물음은 여러 가지로 대답될 수 있다. 하나는 하나님의 명령을 어기면 무조건 잘못이니 그들은 죄를 범한 것이라고 보는 것이다. 별도의 설명이 뒤따르지 않는 한에서, 이러한 관점은 결국 인간이란 하나님에게 절대적으로 복종해야 하는 하위의 존재자일 수밖에 없다는 생각을 전제한다.

또 다른 하나는, 자기 부모를 공경하지 않는 자가 늘어나면, 결국 노년까지 살아남을 모든 인간에게 손해이니, 그들은 죄를 범한 것이라고 보는 것이다. 이러한 관점은 일종의 공리주의적 관점이다. 다수의 사회구성원에게 손해를 끼치는 생각과 행동은 허용되어서는 안 된다는 생각이 그 바탕에 깔려 있다.

그러나 가장 근본적인 대답은 '자기의 이익을 위해 부모를 공경하지 않는 것은 자신이 하나님과 무관한 존재가 되게 하는 것이라 죄악이다'라는 것이다. 도덕적 규범이란 결국 인간을 위해 인간이 지켜야 할 것을 규정하는 것이고, 바로 이런 점에서 인간을 인간으로서 사랑하고 존중할 것을 그 암묵적이고도 필연적인 전제로서 지닌다. 그런데 인간을 인간으로서 사랑하고 존중할 이유가 대체 어디에 있을까? 인간 현존재가 다른 존재자들보다 특별한 까닭은 무엇인가?

이러한 물음에 대한 대답은 이미 물음 자체 안에 담겨 있다. 인간을 인간으로서 사랑하고 존중하라는 요구는 우리가 그렇게 할 수 있음을 응당 전제한다. 자기의 이익만을 추구하지 않고 인간을 인간으로서 사랑하고 존중할 수 있음이 우리가 특별한 존재자일 수 있는 유일무이하고도 근본적인 이유이다. 그러니 자기의 이익을 위해 부모를 공경하지 않을 핑계를 만들어 내는 자는 도덕의 근원적 근거를 허무는 자이고, 바로 그런 점에서, 인간으로서 사랑받고 존중받을 이유를 상실한 자이다.

물론 자기의 이익을 위해 부모마저 냉담하게 대할 수 있는 자는 그 밖의 모든 인간을 인간으로서 사랑하고 존중할 가능성을 이미 잃어버린 자이다. 그러니, 적어도 그들에 대한 예수의 말이 맞는다면, 바리새파 사람들과 율법학자들은 자기의 이익을 위해 도덕을 내세울 뿐,

이미 도덕의 참된 근거를 무너뜨린, 도덕의 참칭자일 뿐이라는 결론이 나온다.

이러한 자는, 끝없이 자기의 이익만을 추구한다는 점에서, 살면서 만나는 모든 것을 자기를 위한 도구로서 해석하는 데 능한 자들이다. 하이데거식으로 표현하자면, 그들에게 존재는 이미 일상세계를 지배하는 도구적 의미 연관에 포섭되어 있을 뿐 아니라, 그 도구적 의미 연관 자체가 아름답고 조화로운 공존에 이바지하는 방식으로 짜여 있지 않고, 원자화된 사적 개인들 사이의 잠재적·현실적 경쟁 관계로 인해 생성되는 파괴성과 공격성을 내포하고 있다. 결국 이러한 자에게 도덕이란 타자를 공격하고, 지배하거나 파멸시켜 버릴 그 수단에 불과한 셈이다.

이러한 자는 물론 육체적 맹인이 아니다. 그들은 영적 맹인일 뿐이다. 영적 맹인이 영적 맹인을 이끎으로써 결국 모두가 빠져 버리게 되는 구덩이 또한 물리적으로 형성된 구덩이가 아니다. 종교적 신앙을 지닌 자라면, 이 구덩이를 영원한 멸망의 구렁텅이라고 해석할 것이다. 히브리서에도 나오지 않는가. 세상 사람들은 썩어질 세상 것들만 추구하지만 믿는 사람들은 영원한 하나님의 말씀만을 사모할 뿐이며, 이는 곧 육체적 욕망에 휘둘리는 세속적인 자기의 이익만을 추구하지 말고 경건하게 자신의 영성을 하나님 보시기에 합당하게끔 잘 가꾸라는 뜻이리라.

물론 종교적 신앙이 없는 사람이라면, 이런 식의 해석을 곧이곧대로 받아들이기 어렵다. 하나님이 없다고 생각하는데, 영원한 하나님의 말씀만을 사모하라는 식의 이야기가 현실성이 있다고 여겨질 리 만무하다. 그러나 누군가를 진실한 마음으로 사랑해 본 적이 있는 사람이라면, 자기의 이익만을 추구하는 삶이야말로 가장 비루하고 보잘 것없는 삶이라는 것을 이미 알고 있다.

자기 자신을, 그리고 자신이 만나는 모든 사람을, 자기의 이익만을 추구하는 자라고 믿게 될 경우, 우리는 자신에 대한 믿음, 인간에 대한 믿음을 잃어버리게 되고, 결국 정신적으로 빈곤해지게 된다. 그러니 종교적 신앙이 없는 사람이라고 하더라도, 영적 맹인이 영적 맹인을 이끎으로써 결국 모두가 빠져 버리게 되는 구덩이는, 비록 영원한 멸망의 구렁텅이 같은 것은 아니라고 할지라도, 무의미의 나락 정도는 되는 셈이다. 우리는 모두 아름다운 존재자가 될 가능성의 존재이다. 그 가능성을 실현하기를 거부하고 스스로 무의미의 나락으로 굴러떨어지기를 마다하지 않는 자는 물론 어리석고 추하다.

브뤼헐은 자기 그림 속 구덩이의 의미를 어떻게 해석했을까? 그의 그림이 현실세계에 대한 무서울 정도로 냉정한 시선을 반영하고 있다는 점에서 보면, 영원한 멸망의 구렁텅이가 아니라 무의미의 나락으로 해석했을 것 같다. 그러나 예수 역시 바리새파 사람들과 율법학자들이 이끄는 당대 유대인 사회의 현실에 대해 무서울 정도로 냉정한 시선을 지니고 있었다. 그러니 그가 자기 그림 속 구덩이를 영원한 멸망의 구렁텅이로 해석했을 가능성 역시 배제할 수는 없을 것 같다. 하기야, 상관이야 있겠는가? 어떤 경우든, 그 구덩이에 빠지는 자는 추하고 무의미한 삶을 살았을 뿐이다.

이러한 자가 내세우는 도덕은 자가당착적이고 자기모순적이다. 도덕은 인간이 사랑받고 존중받는 데 합당한 존재자라는 전제에서 출발한다. 그런데 이러한 자는 자가당착적이고 자기모순적인 도덕을 내세움으로써 스스로 자신이 사랑받고 존중받는 데 조금도 합당하지 않은 자라는 것을 드러낼 뿐이다.

하이데거와
빈센트 반 고흐

빈센트 반 고흐의 인상주의 회화와
하이데거의 알레테이아 개념

빈센트 반 고흐, 〈별이 빛나는 밤〉, 1889, 뉴욕 현대미술관(MoMA)

〈빈센트〉는 돈 매클레인이 인상주의 화가인 빈센트 반 고흐를 기리며 1971년에 발표한 곡이다. 아무 전주도 없이 곧장 '별이 빛나는 밤Starry, starry night'이라는 노랫말로 시작한다. 매우 감성적이면서도, 동시에 차분하게 감정을 가라앉히는 노래이다. 감미로운 선율과 매클레인 특유의 청아하고도 부드러운 음성이 잘 어우러져, 듣는 이의 마음속에 매우 부드럽고 섬세한 감성을 불러일으킨다. 하지만 과도한 감정에 휩쓸리는 일 없이, 그 감성의 아름다움을 고요히 관조하게 한다.

〈빈센트〉에는 다음과 같은 구절이 나온다.

> 사람들은 당신을 사랑할 수 없었어요.
>
> 하지만 그럼에도 당신의 사랑은 진실했지요.
>
> 우리를 희망이 남지 않았을 때
>
> 그 별이 빛나던 밤에

당신은 연인들이 종종 그렇게 하듯 스스로 목숨을 끊었어요.
하지만 빈센트, 저라면 당신에게 말해 주었을 거에요.
이 세상은 단 한 번도 당신처럼 아름다운 이에게 어울린 적이 없었다고요.

여기서 '세상'이라는 말은 자연세계, 우주 같은 것이 아니라 인간 세상을 뜻할 것이다. 결국 〈빈센트〉에 의하면, 고흐가 자살을 한 까닭은 그가 인간 세상에서 살기에는 너무 아름다운 인간이었기 때문이다. 그런데, 고흐의 아름다움이란 대체 무엇을 가리키는 말일까? 과연 그는 〈빈센트〉의 노랫말처럼 인간 세상에 어울리지 않을 만큼 아름다운 인간이었을까?

솔직히 고흐는 성자聖者가 아니었다. 대체 어떤 성자가 정신병에 시달리다 자신의 귀를 자르고, 심지어 자살까지 감행한다는 말인가? 그렇다고 고흐의 아름다움을 얼굴이나 몸의 아름다움이라는 뜻으로 해석할 수도 없는 노릇이다. 한 인간의 외모가 좀 훌륭하다는 것이 그가 인간 세상과 어울리지 못할 만큼 아름다운 인간이라는 것을 뜻할 수는 없을 테니 말이다. 게다가 고흐의 용모는, 그 자신이 직접 그린 많은 자화상을 통해서도 짐작할 수 있듯이, 대체로 추한 편이었다.

그렇다면 결국 〈빈센트〉가 노래하는 고흐의 아름다움은 어떤 정신적인 아름다움일 수밖에 없을 것이다. 그런데 정신병에 시달리는 정신이, 세상을 사랑했지만 정작 세상 사람들로부터는 사랑도 받지 못하고 인정도 받지 못하는 바람에 괴로워하는 정신이, 어떻게 아름다운 정신일 수 있을까? 고독과 고통에 내몰리다 결국 스스로 생을 마감하게 된 인간을 아름답게 묘사하는 영화나 소설은 많다. 그런데, 정말 그런가? 참으로 아름다운 정신을 지닌 자라면, 어떤 역경에도 굴하지 않고 늘 온화하면서도 이해심 많은 사람으로 살아가지 않을까?

전통적인 철학의 관점에서 이 문제를 풀기는 거의 불가능하다. 아니, 전통적인 철학의 관점에 충실한 사람이라면, 아마 단호하게 고흐와 같은 인간은 결코 아름다운 정신의 소유자일 수 없다고 선언할 것이다. 전통적인 철학의 관점에서 보면, 오직 참으로 강한 것만이 진실하고, 선하고, 아름다울 수 있기 때문이다.

철학하는 사람들은 흔히 고대 그리스의 철인들이 진선미의 일치를 삶의 이상으로 삼았다는 식의 이야기를 한다. 그런데 고대 그리스의 철인들에게 참으로 진실하고, 선하고, 아름다운 존재는 바로 신(성)이다. 그들에게 신(성)이란 자기 자체 안에서 진실함과 선함과 아름다움의 궁극적 일치를 이룬 그러한 존재를 뜻하는 말이었다.

왜 신은 참으로 진실하고 선하고 아름다운 존재인가? 자신이 아닌 그 어떤 것에도 의존하지 않을 만큼 강하고 자족적이기 때문이다. 간단히 말해, 신이 참으로 진실하고 선하고 아름다운 존재인 까닭은 신이 다른 것에 의해 변할 수 없을 만큼 무한히 강하다는 바로 그 점에 있다. 전통적인 철학의 관점에서 보면, 오직 참으로 강한 것만이 참으로 아름다울 수 있다는 뜻이다.

그런데 이 말은 곧 약한 것은 그 자체로 추한 것이거나, 그 자신의 아름다움을 견지하기 어려운 것이라는 뜻이기도 하다. 참된 아름다움은 언제나 한결같아야 하는데, 약한 것은 그러지 못하니, 참으로 아름다운 것일 수 없다는 것이다. 이 기준으로 보면, 고흐와 같은 인간은 결코 아름다운 인간일 수 없다. 참으로 강한 정신만이 아름다울 수 있는데, 이러한 정신은 그 강함으로 인해 언제나 한결같을 것이고, 따라서 미치지도 않을 것이기 때문이다.

물론 인간은 신이 아니다. 그 때문에 인간은 종종 고통에 시달린다. 그러나 고통에도 불구하고 의연한 정신은 아름답지만, 반대로 고통으로 인해 일그러지는 정신은 추하다. 그렇다면 결국 광인이 된 고흐의 정신 역시 추하다고 보아야 하지 않을까? 대체 광인이 되어 자살로 생을 마감한 고흐가 아름다운 인간이었다는 식의 생각이 어떻게 타당할 수 있을까?

하이데거를 공부하는 사람들에게 가장 까다로운 문제 중 하나는 하이데거의 존재론과 현상학 사이의 관계에 관한 문제이다. 잘 알려져 있는 것처럼, 하이데거의 제자 중 가장 유명한 철학자는 가다머이다. 그는 하이데거의 철학이 현상학과 아무 상관도 없다고 여긴다.

가다머에 의하면, 하이데거의 주저인 『존재와 시간』은 본래 실패한 저술이다. 그 근본 이유는 하이데거 자신의 철학과 이질적인 현상학적 관점이 과도하게 반영되었기 때문이다. 하지만 정작 하이데거는 『존재와 시간』이 실패한 저술이라고 인정하지도 않았고, 자신의 철학이 현상학과 양립할 수 없다는 식으로 주장하지도 않았다. 오히려 하이데거는 말년에 이르기까지 현상학적 사유 안으로 들어가는 법을 배워야 한다고 곧잘 강조했다.

왜 이런 일이 생겼을까? 어떻게 현상학과 하이데거 철학 사이의 관계를 하이데거와 그 제자인 가다머가 서로 모순되게 파악하게 되었을까? 가장 기본적인 이유는 가다머가 하이데거 철학에서 현상학이 지니는 의미를 제대로 간파하지 못했다는 점에 있다. 가다머는 현상학을 후설의 철학으로 한정해서 이해했다. 게다가 그는 후설의 현상학을 인식론에 국한된 편협한 철학으로 여겼다.

만약 현상학이 후설의 철학으로 한정될 수 있다면, 그리고 현상학이 인식론에 국한된 편협한 철학으로 간주되어야 한다면, 현상학은 하이데거의 철학과 어울릴 수 없다. 하이데거의 존재론은 존재의 의미가 전통적인 인식론에서 그릇되게 해석되어 왔다는 문제의식에서 출발하기 때문이다.

가다머의 생각은 완전히 잘못된 것이다. 하이데거에게 현상학은 후설의 철학을 가리키는 말이 아니라 철학의 본질을 가리키는 말이다. 하이데거의 관점에서 보면, 철학은 고대 그리스 시대부터 이미 현상학적인 성격을 띠고 있었다는 뜻이다. 또한 후설의 현상학은, 가다머의 생각과 달리, 인식론에 국한된 철학이 아니다.

물론 후설의 현상학이, 적어도 하이데거의 존재론과 비교해 보면, 인식론에 치우쳐 있다는 것을 부정하기는 어렵다. 그러나 후설의 현상학이 종래의 인식론에서 자명한 것으로 간주되어 온 모든 것을 비판적으로 철저하게 검증한다는 것을 간과해서는 안 된다. 후설의 현상학이 20세기의 철학에 큰 흔적을 남긴 가장 중요한 이유는 전통적인 인식론의 한계를 넘어서 삶과 존재의 의미를 새롭게 해석할 철학적 가능성을 열어 놓았다는 점에 있다.

철학의 근본 물음은 진리를 향해 있다. 그런데, 대체 진리란 무엇인가? 전통적인 인식론의 관점에서 보면, 진리는 일종의 논리적 명제와 같은 것이다. 예컨대, '이 꽃은 붉다'라는 명제는 주어에 해당하는 꽃이 실재하는 경우, 그리고 그 꽃이 실제로 붉은 경우, 참인 진리 명제이다. 하지만 우리는 이런 식의 생각이 하이데거의 존재론에서는 유효할 수 없음을 이미 알고 있다.

꽃이 실재한다는 것을, 그리고 그 꽃이 실제로 붉다는 것을, 대체 어떻게 확인할 수 있을까? 붉음은 일종의 감각이고, 따라서 감각하는 내가 없으면 생길 수 없다. 그러니 붉음은 객관적이거나 실재적인 것일 수 없다. 그런데 가만히 생각해 보면, 우리가 꽃에 관해 알고 있는 모든 것은 근본적으로 감각과 연관되어 있다. 꽃의 색뿐 아니라 그 향기도, 모양도, 부드러움도, 싱그러움도 다 감각적인 것을 가리키는 말이고, 따라서 객관적이거나 실재적인 것일 수 없다.

그러니 꽃이 실재한다는 식의 생각도, 적어도 실재성을 감각적으로 느끼고 사념하는 나와 무관하게 그 무엇이 객체적으로 존재함을 가리키는 말로 이해하는 한에서는, 타당할 수 없다. 그러니 진리가 실재에 상응하는 논리적 명제와 같은 것이라는 식의 주장은 철학적으로 난센스에 불과할 뿐이다.

간단히 말해, 우리가 실재하는 것이라고 여기는 모든 것은 실은 감각을 통해 알려진 현상적인 것이고, 그런 한에서 감각하고 사념하는 나의 존재와 무관한 것일 수 없다. 우리가 사물을 우리와 무관하게 실재하는 것이라고 여기게 되는 가장 근본적인 이유 중 하나는 우리의 소위 깨어 있는 의식이 언제나 이미 생성된 현상과의 관계 속에서만 존속할 수 있기 때문이다.

나의 깨어 있는 의식은 하나의 사물로부터 우선 감각적 요소들을 받아들인 뒤 논리적 추론을 통해 감각적 요소들의 연관 관계를 파악함으로써 하나의 사물 현상을 완성하는 식으로 존재하지 않는다. 꽃은 분명 그 색과 향기와 모양이 없으면 존재할 수 없고, 그런 점에서 분명 감각하는 나와의 관계에서만 존속할 수 있는 현상적인 것이다. 그러나 나는 결코 하나의 사물로부터 우선 그 색과 향기와 모양을 받아들인 뒤, 이러한 감각 요소들의 연관 관계를 논리적 추론을 통해 파악해서, '여기에 꽃이라 불릴 수 있는 하나의 사물이 존재한다'라는 식으로 결론을 내리지 않는다.

처음부터 꽃은 그냥 거기 있다. 꽃을 꽃으로 발견하는 데 있어서 개별적인 감각 요소들을 분류하고, 종합하면서, 감각 요소들 간의 관계를 논리적으로 추론하는 식의 노력은 완전히 불필요하다. 그런데, 어떻게 이런 일이 가능할까? 어떻게 하나의 사물 현상이, 감각 요소들 간의 논리적 관계에 대해 내가 주체적으로 행하는 판단과 추론 없이, 내게 그냥 거기 있는 것으로서 발견될 수 있을까?

내가 나의 자아라고 여기는 것, 깨어 있는 의식이라고 여기는 것,

나 자신의 주체라고 여기는 것이 실은 생성과 소멸을 반복하는 감각의 평원 위에서 유령처럼 떠도는 존재에 불과하기 때문이다. 감각이 끝없이 생성되고 또 소멸하는 과정은 본래 나 자신의 주체적 의지와 무관하다. 나는 언제나 이미, 생성하고 또 소멸하는, 감각과의 관계 속에서 머물고 있다.

철학이란 본래 현상학적인 것으로서만 가능하다는 하이데거의 관점 역시 바로 이러한 성찰에 잇닿아 있다. 바로 그 때문에 그는 『존재와 시간』에서 '그 무엇을 순연하게 감각적으로 받아들임'으로서의 아이스테시스가 그리스인들에게 로고스보다 더 근원적인 진리의 자리라고 지적하는 것이다. 아이스테시스가 로고스보다 더 근원적인 진리의 자리라는 것은 로고스적 사유의 주체란 본래 비주체적으로 생성된 현상과의 관계 속에서만 존속할 수 있는 유령 같은 존재자에 불과하다는 뜻이기도 하다.

하이데거의 유명한 주장에 따르면, 존재론적 진리란 존재 자체의 탈은폐, 즉 알레테이아ἀλήθεια이다. 그런데 인간 현존재는 존재 자체의 탈은폐를 감행하는 주체적 존재자가 아니다. 존재 자체의 탈은폐란, 다른 말로, 존재가 하나의 현상으로서 자신을 인간 현존재에게 열어 밝혀 주었다는 것이다.

물론 존재가 하나의 현상으로서 자신을 인간 현존재에게 열어 밝혀 주려면, 우선 인간 현존재가 존재해야 한다. 인간 현존재가 존재하지 않으면, 존재가 하나의 현상으로서 자신을 열어 밝혀 줄 그 대상이 존재하지 않는다는 점에서, 존재는 당연히 자신을 열어 밝힐 수 없을 것이기 때문이다. 아니, 하이데거의 관점에서 보면, 이런 식의 설명 자체가 존재론적으로는 이미 부적절하다. 존재라는 말 자체가 존재의 의미를 묻고 또 저 나름대로 이해하며 살아가는 특별한 존재자로서의 현존재의 존재를 통해 열어 밝혀지는 것이기 때문이다.

그러나 인간 현존재의 존재는 결코 주체로서 규정될 수 없다. 인간 현존재는 존재 자체로부터의 부름에 끝없이 응답해야만 하는 존재자로서, 오직 이러한 응답의 행위를 통해서만 유령 이상의 존재의미를 자신에게서 발견할 수 있는 그러한 존재자로서, 존재할 뿐이다.

꽃의 붉음이 화사하고 아름다운가? 그렇다면 그대는 이미 그대가 꽃이라고 부르는 그 존재자의 존재의 부름에 응답하는 자로서 여기 있다. 왜 그러한가? 아름다움의 감각은 유령 같은 그대가 아름다움이라는 이름의 존재의 의미를 향해 끝없이 흐르도록, 때로는 부드럽게, 때로는 강렬하게, 청유함이기 때문이다.

꽃의 향기가 기분 좋은가? 그럼 일상세계를 지배하는 도구적 의미연관으로부터 잠시 벗어나서, 꽃의 향기가 그대의 정신을 기분 좋게 고양시키는 대로 그냥 내버려 두라. 오직 그러한 경우에만 그대는 단순한 유령이기를 그치고 참되게 존재할 수 있다. 인간 현존재에게 존재란 아름다움의 감각이 일으키는 정신의 고양을 통해 영원한 동경의 대상으로서 드러나고 또 감추어지는 어떤 불가사의한 꿈을 가리키는 말이기 때문이다.

빈센트 반 고흐, 〈파이프를 물고 귀에 붕대를 한 자화상〉, 1889, 개인소장품

고흐의 그림 〈파이프를 물고 귀에 붕대를 한 자화상〉은 1889년에 제작된 작품이다. 1889년은 참으로 특별한 해이다. 20세기의 가장 독창적이고 심오한 철학자들이라 할 수 있는 하이데거와 비트겐슈타인이 1889년에 태어났고, 아돌프 히틀러 역시 1889년에 태어났다. 니체가 정신착란 상태에서 토리노에서 졸도한 뒤 정신의 암흑 속으로 가라앉아 버린 해 역시 1889년이다.

그 날은 니체가 그의 마지막 저술인 『디오니소스 송가』의 집필을 마쳤을 때인 1월 3일이었다. 그날 그는 자신을 불패의 디오니소스이자 지상에 축제를 불러오는 자로 소개하는 편지를 썼다. 편지에서 니체는 부처, 디오니소스, 카이사르, 셰익스피어, 나폴레옹, 볼테르, 바그너 등이 모두 자신의 현현이라고 밝힌다.

물론 완전한 광인만이 이런 식의 헛소리를 할 수 있다. 토리노의 광장에서 발작하기 이전에 이미 니체는 미쳐 있었던 것이다. 하기야 자신을 불패의 디오니소스로 여기는 자라면, 인간의 역사 속에서 등장한 모든 영웅들을 자신과 동일시할 법하다. 신화 속의 모든 영웅들은 모두 태양신의 가면에 불과하다는 주장도 있지 않은가.

여담이지만, 만약 천의 얼굴을 지닌 신이 실재한다면, 그 신은 응당 디오니소스일 것이다. 니체가 자신의 첫 출판 저술인 『비극의 탄생』에서 조형적 원리와 질서를 상징하는 신으로 소개한 아폴론이 아니라 실은 주신인 디오니소스가 진정한 의미의 태양신이다. 적어도 태양을 존재의 찬란한 광휘의 상징으로 여기는 한에서는 그러하다. 존재의 찬란한 광휘는 존재자들을 외적 대립의 관계를 통해 분별해서 가지런한 질서를 세우려는 정신이 마주 볼 수 있는 것이 아니기 때문이다.

니체가 완전한 광인이 되던 날 고흐는 병원에 있었다. 그것은 고흐가 자신의 귀를 자르는 바람에 생긴 부상 때문이기도 했고, 광기 때문이기도 했다. 고흐 역시 극심한 정도로 미쳐 있었던 것이다. 고흐의 광기는 행복한 삶에의 희망이 처참하게 무너져 버리면서 걷잡을 수 없이 커져 버렸다. 1888년 2월, 파리에서 2년 남짓 살던 고흐는 예술가 공동체를 건립하려는 꿈을 안고 프로방스의 아를로 이주했다. 고흐는 특히 고갱과 예술가 공동체를 건립하기를 원했다. 고흐의 간청에 못 이겨 고갱은 그해 10월 23일에 아를로 왔다.

물론 잘 알려져 있는 것처럼, 고흐와 고갱의 생활은 불화의 연속이었다. 그 가장 커다란 원인은 고흐의 바람과 달리 고갱이 고흐를 자신과 동등한 예술가로 여기지 않았다는 것이었다. 적어도 고흐 자신은 그렇게 생각했다. 고갱의 예술세계에 경탄하던 고흐는 고갱의 인정을 받고 싶어 했다. 불행하게도 고갱은 그런 고흐를 거만한 지배자 같은 태도로 대할 뿐이었다. 고흐는 흡사, 짝사랑하는 연인에게 무시당해 괴로워하면서도, 연인이 결국 자신을 떠나리라는 것을 예감하고 절망하는 사람 같았다.

물론 이런 관계는 결국 파국으로 치닫기 마련이다. 고흐와 고갱의 관계가 끝장날 때 어떤 일이 있었는지 정확하게 알 수는 없다. 고갱의 주장에 따르면, 그가 산책하려고 집을 나선 뒤 얼마 지나지 않아 한

손에 면도칼을 든 고흐가 자신을 향해 달려왔다. 그러나 고갱의 말이 의심스럽다고 여기는 이들도 있다. 고갱이 그날 집에 없었다는 것이 거의 확실하다는 것이다.

아무튼 한 가지는 분명하다. 고흐는 고갱이 자신을 떠나게 될 것을 늘 두려워했고, 마침내 고갱이 자신을 떠나려 한다는 것을 알게 된 후 미칠 듯한 분노와 절망에 사로잡혔다. 고갱과 다투고 난 뒤 자신의 방으로 돌아간 고흐는 환청에 시달리다 그만 자신의 왼쪽 귀를 면도칼로 잘라 버렸다. 1888년 12월 23일 저녁의 일이었다.

고흐는 상처를 붕대로 싸매고, 잘린 귀를 종이에 싸서는, 그와 고갱이 종종 들르던 사창가의 한 여자에게 보냈다. 다음 날 아침, 경찰관이 정신을 잃은 그를 발견해서 병원으로 데리고 갔다. 고흐는 자신에게 벌어진 일을 기억하지 못했다. 병원의 진단서에 따르면, 당시 그는 섬망증에 시달리는 중증의 광인이었다.

경찰은 고흐가 병원에 머물러야 한다고 명령을 내렸다. 다행히 고흐는 병원에 머무는 동안 조금씩 제정신을 찾았다. 1889년 1월 7일, 마침내 고흐는 집으로 돌아왔다. 〈파이프를 물고 귀에 붕대를 한 자화상〉은 바로 이 시기에 그려졌다. 하지만 같은 해 3월에 고흐는 다시 병원으로 돌아가야만 했다. 그를 미치광이로 여긴 30명의 마을 사람들의 탄원 때문이었다.

고흐는 광기에 시달리던 말년의 시기에 특히 많은 그림을 그렸다. 오늘날 위대하고 아름다운 것으로 기념되는 고흐의 그림들 중 상당수는 사실 광인의 작품이라는 뜻이다. 그렇다면 인간 고흐의 아름다움에 대해서뿐 아니라 그의 그림의 아름다움에 대해서도 의문을 제기할 수 있다. 만약 고흐의 그림이 아름답다면, 과연 어떤 의미로 그러한 것일까? 돈 매클레인의 〈빈센트〉가 노래하는 아름다운 인간 고흐는 제정신인 고흐인가, 아니면 미치광이인 고흐인가? 고흐의 그림을 아름답게 만든 원동력은 광기와의 투쟁인가, 아니면 광기 자체인가?

광인의 작품을 아름답다는 말로 수식하는 것이 과연 온당한 일일까? 만약 누군가 고흐나 니체와 같은 종류의 광인이 겪었을 정신적 고통과 혼란을 온전히 직시하게 된다면, 아마 그는 자신의 가슴속에서 불현듯 무시무시한 지옥의 불길이 타오르기 시작했음을 발견하게 될 것이다. 고흐나 니체와 같은 종류의 광인은 자기만의 고유한 지옥에서 타오르는 정신을 지녔기 때문이다. 이러한 광인의 내면세계를 직시하면서도 그를 아름다운 인간으로 여기고 사랑하려는 자는 자신의 온 존재가 곧 지옥의 불길에 휩싸이게 될 것임을 예감하고 전율할 것이다. 지옥의 불길에 시달리는 정신만이 자신과 똑같이 지옥의 불길에 시달리는 정신을 사랑할 수 있기 때문이다.

고흐의 그림이 아름답다는 평가는 일종의 지옥 예찬이다. 아름답고 감미로운 선율로 고흐의 생애를 노래하는 정신은 고흐의 정신을 태우는 지옥을 멀리서 비껴갈 뿐이다. 오직 지옥의 고통에 시달리는 정신만이, 그러면서도 자신의 삶을 그 자체로서 사랑하고 긍정할 수 있는 자만이, 고흐의 정신을 태우는 지옥을 찬양할 수 있다.

그런데, 이러한 일은 과연 좋은 일일까? 지옥의 불길에서 타오르는 고통을 직접 겪는 정신이 아니라 실은 아름답고 감미로운 선율로 그 불길과 고통을 비껴가는 정신이, 아니, 지옥의 불길과 고통 같은 것은 조금도 알지 못한 채 무구하고 천진난만하게 기쁜 삶을 꾸려 가는 정신이, 천 배는 더 아름답지 않을까?

무구하고 천진난만한 정신은 광기에 시달리는 정신일 수 없다. 광기란, 순전히 신체적인 원인 때문에 생기는 경우가 아니라면, 늘 무구하고 천진난만한 정신이 겪게 된 타락과 위기의 징후이다. 무구하고 천진난만한 정신이야말로, 어린아이처럼 세상의 악과 고통을 조금도 알지 못한 채 만나는 모든 것을 친근하고 아름다운 것으로 긍정하는 정신이야말로, 참으로 아름답지 않은가. 어떻게 고흐처럼 극단적인 고통과 고독에 시달리던 정신의 산물이, 고통과 고독에 허물어져 그만 온전한 정신이기를 그친 광인의 그림이, 아름다울 수 있을까?

서양 철학의 전통에서 예술의 아름다움을 논하는 입장은 크게 둘로 나뉜다. 하나는 자연의 아름다움을 예술이 마땅히 따라야만 하는 전범典範으로 보는 입장이다. 고대 그리스에서는 플라톤이, 그리고 근대 이후에는 칸트가 이러한 입장의 대표자라고 할 수 있다. 예술의 아름다움은 자연의 아름다움보다 열등한 것으로 간주된다. 그렇지 않으면, 자연의 아름다움을 예술이 마땅히 따라야 할 전범으로 삼을 이유가 없을 것이다.

또 다른 하나는 예술의 아름다움이 자연의 아름다움보다 우월하다고 보고, 아름다움이란 본래 자연이 아니라 정신에 속한 것이라고 보는 입장이다. 사실 이 입장은 그 역사가 별로 길지 않다. 아리스토텔레스와 플로티노스에게서 이와 연관될 수 있는 사상이 엿보이기는 하지만, 그들이 전체로서의 자연의 아름다움보다 예술 작품의 아름다움이 더 클 수 있다는 식으로 생각했다고 보기는 어렵다.

자연을 대상화하고 객체화하는 정신이라는 식의 관념은 고대 그리스의 철인들에게 낯설었다. 고대 그리스 철학은 기본적으로 범신론적이다. 신(성)을 포함해 모든 정신적인 원리는 고대 그리스 철학에서 자연과 분리된 것으로서 존재하는 것이 아니라, 자연과 나뉠 수 없는 하나를 이루며 존재하는 것이라는 뜻이다.

아마 자연보다 예술이 우월하다는 입장의 진정한 출발점은 예술의 아름다움을 정신적인 것의 감각적 표현으로 본 헤겔일 것이다. 이러한 입장을 지닌 철학자들이 예술과 자연의 관계를 다 똑같은 방식으로 기술한다고 보기는 어렵다. 그래도 한 가지 공통점은 있다. 그것은 데카르트적 이원론, 즉 자유의 왕국인 정신의 세계와 필연성의 왕국인 연장적 실체들의 세계 사이의 날카로운 대립이라는 관념이, 명시적으로든 암묵적으로든, 다소간 반영되어 있다는 것이다. 아름다움이란 오직 정신에 의해서만 발견될 수 있는 것이기에, 정신이 아닌 자연 자체는 아름다움과 본래 무관하다는 식이다.

겉으로 보면, 자연의 아름다움을 예술이 마땅히 따라야만 하는 전범으로 보는 입장과 아름다움이란 본래 자연에 속한 것이 아니라 정신에 속한 것이라는 입장은 서로 대립적이다. 하지만 둘 다 실은 아름다움에 대한 이상주의적 입장의 상이한 표현일 뿐이다. 양자는 동일한 생각에서 출발한다. 진정한 아름다움이란 보통 사람이 경험하기 힘든 어떤 이상적인 아름다움이라는 생각이 그것이다.

예술이 마땅히 표현해야만 하는 이상적 아름다움이 자연에 내재해 있다고 여기면, 예술은 자연의 아름다움을 전범으로 삼아야 한다는 결론이 나온다. 반대로 이상적 아름다움이 자연에 내재해 있는 것이 아니라고 여기는 경우, 자연보다 예술이 아름답다는 결론을 피하기 어렵다. 물론 그 전제는 어떤 이상적 아름다움을 작품의 형태로 구현할 역량을 지닌 자가 바로 예술가라는 생각이다.

후자의 입장을 지닌 사상가들 중에도 자연이 어떤 이상적 아름다움을 자기 안에 간직하고 있다고 여기는 이가 있을 수 있다. 이 경우 예술이 자연보다 아름답다는 명제는 자연의 아름다움을 직접 관조하려 애쓰는 것보다 탁월한 예술가가 제작한 작품을 감상하는 것이 이상적인 아름다움을 발견하는 데 더 바람직하다는 뜻을 지닌다.

예술가는 보통 사람들보다 자연 속에 숨어 있는 이상적 아름다움을 훨씬 명료하게 간파해 낼 수 있는 사람이고, 예술가와 달리 지각 능력이 열등한 보통 사람들은 자연을 직관할 때가 아니라 훌륭한 예술 작품을 감상할 때 비로소 그들이 간과해 왔던 자연의 이상적 아름다움을 발견하게 된다는 식이다.

고흐 예술의 아름다움은 어떠한 종류의 것인가? 고흐의 작품은 자연의 아름다움을 전범으로 삼아 그려진 일종의 모방작인가, 아니면 자연에서 직접 발견할 수 없는 어떤 정신적 아름다움을 창조적으로 표현하는 작품인가? 고흐의 작품은 둘 중 어느 것으로도 분류될 수 없다. 고흐 같은 광인의 작품은 소위 이상적인 아름다움의 관점에서 감상될 수 있는 것이 아니기 때문이다.

고흐의 〈파이프를 물고 귀에 붕대를 한 자화상〉에 관해 생각해 보자. 이 그림은 분명 광인이 된 고흐의 작품이다. 물론 원한다면 고흐가, 이 그림에 대해 평론가들이 종종 주장하듯이, 광기를 뿌리치고 최대한 냉정하고 담담하게 자신을 묘사하려 애썼다고 볼 수도 있을 것이다. 이 경우 이 자화상은 고흐가 비교적 제정신일 때 그렸다는 결론이 나오는 셈이다.

하지만 아무튼 고흐가 그린 것은 광인이 된 자기이다. 비록 잠시 제정신을 찾았다고 해도 별로 대수롭지 않다. 그림 속의 고흐는 이미 광기의 나락 속으로 굴러떨어진 고흐이다. 아무리 냉정한 태도를 견지하려 애를 썼어도, 고흐는 자신의 귀를 감고 있는 붕대를 광기의 분명한 표지로 보지 않을 수 없었을 것이다. 그렇다면 이 그림 어디에도 소위 이상적인 아름다움 같은 것은 있을 리 없다.

혹시, 아무튼 그림을 그릴 때 고흐가 다소간 제정신이었으니, 당시 그림을 그리던 고흐의 정신이나 대상화된 고흐의 얼굴에 어떤 이상적인 아름다움이 깃들어 있었을 수도 있다는 식으로 주장하고 싶은가? 그러나 이상이란 언제나 한결같은 것이며, 확고부동한 것이다.

제목처럼 파이프를 물고 귀에 붕대를 한 고흐의 자화상에서 무언가 확고부동한 느낌을 풍기는 것은 녹색의 홍채를 지닌 고흐의 두 눈뿐이다. 그 두 눈은 무엇을 바라보고 있는가? 고흐의 시선이 그토록 불안정하고 불길한 느낌을 풍기면서도 확고부동하게 향하는 곳은 어디인가? 이상하게 들리겠지만, 고흐의 시선이 향하는 곳은 그림 속에서 고흐의 얼굴 뒤에 그려져 있다.

붉고도 붉은 배경— 그것은 그림을 보는 관람객의 시선이 고흐의 얼굴 너머로 응시할 수밖에 없는 지옥의 풍경이다. 고흐는 관람객에게 자신이 응시하는 지옥의 풍경을 펼쳐 보인 것이다. 그 지옥은 고흐의 정신이 그 안에서 타오르는 내면세계로서의 지옥이기도 하고, 세상과 끝내 화해할 수 없었던 고흐의 주위에서 타오르는 바깥세상으로서의 지옥이기도 하다. 요컨대, 〈파이프를 물고 귀에 붕대를 한 자화상〉은 자신의 안과 밖에서 끝없이 타오르는 지옥을 응시하는 고흐의 자화상, 도처에서 영원하고도 확고부동한 방식으로 타오르는 지옥의 불길을 그 자체로서 발견하는 그러한 고흐의 자화상이다.

이제 다시 원래 물음으로 돌아가 보자. 이 그림은 과연 아름다운가? 혹시 그렇다면, 도대체 어떤 의미의 아름다움인가? 과연 광인의 그림도 아름다울 수 있을까?

하이데거의 존재론에 따르면, 진리란 본래 어떤 객관적 사태에 대한 논리적 명제 같은 것을 뜻하는 말이 아니라, 존재 자체의 탈은폐, 즉 알레테이아를 뜻하는 말이다. 알레테이아로서의 진리는 물론 인간 현존재의 존재에 그 근거를 두고 있다. 그런데, 당연한 말이지만, 인간 일반 같은 것은 없다. 정신이 멀쩡한 자에게는 정신이 멀쩡한 자의 존재에 상응하는 방식으로 존재 자체가 탈은폐될 것이고, 고흐처럼 미친 자에게는 미친 자의 존재에 상응하는 방식으로 존재 자체가 탈은폐될 것이다.

상식적으로 생각해 보면, 전자는 진리라고 보아도 좋을 것 같다. 정신이 멀쩡한 자가 진리라는 이름의, 무언가 올곧은 느낌을 주는 것을 발견하는 것은 충분히 가능하지 않을까? 그렇다면 후자는 어떠한가? 미친 자의 존재에 상응하는 방식으로 존재 자체가 탈은폐됨 역시 일종의 진리사건이라고 할 수 있을까? 아니, 미친 자의 존재에 상응하는 방식으로 존재 자체가 탈은폐되는 일이 과연 가능하기는 할까? 설령 가능하다고 전제한다고 하더라도, 이러한 탈은폐는 미친 자의 정신을 반영하는 탈은폐, 미친 자의 정신처럼 혼란스럽고 착종된 이미지만으로 이루어지는 탈은폐가 아닐까?

고흐의 그림이 왜 특별한지 이해하려면, 그가 결코 이상적 아름다움을 추구한 예술가가 아니었다는 점을 분명히 해야 한다. 물론 고흐 역시 특유의 예술관을 지니고 있었고, 생각하기에 따라서는 저 나름의 예술적 이상을 추구했다고 볼 수 있다. 그러나 고흐가 원했던 것은 있는 그대로의 삶과 존재를 그 자체로서 긍정하고 사랑할 수 있도록 하는 예술의 구현이었다. 이러한 예술의 이상은 이상주의적 성향의 예술가가 추구하는 예술의 이상과 매우 다르다. 왜 그러한가? 이상주의란 본래 있는 그대로의 삶과 존재에 대한 부정과 폭력 외에 다른 아무것도 아니기 때문이다.

이상주의는 우리가 그 안에서 삶을 꾸려 나가는 현실세계 자체를 긍정할 만한 것으로 여기지 않는다. 현실세계는 오직 절대적 이상을 향해 나아가는 과정 속에 머무는 경우에만 무의미하지 않을 수 있다. 즉, 이상주의에게 현실세계란 이상의 실현을 위해 끝없이 자신을 부정해야만 하는 세계 이상도 이하도 아니다.

마찬가지로, 이상주의적 성향의 예술가에게 현실세계의 아름다움은 이상적 아름다움에 비해 사소하며, 오직 이상적 아름다움의 불완전한 상징으로 작용하는 한에서만 존중받을 가치가 있다. 영원히 변하지 않을 절대의 아름다움을 실현하기 위해 무상한 모든 존재자는 부단한 자기부정의 과정 속에 머물러야 한다. 오직 이러한 경우에만 존재자는 아름다울 수 있다. 절대의 아름다움을 향해 나아가기를 거부하는 모든 것들의 아름다움은 무가치한 환영으로서 단호히 거부되어야 한다.

이상주의자는 본질적으로 천사의 모습을 한 악마이다. 단순한 악마와 이상주의자 사이의 차이는 전자가 자신이 악마라는 사실을 자각하고 있는 반면, 후자는 자각하고 있지 못하다는 것뿐이다. 도리어 이상주의자는 자신을 천사처럼 여기기 쉽다. 자신이 추구하는 것이 궁극의 진리이자 선, 아름다움이라고 믿기 때문이다. 궁극의 진리와 선, 아름다움은 다 최고로 좋은 것이고, 사람이 마땅히 추구해야만 하는 것이며, 따라서 궁극의 진리와 선, 아름다움을 추구하는 자신은 최고로 좋은 인간이다— 바로 이것이 이상주의자가 자신을 천사로 여기게 하는 기본적인 신념이다.

그러나 대체 흠 없는 영혼이 어디 있으랴. 존재하는 모든 인간은 이상적인 인간이 아니라 현실적인 인간이고, 존재하는 모든 사물 역시 이상적인 사물이 아니라 현실적인 사물이다. 이 자명한 진실이 이상주의에서는 부정된다. 오직 이상적인 것만이 참으로 존재하는 것이고, 따라서 이상적이지 못한 모든 것은, 그것이 인간이든 사물이든 상관없이, 참으로 존재하는 것이 아니라는 식이다.

이런 식의 망념이 생겨나게 되는 원인은 크게 두 가지이다. 하나는 살면서 만나는 모든 것의 무상함을 허무와 무의미의 표지로 오인하고, 영원불변하는 형이상학적 실체의 이념에 집착함으로써, 존재의 근원적 무상함을 부정하려는 의지이다. 또 다른 하나는 '사람은 마땅히 이상을 추구해야 한다'라는 이상주의적 당위성을 '마땅히 이상적인 것만이 존재해야 한다'라는 또 다른 이상주의적 당위성의 근거로 삼은 뒤, '그러므로 실제로 이상적인 것만이 참으로 존재하는 것일 수 있다'라는 식의 독단으로 도약하는 일종의 자기기만이다.

이상주의의 이러한 논리는 구체적 삶 속에서 어떤 방식으로 작용하게 될까? 언뜻 생각해 보면, 좋게 작용할 것 같은 느낌이 든다. 이상주의의 논리가 작용하는 곳에서 사람들은 적어도 이상을 향해 나아가려 애쓰게 될 것이고, 이러한 노력을 통해 생활세계를 이상에 가까운 것으로 변혁하게 될 것이다. 특히 낡은 가치관이 억압적으로 작용하는, 그래서 자유분방한 삶을 증진할 새로운 가치관에의 열망이 사람들 가슴속에서 자라는 곳에서라면, 이상주의는 모든 사람들이 마땅히 받들어야만 하는 당연한 사상처럼 여겨지기 쉽다.

그러나 삶을 억압하는 모든 가치관은 이런저런 이상주의적 신념에 그 근거를 두고 생겨나는 것임을 잊어서는 안 된다. 진보주의자뿐 아니라 시대의 흐름에 역행해서 어떻게든 낡은 가치관을 지키려 애쓰는 수구세력 역시 자신의 신념이 옳다고 믿는다. 왜 그러한가? 자신이 지키려 애쓰는 낡은 가치관이 이상적이고 절대적이라고 믿기 때문이다.

이상주의로부터는 늘 은밀한, 그러나 가장 집요하고도 잔인한 방식으로 행사되는, 억압과 폭력이 자라 나온다. 이상주의로부터 자라 나오는 억압과 폭력은 왜 은밀한가? 이상주의가 추구하는 것이 마땅하고 올바른 것이라고 사람들이 곧잘 속기 때문이다. 그런데 속는 자는 많아도 일부러 속이는 자는 별로 없다. 이상주의자 스스로 자신이 마땅하고 올바른 것을 추구하며 산다고 믿기 때문이다.

이상주의로부터 자라나오는 억압과 폭력은 왜 가장 집요하고도 잔인한 방식으로 행사되는가? 이상적인 것이 되어 가기를 거부하는 모든 것은 마땅히 소멸해 버려야 한다는 신념 때문이다. 모든 것이 이상을 향해 나아가야 한다는 이상주의적 당위성 자체 안에 이러한 신념이 이미 내재해 있다. 모든 것이 이상을 향해 나아가야 하니, 실제로 이상을 향해 나아갈 수 있는 것은 존재해도 좋지만, 그럴 수 없는 것은 존재할 가치가 없다는 결론이 따라 나온다.

결국 이상주의자는 이상을 실현하기 위해 존재하는 모든 것에 대해 두 가지 방식의 억압과 폭력을 행사하는 자이다. 하나는 이런저런 것들이 점진적이거나 급진적인 방식으로 이상을 향해 나아갈 수 있도록 몰아세우는 방식이다. 천천히, 혹은, 빠르게, 이상적이지 못한 모든 것들은 지금의 자신과 완전히 다른 것이 되어 가지 않으면 안 된다. 또 다른 하나는 이런저런 것들을 아예 절멸해 버리는 것이다. 이상을 향해 나아갈 수 없는 모든 것은, 천천히든 빠르게든, 부정되어야 한다. 세상을 이상적으로 만드는 데 방해가 될 것은 바로 그러한 것으로서 마땅히 소멸해 버려야 하는 것이다.

자연재해를 제외하고, 인류가 문명세계에서 지금까지 겪어 온 모든 비극의 근본 원인은 바로 이상주의이다. 모든 종류의 이상주의는 현실 속에 존재하는 모든 인간을 폭력적으로 부정하고 개조할 핑곗거리에 지나지 않기 때문이다.

제국의 이상에 걸맞지 않은 자는 마땅히 부정되어야 한다. 제국의 이상

이 마땅하고 올바른 것이기 때문이다.

왕도정치의 이상에 걸맞지 않은 자는 마땅히 부정되어야 한다. 왕도정치의 이상이 마땅하고 올바른 것이기 때문이다.

자유주의의 이상에 걸맞지 않은 자는 마땅히 부정되어야 한다. 자유주의의 이상이 마땅하고 올바른 것이기 때문이다.

사회주의의 이상에 걸맞지 않은 자는 마땅히 부정되어야 한다. 사회주의의 이상이 마땅하고 올바른 것이기 때문이다.

파시즘의 이상에 걸맞지 않은 자는 마땅히 부정되어야 한다. 파시즘의 이상이 마땅하고 올바른 것이기 때문이다.

전통적인 가부장주의의 이상에 걸맞지 않은 자는 마땅히 부정되어야 한다. 가부장주의의 이상이 마땅하고 올바른 것이기 때문이다.

여성주의의 이상에 걸맞지 않은 자는 마땅히 부정되어야 한다. 여성주의의 이상이 마땅하고 올바른 것이기 때문이다.

전통적인 이성애적 사랑의 이상에 걸맞지 않은 사랑을 추구하는 자는, 동성애자이든 양성애자이든, 마땅히 부정되어야 한다. 전통적인 이성애적 사랑의 이상이 마땅하고 올바른 것이기 때문이다.

동성애와 양성애를 포함해 모든 종류의 사랑을 허용하는, 완전히 자유로운 사랑의 이상에 걸맞지 않은 자는 마땅히 부정되어야 한다. 완전히 자유로운 사랑의 이상이 마땅하고 올바른 것이기 때문이다.

인본주의의 이상에 걸맞지 않은 신념에 사로잡힌 자는 마땅히 부정되어야 한다. 인본주의의 이상이 마땅하고 올바른 것이기 때문이다.

포스트휴머니즘의 앞길에 방해될 사상을 지닌 자는 마땅히 부정되어야 한다. 포스트휴머니즘의 이상이 마땅하고 올바른 것이기 때문이다….

이상주의의 본질은 바로 지배욕이다. 평상시에 이상주의자는 여성의 순결을 찬양하는 순진한 남자처럼 살아간다. 자기가 사랑하는 여성이 실제로 순결하면, 그녀가 자신이 평소 꿈꾸는 순결한 여성의 이상에 가까우면, 만사가 좋다. 그러나 여성이 순결하지 않다는 사실이 드러나면, 만사가 비참해진다. 그는 여자를 격렬하게 비난하거나 때릴 수도 있고, 차마 그러지 못하고 애처롭게 눈물만 흘리며 여자와 이별할 수도 있다.

물론 후자가 전자보다 훨씬 바람직하다. 연인에게 물리적 폭력을 행사하는 것이야말로 최악의 행동이니 말이다. 그러나 전자와 후자 사이에는 한 가지 커다란 공통점이 있다. 양자는 모두 있는 그대로의 여자를 사랑한 것이 아니라, 평소 꿈꾸어 온 순결한 여성의 이미지를 연인에게 덧씌운 뒤, 그 이미지를 사랑했을 뿐이다.

양자의 마음속에서는 지배욕이, 여자를 자신이 원하는 이상적 이미지에 맞게 개조하고자 하는 독선이, 이상적인 여성을 자기 것으로 삼으려는 소유욕이, 독버섯처럼 자라고 있었을 뿐이다. 이상주의자는 그 누구의 진실한 연인도 될 수 없다. 이상주의자는 자신과 교제하는 사람을 그 자체로서 부정하려는 폭력적 의지의 소유자일 뿐이다.

겉으로 보이는 것 이상으로 하이데거와 매우 가까운 사상을 지닌 철학자가 하나 있다. 바로 베르그송이다. 베르그송에 따르면, 이상주의와 사실주의가 서로 대립적이라고 이해하는 것은 잘못이다. 왜 그러한가? 사실주의적 예술가의 영혼은 본래 이상주의적이기 때문이다. 왜 사실주의적 예술가의 영혼은 이상주의적인가? 이러한 물음에 대한 베르그송의 해명은 그가 하이데거와 매우 유사한 관점에서 인간의 삶과 존재를 고찰하는 철학자라는 사실을 드러낸다.

하이데거는 인간 현존재를 도구적 의미 연관에 의해 포섭된 정신을 지닌 일상적 존재자로 본다. 베르그송 역시 대다수 인간들은 이런저런 실용적인 관점에 입각해서 세계를 해석하는 데 익숙하다고 본다. 베르그송의 이러한 생각은 진화생물학적 통찰에 입각해 있다. 진화생물학에 의하면, 각각의 종은 살아남는 데 최적화된 방식으로 진화해 나가기 마련이며, 진화의 과정에는 종의 생존에 알맞은 방식으로 지각의 방식을 변화해 가는 과정도 포함된다.

예컨대, 박쥐는 초음파를 듣는 것이 생존에 유리하기 때문에 초음파를 들을 수 있게 되었고, 곰이나 사자 같은 포유류에게는 불필요하기 때문에 들을 수 없게 되었다는 식이다. 베르그송은 인간 세상에도 유사한 논리가 적용될 수 있다고 본다. 인간은 결코 객관적이거나 가치중립적으로 지각하지 않는다. 일상세계에서 삶을 꾸려 가기 위해 애쓰는 사이 사물을 지각하는 인간의 방식은 삶을 꾸려 가는 데 유리하게끔 변해 버리기 때문이다.

사실주의적 예술가의 영혼이 본래 이상주의적이라는 베르그송의 생각은 바로 이 지점에서 출발한다. 사실주의적 예술가가 추구하는 사실성은 대체 무엇을 가리키는 말인가? 베르그송의 관점에서 보면, 그것은 실용성의 논리에 의해 가려진 세계의 진실한 모습을 가리키는 말이다. 이상주의적 예술가와 사실주의적 예술가 사이에는 한 가지 의미심장한 공통점이 있다. 둘 다 실용적 관심으로부터 초연히 벗어나 있다. 한마디로, 베르그송은 세계의 이상적이고 진실한 아름다움이 일상세계를 지배하는 실용적 의미 연관에 의해 가려져 있다고 보는 것이다.

하이데거는 결코 이상주의자가 아니다. 또한 그는 사실주의자도 아니다. 그렇기에 그는 예술을 이상성이나 사실성의 관점에서 고찰하려 하지 않는다. 그러나 그의 생각이 베르그송의 생각과 다르기만 하다고 여기기도 힘들다.

『예술 작품의 기원』에서 하이데거는 고흐의 〈신발〉(1886)에 관한 유명한 에세이를 남긴다. 난해하고 복잡한 이 에세이의 핵심적인 전언은 예술 작품이란 결국 존재 자체의 드러남이라는 의미의 진리, 즉 알레테이아라는 것이다. 고흐의 그림을 통해 존재 자체는 어떻게 드러나는가? 화가는 신발을 단순한 도구로만 해석하지 않고, 도리어 신발의 이미지를 통해 농부라는 한 존재자의 세계가 드러나도록 한다.

농부의 세계는 어떠한 세계인가? 한편으로, 농부의 세계는 분명 일상세계이다. 농부란 농부 특유의 일상세계에서 저 나름의 일상적 방식으로 삶을 꾸려 가는 일상적 현존재를 가리키는 말이기 때문이다. 그러나 다른 한편으로, 농부의 세계는 일상세계로 환원될 수 없는 세계이기도 하다. 농부의 일상세계에서는 하늘과 대지가 농부의 일상적 삶을 가능하게 하는 그 존재론적 근거로서 열려 있기 때문이다.

하늘과 대지는 일상적인 모든 것이 일상성으로 환원될 수 없는 존재 자체로부터 선사된 것임을 알려 준다. 바로 이러한 점에서 하이데거의 존재론적 진리 이해는 이상주의적 진리 이해와 분명 구분되어야 한다. 알레테이아, 즉 존재 자체의 드러남은 모든 현실적인 것의 존재를 흐릿한 신기루처럼 여기게 만드는 어떤 절대적이고 이상적인 존재의 드러남이 아니다. 그것은 도리어 모든 현실적인 존재자의 존재를 가능하게 하는 그 근원적 근거로서 존재가 드러남이다.

모든 현실적인 존재자의 근원적 근거인 존재 자체는 현실적인 존재자가 그 자신을 부정하도록 몰아세우는 폭력성과 무관하다. 그것은 다만 현실적인 존재자의 존재를 도구로 환원될 수 없는 고유하고 신성한 것으로 새롭게 발견하도록 함으로써 도리어 현실적인 존재자의 존재가 세계 안에서 보다 견실하게 지속하도록 한다.

그러나 하이데거의 존재론적 예술론에는 그의 입장을 그 자신의 생각과 달리 이상주의와 가깝게 하는 한 가지 결함이 있다. 바로 고통과 오욕에 대한 성찰의 부재이다. 순진한 이상주의자는 소위 이상이라는 것이 현실세계의 한계 안에서 삶을 영위하는 모든 사람들에게 끔찍스러운 고통과 오욕의 원인일 수 있음을 모르는 자이다.

그런데 하이데거가 말하는 존재 자체에 대해서도 마찬가지 이야기를 할 수 있다. 현실세계의 한계 안에서 삶을 영위하는 모든 사람들에게 존재 자체의 드러남은 끔찍스러운 고통과 오욕의 원인일 수 있다. 이 점을 간과하면, 존재 자체의 드러남이, 알레테이아라는 이름의 존재론적 진리가, 일상세계의 일상성을 보다 원숙하고 아름다운 상태로 고양시켜 주는 어떤 고매한 이상의 드러남과 별로 다르지 않게 된다.

베르그송 역시 이와 같은 종류의 비판으로부터 자유롭지 못하다. 결론부터 말하자면, 사실주의적 예술가의 영혼이 본래 이상주의적이라는 베르그송의 생각은 완전히 그릇된 것이다. 사실주의적 예술가가 실용적 의미 연관으로 환원될 수 없는 세계를 대다수 인간들보다 순수하게 지각할 수 있다는 베르그송의 생각은 타당하다. 적어도 예술가가 섬세한 감각뿐 아니라 진실한 마음도 지닌 경우에는 그러할 것이다. 그러나 사실주의적 예술가가 순수하게 지각해 내는 것은 결코 어떤 이상적인 아름다움 같은 것이 아니다. 실은 그 반대이다.

사실주의적 예술가는 자신이 순수하게 지각해 내는 그것 자체 안에서 인간이 감당해 내야만 하는 커다란 위기의 징후를 본다. 안온한 일상에 젖은 정신은 상상조차 할 수 없는 고통과 오욕의 가능성이, 아니 이미 부정할 수 없는 현실이 되어 버린 고통과 오욕 그 자체가, 섬세한 감각과 진실한 마음을 모두 지닌 사실주의적 예술가에게 발견된다. 사실주의적 예술가란 일상세계의 이면에 감추어진 어떤 이상적인 현실을 발견하고 기꺼워하는 자가 아니라, 도리어 지옥을 발견하고 애통해하는 자인 것이다.

이상이란 무엇인가? 베르그송은 대다수 사람들의 지각 방식이 삶을 위한 실천적 관심과 긴밀하게 연결되어 있다는 점에 주목한다. 예술가는 삶을 위한 실천적 관심에 마음이 얽매인 자에게는 보이지 않는 세계의 아름다움을 드러내는 자이다. 이런 점에서 예술과 아름다움에 대한 베르그송의 관점은 미적 판단을 무관심한 판단으로 규정한 칸트의 관점과 닮았다.

잘 알려져 있는 것처럼, 칸트는 아름다운 것과 숭고한 것을 대비시킨다. 상상력과 지성의 조화로운 활동에 의해 나타나는 아름다운 것과 달리 숭고한 것은 본질적으로 무-한정한 것이며, 인간의 마음속에 쾌적함보다 두려움, 외경심 등을 불러일으키는 것이다. 칸트의 철학에서 숭고라는 개념이 매우 각별한 의미를 지니는 이유들 중 하나는 그것이 인간의 초감성적 존재방식에 기인하는 특별한 감정을 소환한다는 점에 있다.

초감성적 존재방식에 기인하는 감정은 응당 감성적 경험에 원인을 둔 쾌, 불쾌 등의 감정과 구분되어야 한다. 후자가 자연세계의 인과성에 잇닿아 있는 감정인 반면, 후자는 인과성의 한계를 초월하기 때문이다. 그것은 인간의 존재를 이성적인 것으로서, 경험세계를 지배하는 인과율의 법칙으로부터 벗어나 있는 본질적으로 자율적인 것으로서 환기시킨다. 요컨대, 칸트의 관점에서 보면 진정으로 숭고한 것은 바로 초자연적 도덕성이다. 도덕적 감정이야말로 숭고의 감정의 근원적 근거라는 뜻이다.

그런데, 대체 초감성적 존재방식의 가능 근거는 무엇일까? 이러한 물음에 대해서는 크게 두 가지 방식의 답변이 가능하다. 하나는 인간에게 이성과도 같은 어떤 초자연적이고 초감성적인 본질이 날 때부터 주어져 있다는 식의 답변이다. 또 다른 하나는, 한편으로 인간에게 어떤 초자연적이고 초감성적인 본질이 날 때부터 주어져 있다는 생각은 의심하고 부정하면서도, 지성적 존재인 인간이 삶을 보존하고 증진할 목적으로 스스로 초자연적이고 초감성적인 존재가 되기를 지향하면서 초감성적으로 존재할 능력이 후천적으로 생겨났거나, 혹은, 적어도 이러한 능력이 생겨났다는 믿음에 입각해서 생활하게 되었다는 식의 답변이다. 어떤 답변이든 그 전제는 사실 같다. 인간은 초감성적이고 초자연적으로 존재할 능력의 소유자로 간주되어야 한다는 당위성이 그것이다.

그렇다면 인간은 왜 초감성적이고 초자연적으로 존재할 능력의 소유자로서 존재해야 하는가? 엄밀하고 엄숙한 도덕주의의 관점에서 답변하자면, 오직 그런 경우에만 인간은 살 만한 가치가 있는 존재자이기 때문이다. 삶을 위한 실천적 관심의 관점에서 답변하자면, 오직 그런 경우에만 인간은 바람직한 세상을 만들어 나갈 수 있기 때문이다.

결국 어떤 관점에서 답변하든, 인간이 초감성적이고 초자연적으로 존재할 능력의 소유자여야 한다는 생각의 바탕에는 모종의 이상주의가 깔려 있는 셈이다. 인간은, 그리고 인간이 그 안에서 삶을 영위하는 세계는, 기어이 도덕적이고 이상적인 존재가 되어야 한다는 것이다.

얼마나 그럴듯하고 달콤한 생각인가? 폭력적이고 비도덕적인 인간들 때문에 생겨나는 온갖 사회문제를 염두에 두고 생각해 보면, 정말 인간과 세계가 도덕적이고 이상적인 존재가 되면 좋을 것 같다. 그러나 이상주의적 믿음은 폭력을 해소하는 방향으로가 아니라 잠재화하는 방향으로 작용할 뿐이다. 폭력성과 비도덕성의 근원은, 이상주의적 믿음에 따르면, 바로 인간의 자연성이다. 그런데, 이 세계에서 살아가는 동안 인간의 자연성이 소멸해 버릴 리는 만무하다.

그러니 인간과 세계가 도덕적이고 이상적인 존재가 되어야 한다는 생각은, 눈에 보이지도 않고 손에 잡히지도 않는 초자연성에 대한 믿음을 근거로 삼아, 스스로 자신의 자연성을 부단히 부정해 나가라는 요구인 셈이다. 물론 이러한 과정은 결코 끝나지 않는다. 인간은, 적어도 현세에서 삶을 꾸려 가는 동안에는, 늘 자연성을 지니기 마련이다. 죽는 날까지 자신을 부정당해 마땅한 죄인으로 간주하는 것이야말로 우리를 향한 이상주의의 근본 요구이다.

예술을 이상주의와 사실주의로 이원화해서 고찰할 수 있다면, 고흐의 예술은 이상주의가 아니라 사실주의에 가깝다. 고흐는 결코 보통 사람들의 눈에는 보이지 않는 어떤 이상적인 아름다움을 추구한 화가가 아니었다. 아름다운 것은 보통 사람들의 눈에 보이는 것 그 자체여야 한다.

감자 먹는 가난뱅이들이, 싱그러운 해바라기뿐 아니라 그 곁에서 이울어 가는 해바라기가, 밭에 씨 뿌리는 사람이, 농부나 노동자의 남루한 신발과 의복이, 들이, 산이, 밤이, 심지어 자신의 귀를 잘라 버린 미치광이인 자기마저도, 그냥 그 자체로서 아름다워야 한다. 사실주의 화가 쿠르베가 〈세상의 기원〉을 통해 당당하게 선언한 것처럼, 세상 사람들이 더럽고 추악한 것으로 여기는 바로 그것을 있는 그대로의 삶의 표현으로서 긍정하고 사랑하는 법을 배워야 한다.

고흐에 관해 비교적 잘 알려진 사실 중 하나는 그가 바르비종파의 밀레로부터 적지 않은 영향을 받았다는 것이다. 밀레의 〈만종〉, 〈이삭 줍는 여인들〉 등에서도 사실주의적인 태도가 감지된다. 예컨대, 〈이삭 줍는 여인들〉은 목가적이고 서정적인 분위기와 달리 이삭을 주어야 할 처지에 내몰린 빈자들의 참상을 고발하는 그림으로 해석될 수 있다.

〈만종〉은 또 어떠한가? 만종 소리를 들으며 경건하게 하나님께 감사의 기도를 올리는 농부 부부의 이미지를 보고 있노라면, 왠지 모르게 물질적 풍요로움으로는 설명할 수 없는 은총의 성스러움이 느껴지는 듯하다. 그러나 농부 부부의 발치에 놓인 바구니에는 원래 감자 대신 아이의 시체가 놓여 있었다. 그림이 너무 참혹해 보인다는 친구의 말을 듣고 밀레는 고심 끝에 바구니 안의 아이 시체 이미지 위에 감자 이미지를 덧그렸다. 〈만종〉 역시 어떤 목가적이고 이상적인 아름다움을 표현할 목적이 아니라 가난한 농부들의 비참한 생활상을 고발할 목적으로 그려진 그림인 것이다.

앞에서 밝힌 것처럼, 사실주의적 예술가는 일상세계의 이면에 감추어진 어떤 이상적인 현실을 발견하고 기꺼워하는 자가 아니라, 도리어 지옥을 발견하고 애통해하는 자이다. 그런데 그 지옥은 삶과 존재를 그 자체로서 긍정하고 사랑하고자 하는 사실주의적 예술가의 존재에 근거를 두고 생성된 특별한 세계 현상이다.

당연한 말이지만, 세상에서는 나쁜 일도 일어나지만 좋은 일도 일어난다. 빈자가 있는가 하면 부자도 있고, 행복한 사람이 있는가 하면 불행한 사람도 있으며, 심지어 누군가의 행복으로 인해 불행해진 사람이 있는가 하면 반대로 누군가의 불행으로 인해 행복해진 사람도 있다.

사실주의란 기본적으로 행복과 불행으로 양분된 세계를 보며 불행한 세계를 아름다운 세계로 승화시키고자 하는 의지를 품게 된 예술가들의 입장을 총칭하는 말이다. 사실주의적 예술가의 비극은 불행한 세계를 아름다운 세계로 승화시키기 위해 불행한 세계를 부정하는 것이 허용되지 않는다는 것에 기인한다.

세상의 불행이 완전히 끝장나지 않는 한에서, 불행한 세계를 그 자체로서 긍정하고 사랑하려는 자는 영원히 불행한 세계의 일원으로 남을 뿐이다. 그는 이상주의라는 이름의 편리한 도피처로 달아날 수 없다. 이러한 도피가 자신이 긍정하고 사랑해야 하는 것에 대한 존재부정이라는 것을 알기 때문이다.

돈 매클레인이 그토록 감미롭게 노래한 〈별이 빛나는 밤〉은 고흐가 생레미의 요양원에 있을 때 그린 것이다. 고갱과 다투고 나서 자신의 귀를 자른 고흐는 자신이 혼자서는 광기와 불안으로부터 벗어날 수 없다는 것을 인정할 수밖에 없었다. 1889년 5월 3일의 편지에서 고흐는 동생에게 생레미의 요양원에 가기로 마음먹었다고 알린다. 자신이 미쳤다는 것을 인정하고 자발적으로 요양원에서 생활하기로 결심한 것이다.

〈별이 빛나는 밤〉은, 제목이 암시하는 것과 달리, 맑고 아름다운 감정을 담고 있는 그림이 아니다. 맑고 아름다운 감정은 행복한 사람에게서나 생겨날 수 있는 것이기 때문이다. 그러니 고흐의 그림을 마치 기분 좋은 서정시처럼 감상하려는 태도는 별로 온당하지 못하다. 아니, 고흐의 그림을 어떤 식으로 받아들이든, 감상자의 태도가 온당하느니, 온당하지 못하느니 따질 필요는 없을 것이다. 예술에서 모범적인 감상법 같은 것이 있을 리 만무하니 말이다. 다만 한 가지 분명한 것은 고흐의 그림을 기분 좋은 서정시처럼 감상하는 사람은 고흐의 정신으로부터 가장 멀리 벗어나 있는 사람이라는 것이다.

서정의 사전적인 의미는 자신의 감정이나 정서를 나타냄이다. 그렇다면 고흐의 모든 그림은 기본적으로 서정성을 담고 있다고 볼 수 있다. 그러나 그 까닭은 고흐가 자신의 감정에 대해 냉정하고 초연한 태도를 견지할 수 없었기 때문이다. 고흐의 그림이 담고 있는 감정은 맑거나 아름답지 않다. 고흐는 대체로 불행한 사람이었고, 자신이 불행한 세계의 일원으로 남을 수밖에 없다는 것을 자각하고 있었다.

그 불행의 원인은 불행한 세계를 그 자체로서 긍정하고 사랑하려는 마음이었다. 예술과 문학, 철학 등의 영역에서 고뇌하는 정신의 아름다움에 대한 예찬은 흔하다. 그러나 일상적인 삶의 관점에서 보면, 이러한 마음만큼 불유쾌한 마음도 찾기 어렵다.

세상의 밝은 면을 보기보다 자꾸 어두운 면을 들여다보려는 사람, 세상에 어둠이 있다는 사실을 냉정하게 인식하지 않고 자꾸 우울해하는 사람을 떠올려 보라. 아니, 세상에 어둠이 있다는 사실 때문에 우울해하는 것으로 끝나면 그나마 다행이다. 이러한 사람은 세상에 빛이 있다는 사실 자체를 견디기 어려워하기 마련이다. 담뿍 빛을 받아 밝게 빛나는 세상으로 인해 세상의 어둠이 더욱 불행하고 절망적으로 느껴지기 때문이다.

천사처럼 해맑은 사람이라도 이런 종류의 사람과 함께 있노라면 그만 음울해지게 된다. 해맑은 마음이란, 맑고 아름다운 감정이란, 불행이 아니라 행복을 보려는 사람, 어둠이 아니라 화사한 빛을 보고 기쁨과 은총을 느끼려는 사람에게서나 가능한 것이기 때문이다. 그러니 자신이 미치광이임을 인정할 수밖에 없게 된 고흐가 맑고 아름다운 감정을 지녔을 리도 없고, 그러한 감정을 그림 속에 담아냈을 리도 없다.

고흐의 생애를 찬찬히 살펴보면, 그가 온화하고 부드러운 사람이 아니었다는 사실을 알게 된다. 한때 고흐는 성직자가 되려고 한 적이 있었고, 실제로 전도사로 활동하기도 했다. 고흐의 아버지는 개신교 목사였지만, 성직자가 되려는 아들의 결심을 달가워할 수 없었다. 그는 아들이 자칫 지나치게 열정적이고 광신적인 목사가 되지 않을까 염려했다.

고흐는 성직자가 될 마음을 품기 전에는 자신과 이름이 똑같은 큰아버지의 도움으로 헤이그의 구필 화랑에서 일을 하게 되었다. 그는 손님들과 미술에 관해 곧잘 격한 논쟁을 벌이고는 했고, 그 때문에 해고되기까지 했다. 고흐의 큰아버지는 헤이그에서 화상으로 성공한 인물이었다. 그는 고흐의 아버지인 동생과 우애가 매우 좋은 편이었다. 그 때문에 그는 조카인 고흐를 기꺼이 도왔다. 아마 고흐가 냉정하고 현실적인 기질을 지녔더라면, 큰아버지의 도움을 받으며 화상의 길을 걷게 되었을 것이다.

아마 고흐가 성직자가 될 마음을 품게 된 동기들 중 하나는 구필 화랑의 지점을 낼 목적으로 런던에 파견되었던 일이었을 것이다. 런던에서 망명생활을 하며 『자본론』을 집필한 카를 마르크스가 그랬듯이, 고흐 역시 런던에서 생활하며 현지 노동자들의 비참한 생활상에 큰 충격을 받았다. 가난하고 불행한 사람들에 대한 고흐의 연민은 그가 탄광 지역에서 전도사로 활동하던 시기에 더욱 짙어졌다.

그는 일부러 광부처럼 고되게 살려고 했다. 하지만 불행하게도 고흐에게는 혁명투사와도 같은 강인한 정신과 의지가 없었다. 그는 정신적으로 매우 불안정한 상태가 되었고, 자신을 탄광 지역으로 파견한 선교단체의 감찰관에 의해 전도사로 생활하기에 적합하지 못하다는 판정을 받았다.

화가 지망생이 되고 나서도 불행한 사람들을 향한 고흐의 관심은 지속되었다. 고흐는 이미 딸이 하나 있는 데다가 임신까지 한 매춘부를 사랑하게 되었다. 아마 고흐는 그녀가 세상에서 가장 멸시받는 계층에 속한다는 생각 때문에 더욱 진지하게 그녀를 사랑하려 했던 것 같다.

대부분의 사람들은 멸시받는 계층에 속한 사람을 동정할지언정 일부러 사랑하려고 하지는 않는다. 알량한 신분의식 때문에 자신보다 처지가 못한 연인과, 제법 열렬히 사랑하면서도, 애써 헤어지려는 사람들도 많지 않은가. 고흐는 자신이 사랑한 매춘부를 시엔이라 불렀다. 그가 시엔을 순수하게 사랑했는지, 아니면 사랑보다 동정심에 더 가까운 마음을 품고 있었는지는 정확하게 알 수 없다. 아무튼 고흐는 시엔과 동거했고, 그녀를 진실하게 사랑하려 애썼다.

고흐의 아버지는 당연히 아들이 매춘부와의 관계를 정리하기를 원했다. 형을 매우 사랑하고 지원했던 동생 테오 역시 아버지와 같은 생각이었다. 고흐의 아버지는 심지어 아들을 정신병원에 입원시킬 생각까지 품었다. 이 때문에 고흐는 아버지와 교회에 대해 큰 반감을 품게 되었다. 고흐는 아버지를 비롯한 대다수 기독교인들이 참된 종교적 사랑의 의미를 알지 못한 채 형식적인 교리만 강조하는 바리새파인과 같다고 여겼던 것 같다. 예수의 사랑은 세상에서 가장 소외된 사람들을 향하고 있지 않은가. 그러니 세상에서 가장 소외된 사람들을 진심으로 사랑하지 못하는 사람이 어떻게 올바로 예수를 믿는 사람이라고 할 수 있겠는가.

세상에서 가장 소외된 사람들을 진심으로 사랑해야 한다는 말은 매우 심오하고 아름답게 들린다. 그러나 실생활에서는 적용하기가 거의 불가능하다. 고흐의 아버지의 입장에 대해 한번 생각해 보라. 자신의 집안은 번듯하고, 사회적 신분도 확실한데, 아들이 아이까지 있는 매춘부를 사랑한다는 것을 어떻게 순순히 받아들일 수 있을까.

아마 심오한 종교소설에서라면, 그리고 그 주인공이 예수나 부처와 같은 기질을 가진 종교적 선각자라면, 실생활에서는 적용하기가 거의 불가능한 이러한 사랑이 매우 거룩하게 묘사될지도 모른다. 순수하고 진실한 사랑을 위해 아들은 아버지를 떠나고, 아버지는 그런 아들을 향해 분노하는 마음을 품으면서도, 아들이 그 아름다운 사랑의 마음으로 인해 결국 불행해질 것이라 예감하며 큰 불안에 사로잡히는 식의 이야기가 나올 법하다.

물론 고흐는 그러지 않았다. 그는 결국 아버지가 원했던 대로 시엔과 헤어졌다. 고흐는 자신과 매춘부 사이의 사랑을 반대한 것 때문에 아버지에게 분노했지만, 사실 엄밀히 말해 그가 분노의 대상으로 삼아야 할 사람은 자기 자신이었다. 고흐는 주위 사람들의 반대를 무릅쓰고 세상에서 가장 소외된 여자를 향한 자신의 사랑에 늘 충실할 만큼 강하고 순수한 인간이 아니었던 것이다.

진정으로 강하고 아름다운 정신의 소유자는 쉽게 번민에 휩싸이지 않고, 설령 번민에 휩싸이게 되는 일이 생긴다고 하더라도 우울증이나 광기 같은 것에 시달리지 않는다. 그는 결국 자신이 옳다고 생각하는 대로 선택할 것이고, 후회하지 않을 것이며, 자신의 선택으로 인해 겪게 될 고난과 박해도 불굴의 의지를 발휘해 묵묵히 감당해 낼 것이다.

우리는 앞에서 사실주의적 예술가의 비극이 불행한 세계를 아름다운 세계로 승화시키기 위해 불행한 세계를 부정하는 것이 허용되지 않는다는 것에 기인한다는 것을 확인했다. 그러나 그렇다고 사실주의적 예술가가 우울과 광기에 시달리며 살아야 할 운명을 안고 있다는 식으로 생각할 필요는 없다. 어떤 점에서 보면, 예수나 부처 같은 종교적 선각자야말로 사실주의적 예술가의 전범과도 같은 인물이다. 한편으로, 종교적 선각자는 불행한 세계를 아름다운 세계로 승화시키려는 의지를 지닌 인간이다.

그러나 다른 한편으로, 그는 불행한 세계를 그 자체로서 사랑하지 않는 것을 자기 자신에게 허용할 수 없다. 불행한 세계를 그 자체로서 사랑하지 않으면, 아름다운 세계를 향한 꿈이 불행한 세계에 대한 증오와 폭력의 원인으로 작용하기 마련이라는 것을 알기 때문이다. 완벽하고 이상적인 세계를 꿈꾸며, 그 때문에 도리어 불행한 세계를 그 자체로서 사랑할 수 없게 된 인간은 자기 자신마저 속이는 천하의 사기꾼이 되거나, 끔찍스러운 독재자가 될 뿐이다.

고흐는 분명 불행한 세계를 아름다운 세계로 승화시키고 싶어 했고, 동시에 불행한 세계를 그 자체로서 사랑하려 애썼다. 그러나 그는 결코 종교적 선각자와 같은 부류의 인간이 아니었다. 광기에 시달리는 인간, 곧잘 우울과 불안에 시달리는 인간은 정신이 약한 인간이다.

그런데 정신이 약한 인간은 결코 종교적 선각자가 될 수 없다. 자기 정신 하나 온전히 간수할 수 없는 사람이 어떻게 천하를 구할 수 있다는 말인가.

그러니 인간 고흐의 비극은 그가 사실주의를 지향하는 예술가였다는 점만으로 설명될 수 없다. 거기에 덧붙여 고흐가 사실주의적 예술가의 전형이 되기에는 그 정신이 매우 불안정하고 취약했다는 점이 언급되어야 한다. 아마 그것은 어떤 비겁 때문이 아니라 광기로 기울기 쉬운 자신에 대한 자각 때문이었을 것이다. 자신이 다소간 미쳐 있다는 것을 자각하고 있는 자, 자신이 부단히 광기와 싸울 운명을 안고 있다는 것을 알고 있는 자는 자신의 가장 진실한 사랑에 충실하기도 조심스러울 수밖에 없기 때문이다.

고흐는 분명, 적어도 예술을 이상주의 대 사실주의라는 이분법적 도식을 가지고 바라보는 한에서는, 이상주의자가 아니라 사실주의자였다. 그는 기꺼이 불행한 세계의 영원한 일원으로 남으려 했다. 그럼에도 그는 자신의 사랑으로부터 퇴각할 수밖에 없었다. 불행한 세상을 향한 사랑의 불길이 자신의 가슴 속에서 영원히 타오를 것을 알면서도, 그는 자기만의 고독한 세계 안으로 침잠해 버리는 것 외에 다른 아무 선택지도 지니고 있지 않았다.

〈별이 빛나는 밤〉은 이러한 고흐의 고통과 광기를 닮은 그림이다. 오직 미치광이 화가인 고흐의 삶과 존재에 근거를 두고서만 생성될 수 있는 존재 자체의 드러남으로서의 진리를 담고 있는 그림이다.

〈별이 빛나는 밤〉에서 가장 인상적인 이미지는 역시 소용돌이 모양의 별들이다. 이 그림을 아름답게 여기는 사람들이 가장 주목하는 것 역시 고흐 특유의 별 이미지일 것이다. 소용돌이 모양이라 하나하나의 별들이 다 은하처럼 보인다.

밤하늘에서 작고 아름답게 빛나는 별들은 대개 우리 은하에 속한 것들이지만, 관측 가능한 우주 안에는 대략 1700억 개 이상의 은하들이 존재하는 것으로 추정된다. 작게는 1천만 개, 많게는 1백조 개 정도의 별들을 지닌 엄청난 은하들이 지상에서는 작고 아름다운 별들로만 보인다. 물론 실재하는 은하 가운데 작고 아름다운 것은 없다. 은하는 인간으로서는 상상할 수조차 없는 거대한 힘의 응집체이다.

고흐의 〈별이 빛나는 밤〉에 대해서도 마찬가지 이야기를 할 수 있다. 고즈넉한 마음으로 그림을 감상하면, 고흐의 별 이미지는 밤하늘에서 빛나는 별들처럼 작고 아름답게 보인다. 어지럽게 소용돌이치는 듯한 느낌이 들기는 하지만, 별로 대수롭지는 않다. 아무튼 실제로는 작고 정적인 이미지일 뿐이므로.

그러나 고흐가 자신의 별 이미지를 통해 표현하려던 것이 정말 작고 아름다운 것이었다고 생각하기는 어렵다. 아마 고흐의 별 이미지는 그를 무시무시한 광기의 나락으로 몰아넣은 독특하고도 무시무시한 지각 체험에 근거를 두고 있을 것이다. 안온한 일상에 젖은 정신이라면 지각할 수도 없고 지각해서도 안 되는 존재 자체의 근원적 역동성이 모든 인간적인 것의 위기를 알리며 고흐에게 체험되었을 것이다.

하이데거의 생각이 옳다. 우리는 모두 일상세계에서 일상적인 방식으로 삶을 꾸려 가는 일상적인 존재자이고, 그 때문에 살면서 만나는 이런저런 것들을 단순한 객체적 사물로 발견하는 것이 아니라 다소간 손에 익은 도구로 발견한다. 베르그송의 생각이 옳다. 인간을 포함해 모든 살아 있는 것들은 자기의 삶을 위해 알맞은 방식으로 세계를 지각하지, 객관적이고 가치중립적으로 지각하지 않는다.

하이데거에게 예술이란 기본적으로 도구로 환원될 수 없는 존재 자체를 드러내는 것이다. 예술을 통해 드러나는 세계는 바로 이러한 이유로 낯설고 불안한 세계이다. 세계로서 친숙하되, 일상에 젖은 안온한 정신이 차마 볼 수 없는 존재 자체의 근원적 비도구성이 세계의 일상적 친숙함을 무화할 것으로서 함께 발견되기 때문이다. 그러나 하이데거는 동시에 존재 자체의 낯섦을 성스러움, 은총, 선사함 등의 개념과 연관시킨다. 그럼으로써 존재 자체의 근원적 무서움을 삶을 위해 긍정적이고 좋은 것으로 받아들이게 할 여지를 남기는 것이다.

베르그송에게 예술이란 삶을 위한 실천적 관심에 얽매인 정신에게는 허용되지 않는 근원적인 세계-이미지를 드러내는 것이다. 각각의 종이 종의 보존과 증식에 알맞은 방식으로 지각한다는 베르그송의 생각이 옳다면, 예술이 드러내는 근원적인 세계-이미지는 분명 혼란스럽고 두려운 것이어야 한다. 그러나 베르그송은 특유의 예술론을 통해 사실주의와 이상주의를 하나로 통합한다. 그럼으로써 세계를 대하는 예술가의 무-관심한 태도가 삶을 위한 실천적 관심에 얽매인 일상세계보다 아름답고 긍정할 만한 것으로서 그 자체로서의 세계를 발견하도록 할 가능성을 열어 둔다.

어떤 점에서 보면, 하이데거와 베르그송은 모두 근원적으로 낯선 존재 자체를, 근원적으로 혼란스러운 무-관심의 세계를, 인간의 삶을 위해 바람직하고 긍정할 만한 것으로 해석할 가능성을 제시한 사상가들이다. 그런 점에서 그들은, 비록 그들의 사상 자체는 통념적 의미의 이상주의와 거리가 멀다고 하더라도, 이상주의의 한계를 완전히 극복하지 못한 사상가들이기도 하다. 그들은 작고 아름답게 보이는 별들이 실은 거대한 힘의 소용돌이라는 것을 알고 있으면서도 작고 아름다운 별 이미지에 고착된 인간의 정신을 위로할 가능성을 찾으려 애쓰는 설교자와도 같은 사상가들이었다.

어쩌면 한때 성직자가 되기를 원했던 고흐 역시 〈별이 빛나는 밤〉을 그릴 때 그런 심정이었을지도 모른다. 그러나 고흐의 정신은 냉철하고 이지적인 철학자의 정신과 달랐다. 그의 정신은 광기에 사로잡혀 있었고, 그래서 거대한 힘의 소용돌이로서의 별들을 자기 정신의 숙명적 존재방식으로 받아들일 수밖에 없었다. 즉, 〈별이 빛나는 밤〉은 고흐 자신과 —고흐의 존재에 근거를 두고 드러나는— 존재 자체 사이의 어떤 궁극의 일치를 가리키는 그림이다.

광기란 무엇인가? 어쩌면 무수히 많은 종류의 광기가 있을지도 모른다. 이 경우 광기에 대한 명확한 정의를 찾기는 거의 불가능할 것이다. 다만 고흐의 광기는 인간 세상에 대한 두 가지 상반된 이해 방식에 근거를 두고 증폭되는 성질의 것이었다. 하나는 인간 세상을 힘차고 아름다운 삶이 실현되는 곳으로 이해하는 방식이다. 또 다른 하나는 인간 세상을 힘차고 아름다운 삶의 실현을 가로막는 곳으로 이해하는 방식이다.

인간 세상은 왜 힘차고 아름다운 삶이 실현되는 곳인가? 이상하게 들리겠지만, 인간 세상이란, 힘차고 아름다운 삶을 살기를 원하는 사람이라면, 누구나 반드시 사랑해야만 하는 것이기 때문이다. 여기서 인간 세상에 대한 소위 객관적이고 냉정한 인식 같은 것은 아무 의미도 없다. 인간 세상이란 누구나 그 안에서 삶을 살아야만 하는 곳이기에 자신의 삶을 긍정하고 또 사랑하기를 원하는 자는 인간 세상을 삶의 근원적 터전으로서 무조건 긍정하고 사랑하는 법을 배워야 한다.

그런데 삶이란 오직 힘차고 아름다운 것으로서만, 최대한 힘차고 아름다운 것이 되기를 지향하는 것으로서만, 살 만한 가치가 있다. 그러니 인간 세상이란 힘차고 아름다운 삶이 실현되는 곳이어야 한다. 아니, 이러한 당위적 표현은 세계의 근원적 의미를 이미 가리고 있다.

자신의 삶을 긍정하고 또 사랑하기를 원하는 자는, 그렇게 원할 뿐 아니라 실제로도 긍정하고 사랑하는 자는, 이미 인간 세상을 힘차고 아름다운 삶의 터전으로서 발견하고 있다. 그 자신의 존재 자체가 인간 세상이 힘차고 아름다운 삶의 터전으로서 발견되도록 하는 그 근원적인 근거이기 때문이다.

그렇다면 인간 세상이 힘차고 아름다운 삶의 실현을 가로막는 곳인 까닭은 무엇인가? 역시 이상하게 들리겠지만, 힘차고 아름다운 삶을 실현해 나가는 데 필요한 이런저런 질서들이 인간 세상에서는 힘차고 아름다운 삶에 대한 부정과 폭력의 산물이기도 하기 때문이다. 삶은 오직 개체화된 것으로서만 가능하다. 그런데 살아 있는 모든 개체들은 자기중심적인 성향을 지니기 마련이다. 하나의 살아 있는 개체가 보존하고 증진해야 할 삶이 무엇보다도 우선 자기 자신의 삶으로서 직접적으로 주어져 있기 때문이다. 자기중심적인 성향을 지닌 개체들이 공존하려면, 자연적인 것이든 인위적인 것이든, 질서가 있어야 한다.

자연적인 질서는 각각의 개체가 자신에게 주어진 힘을 최대한 발휘하는 것을 막지 않는다. 자연적인 질서 자체가 각각의 개체가 자신에게 주어진 힘을 최대한 발휘하며 존재하는 까닭에 생겨나는 것이기 때문이다. 호랑이는 호랑이대로, 늑대는 늑대대로, 토끼는 토끼대로 제각각 최대한 살고자 하지만, 아무리 애써도 토끼가 늑대를, 늑대가 호랑이를 제압할 수는 없다. 그러니 최대한 살기 위해서라도 자기 분수를 지켜야 한다.

하지만 인간이 인위적으로 만든 질서는 각각의 개체가 자신에게 주어진 힘을 발휘하는 것을 억제할 목적을 반드시 지니기 마련이다. 왜 그러한가? 인간이란 머리가 좋고, 도구도 쓸 수 있는 동물이라, 자기보다 강한 자를 제압할 가능성을 가지고 있기 때문이다. 인간 세상의 질서는 지배하는 자에게도, 지배를 당하는 자에게도, 자신에게 주어진 힘을 발휘하지 못하게 할 잠재적·현실적 폭력에 그 가능 근거를 두고 있다.

지배를 당하는 자가 자신의 힘을 최대한 쓸 수 없게 할 이유는 자명하다. 지배하는 자의 입장에서 보면 지배당하는 자가 자신의 처지를 순순히 받아들이도록 강제해야 하는 것이다. 그렇다면 지배하는 자가 질서에 의해 자신의 힘을 최대한 발휘하지 못하도록 강제되는 까닭은 무엇인가? 폭압적 권력은 반드시 지배당하는 다수의 반발에 부딪히게 되기 때문이다.

극한 상황에 내몰려 이래 죽으나, 저래 죽으나, 매한가지라고 생각하게 되면, 지배당하는 자는 죽기를 각오하고 지배하는 자와 싸우려 할 것이다. 그러니 그런 일이 생기지 않도록 하려면, 설령 지금 당장 자기 힘을 마음껏 발휘해서 지배당하는 자를 착취하고 유린하는 것이 가능하다고 하더라도, 지배당하는 다수가 자신에게 크나큰 원한감정과 복수욕을 품는 일이 생기지 않도록 적당한 정도로만 해야 한다. 결국 인간 세상에서는 지배자의 위치에 있는 자 역시 인위적 질서에 의해 분수를 지키게끔, 자신의 힘을 최대한 발휘하지 못하게끔, 폭력적으로 제약되고 있는 것이다.

〈죄수들의 원형보행〉는 고흐가 생레미 요양원에서 그림 그림이다. 프랑스의 판화가 귀스타브 도레의 1872년 작품을 거의 똑같이 따라

—

빈센트 반 고흐, 〈죄수들의 원형보행〉, 1890, 푸슈킨 미술관 그린 것이다. 그러니 이 작품에 어떤 독립적인 의미를 부여하기는 어려울 것 같다.

고흐의 동생 테오는 요양원에 있는 형에게 계속 그림을 그리라고 권했다. 정신건강을 되찾는 데 그림 그리기가 도움이 되리라고 생각한 것이다. 정물화나 풍경화를 그리기가 여의치 않았으므로 고흐는 다른 작가들의 작품을 곧잘 베꼈다. 〈죄수들의 원형보행〉 역시 그렇게 그려진 그림들 중 하나이다.

이 그림은 1890년 2월 작품이다. 〈별이 빛나는 밤〉이 1889년 6월 작품이니, 두 작품은 대략 8개월의 차이를 두고 완성되었다. 고흐가 도레의 그림을 따라 그리며, 죄수들이 운동 삼아 걸으며 만들어 내는 동그라미를 별들의 소용돌이처럼 받아들였다고 말하는 것은 억측일까? 인간 세상을 잘 유지하려면, 무시무시하게 소용돌이치는 별들의 힘 같은 것은 되도록 멀리하거나, 부득이하게 가까이하게 되는 경우에는 최대한 제약해야 한다.

그런데, 마찬가지의 이야기를 인간의 삶에 대해서도 할 수 있다. 삶이란 최대한 삶 그 자체가 되고자 하는, 삶의 형태로 응집된 힘을 최대한 발휘해서 힘차고 무시무시하게 아름다운 것으로서 자신을 표현하고자 하는 의지 외에 대체 무엇이란 말인가? 인간 세상은 삶을 보존하기 위해 삶에 끝없이 모욕과 굴욕을 강요하는 역설적이고 자가당착적인 세상이다. 삶의 힘을 제약하는 것이야말로, 힘차고 자유분방한 삶의 찬란함을 퇴색시키는 것이야말로, 안전하고 평온하게 살아갈 유일무이한 방법이기 때문이다.

그러나 응집된 힘은 기어이 폭발하기 마련이고, 정적으로 존재하는 일 없이 역동적으로 끝없이 소용돌이치기 마련이다. 응집하고자 하는 경향과 발산하고자 하는 경향이 맞부딪히며 균형을 이루기 때문이다. 그러나 응집할 때나 발산할 때나, 힘은 힘으로서의 본성에 충실할 뿐 개체화된 삶이 자신에 대해 기울이는 관심에 의해 구애받지 않는다. 그런 점에서 삶은 그 자체가 근원적으로 자가당착적이다.

오직 개체화된 것으로서만 가능하기에, 삶은 최대한 개체화된 자기로 존재하려 한다. 그러나 힘으로서 존재하기에, 삶은 개체화된 자기가 삶에 가하는 모든 제약을 끝없이 넘어서고자 한다. 소위 정상적인 정신은 이러한 진실을 드러낼 수 없다. 오직 고흐와 같은 광인 예술가의 정신만이 삶의 근원적 자가당착을 존재의 근원적 진실로서 드러낼 수 있다. 〈별이 빛나는 밤〉은 바로 이러한 의미로 존재 자체의 드러남, 즉 존재론적 진리로서의 알레테이아다.

고흐의 그림들 가운데 가장 유명한 것 중 하나인 〈까마귀가 나는 밀밭〉은 1890년 7월 작품이다. 평론가들 중에는 이 작품을 고흐의 가장 위대한 작품들 가운데 하나로 꼽는 이가 적지 않다. 고흐의 마지막 작품이라 언급되고는 하지만 사실이 아니다. 아무튼 고흐가 1890년 7월 29일에 죽었으니, 〈까마귀가 나는 밀밭〉은 고흐가 자신의 마지막 날들을 보내는 동안 그린 것이기는 하다.

하늘은 낮고 어두우며, 생명의 빛 자체인 양 노란 밀밭 위에서 까마귀들이 불길한 느낌을 풍기며 난다. 아니, 불길한 느낌을 풍기는 것은 실은 까마귀가 아니다. 밀밭을 가르며 뻗어 있는 복수의 갈림길과 시선을 하나로 모아 줄 소실점의 부재가 이 그림을 보는 사람의 마음속에서 불길한 느낌이 들도록 하는 가장 근본적인 원인이다. 죽음을 앞둔 고흐는 자신이 이제 선택할 수 없게 되었음을 안다. 삶의 근원적 자가당착으로 인해 어디로도 갈 수 없음을 안다.

> 나는 이제 최대한 개체화된 자기로 존재하려 해야 하는가?
>
> 그럼 나는 나 자신처럼 최대한 개체화된 자기로 존재하려 애쓰는 모든 인간들과 외적 대립의 관계를 형성하게 될 것이다.
>
> 나는 도리어 삶의 힘이 개체화된 존재자로서의 내가 힘으로서의 삶에 가하는 모든 제약을 넘어서도록 내버려 두어야 하는가?
>
> 그럼 나는 나 자신의 존재를 스스로 부정할 뿐 아니라, 내가 사랑하려 애쓰는 모든 인간들의 존재 역시 부정하려 하는 셈이다. 삶이란 결국 개체화된 것으로서만 가능하기 때문이다.
>
> 심지어 곧 죽음을 맞이하게 되리라는 예감조차 나 자신의 존재를 통해 드러난 삶의 근원적 자가당착성을 외면하도록 하지 못한다. 죽음을 두려워함은 최대한 개체화된 자기로 존재하려 애쓰기 때문이요, 죽음을 초연히 받아들임은 개체화된 존재자로서의 내가 힘으로서의 삶에 가하는 모든 제약을 넘어서도록 내버려 두려 애쓰기 때문이다.
>
> 그러니 죽음조차 나에게는 실은 삶의 근원적 자가당착성이 열어 밝혀

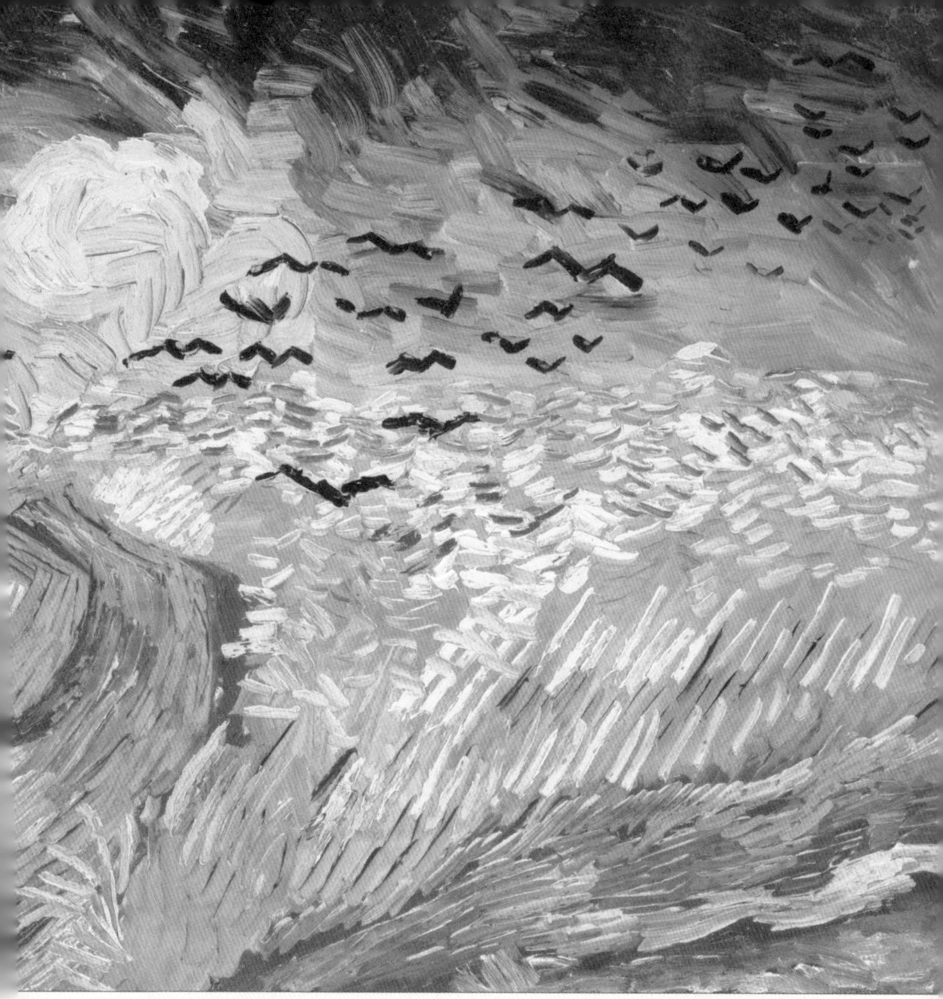

—

빈센트 반 고흐, 〈까마귀가 나는 밀밭〉, 1890, 반 고흐 미술관

지게 되는 사건일 뿐이다.

존재론적으로 보면, 고흐의 삶은, 그리고 그가 남긴 작품은, 진실로 아름답다. 그러나 그 아름다움은 광기에 시달릴 수밖에 없는 한 인간 현존재의 존재에 근거를 두고 열어 밝혀지는 존재 자체를 가리킬 뿐이다. 존재론적 진리의 의미를 직시할 수 없는 자는, 영원히 불행한 세계의 일원으로 남아 죽는 날까지 불행한 세계를 그 자체로서 사랑하리라 결심할 수 없는 자는, 존재 자체의 드러남을 아름다움으로서 받아들일 수 없다. 참혹하기 때문이다.

물론 존재 자체의 드러남을 아름다움으로 받아들이든 참혹함으로 받아들이든, 고흐의 작품을 통해 존재론적 진실에 눈을 뜨게 된 자는 더 이상 객관적인 진리의 이념을 고집할 수 없다. 아름다움과 참혹함은 모두 감각적인 것이고, 바로 그러한 것으로서 자기 자신에게서 일어나는 변화 외에 다른 아무것도 아니기 때문이다.